Omas & Opas Schatzkiste
des Alltagswissens

W0187634

Claus-Peter Hutter
Eva Goris

Omas & Opas Schatzkiste des Alltagswissens

Garten, Natur, Haushalt,
Küche & Gesundheit

Bassermann

ISBN 978-3-8094-4498-5

1. Auflage
© 2021 by Bassermann Verlag, einem Unternehmen der
Penguin Random House Verlagsgruppe GmbH,
Neumarkter Straße 28, 81673 München

© der Originalausgabe 2008 by Droemer Verlag, einem Unternehmen
der Verlagsgruppe Droemer Knaur GmbH & Co. KG, München

Die Originalausgabe erschien erstmals 2008 in zwei Bänden unter dem Titel
Collection des verlorenen Wissens im Droemer Verlag.

Die Schreibweise in diesem Buch folgt den Regeln der alten Rechtschreibung,
so wie Oma und Opa sie praktiziert haben.

Projektleitung: Martha Sprenger
Illustrationen S. 76 f., 93 f., 115, 136-138, 145, 153, 155, 160 ff.,
164, 169, 173, 177 f., 183, 186, 189 ff., 216, 233, 241, 244, 248, 278,
280, 282 ff.: Wolfgang Lang, Grafenau
Umschlaggestaltung: Atelier Versen, Bad Aibling
Layout und Satz: Satzwerk Huber, Germering
Herstellung: Elke Cramer

Druck und Bindung: GGP Media GmbH, Pößneck
Printed in Germany

FSC
www.fsc.org
MIX
Papier aus verantwor-
tungsvollen Quellen
FSC® C014496

Penguin Random House Verlagsgruppe FSC® N001967

Inhalt

Man kann nur schützen, was man kennt,
man kann nur schätzen, was man schätzen gelernt hat,
man kann nur an Kinder und Enkel weitergeben,
was man von Mama, Papa, Oma und Opa und dem Leben
in jungen Jahren bekommen hat!

CPH

Gedanken über Nachgedachtes

Noch nie war das Wissen von Oma und Opa so wertvoll wie heute. Dabei meinen wir vor allem das Alltagswissen.

Wissen über Natur und Kultur, über Ernährung, Landschaft, Landwirtschaft, Traditionen und Fertigkeiten. Errungenschaften, die als lebendiges Generationenwissen über Jahrhunderte hinweg von Großeltern an spätere Eltern und wiederum an deren Kinder weitergereicht wurde. Dieser Lebensfaden all des Wissens, das man wissen sollte, um sich selbst versorgen zu können und den Alltag und das Leben überhaupt leichter zu machen, die Lebensqualität zu steigern und Wissen, das auch hilft, traurige, ja schwierige Momente und Lebensabschnitte besser meistern zu können, ist brüchig geworden.

Wir verlieren zunehmend Wissen, das hilft, auf mögliche Krisen und Gefahren – die etwa durch den Klimawandel oder den Verlust der biologischen Vielfalt vermehrt auf uns zukommen – gut vorbereitet zu sein.

Oma und Opa hatten es noch, das zunehmend von der Wissenserosion bedrohte Alltagswissen. Und dann ist da noch etwas anderes, das Opa und Oma für die allermeisten von uns zu etwas Besonderem machte und macht. Großmütter und Großväter haben mit den Enkeln meist mehr Geduld als mit den eigenen Kindern und sind deshalb oft auch großzügiger, verständnisvoller. Und sie nehmen sich die Zeit, die sich berufstätige Mütter und Väter oft nicht nehmen können. Und wenn man sich bei Oma und Opa besonders gut aufgehoben fühlt, schmeckt es dort meist auch besser. So ist es wenigstens uns in unserer Jugend gegangen. Vielleicht auch deshalb, weil es Oma einfach beherrschte, mit oft einfachen, aber frischen und regional erzeugten Zutaten zu kochen. Meist nach Rezepten, die durch einfaches Mithelfen in der Küche ganz praktisch weitergegeben wurden oder aus Sammlungen stammen, die oft über zwei, drei Generationen hinweg in alten Zigarrenkistchen angehäuft und weitergegeben wurden. Es sind Ausrisse aus Tageszeitungen, auf der Rückseite beschriebene Kalenderblätter und bei Besuchen von Verwandten oder Bekannten selbst aufgeschriebene Rezepte darunter.

Schon die alten Kalenderblätter – manche aus dem vorletzten Jahrhundert – sind mit ihren Sinnsprüchen oder Tageslosungen eine Fundgrube für sich. Andere Rezepte stammen aus sorgfältig beschriebenen Notizbüchlein. Sie sind mitunter ziemlich abgewetzt, vergilbt und mit dem einen oder anderen Fett- oder Kaffeefleck „verziert". Ein Indiz dafür, dass sie viele Male neben Herd oder Backofen gelegen haben und fleißig benutzt wurden.

Ähnlich ist das mit Opas Wissen. Da Männer früher so gut wie nicht gekocht haben, weil sie sehr lange Arbeitszeiten hatten und bis 1967 auch samstags in den Betrieb gehen mussten, blieb ihnen die Reparatur von allerlei Gegenständen (Ersatzbeschaffung war viel zu teuer), die etwas schwerere Gartenarbeit, die Pflege der Obstbäume und vielleicht als Hobby die Imkerei oder die Kleintierzucht vorbehalten. Mit Geduld und handwerklichem Geschick bastelten vor allem die Rentner-Opas Puppenstuben, Mini-Kaufläden, Pfeil und Bogen, reparierten Schlitten und Holzroller oder bauten Stelzen, Kinderschaukeln und bunte Drachen. Andere Großväter nahmen ihre Enkel zum Angeln mit, auf die Jagd oder zu den Bienenstöcken. Nun, die Zeiten haben sich geändert; heute nehmen Omas und Opas die Enkel zu Radausfahrten oder anderen Ausflügen mit. Sie sind mobiler und aktiver. Ist es da nicht schön, wenn man die Neugier von Kindern für die Geheimnisse der Natur oder Wetterphänomene wecken kann?

Ist es nicht ein schönes Gefühl, die Gesichter der Bäume anhand ihrer Rinden und Blätter ebenso erklären zu können, wie die Bestimmung der Himmelsrichtungen oder den Unterschied von Kohl- und Schwanzmeise. Und das alles ohne Mobiltelefon. Dann kann man auch Wissen weitergeben, wie man aus einem Wald wieder herausfindet, wenn man sich verlaufen hat und das Handy versagt. Überlebenswissen, das über Jahrhunderte den Menschen half. Etwa welche Beeren, Kräuter und Wurzeln eßbar sind.

Wir gehören noch zu der glücklichen Generation, der viel Wissen von Oma und Opa weitergegeben wurde. Das haben wir erst im reiferen Alter realisiert und überaus schätzen gelernt. Und so sind wir besonders dankbar, dass wir dieses Wissen ganz spielerisch mit auf den Weg bekommen haben.

Weil Omas und Opas Wissen in Gefahr ist, waren die Erzählungen der Eltern und Großeltern sowie unsere eigenen Erfahrungen und die Erzählungen vieler anderer Motivation, eine ganze Menge für dieses Buch aufzuschreiben. Es ist all jenen gewidmet, die den uralten kulturellen Generationenfaden des Alltagswissens nicht abreißen lassen wollen.

Eva Goris · Claus-Peter Hutter

Schönheit und Wohlbefinden

»Nein!« Ungläubig starrt die Kundin den Tiegel an, den die Kosmetikerin ihr verführerisch unter die Nase hält. »249 Euro soll die Anti-Aging-Creme kosten?!« Leicht pikiert blickt die Fachverkäuferin durch ihr Gegenüber hindurch und sagt: »Nach einem Monat liegt die Anti-Faltenwirkung bei 82 Prozent, gnädige Frau!« Die solariumgeröstete Dame hinter dem Hochglanztresen ist nicht mehr zu bremsen. Sie redet von Erneuerung der Hautstruktur, korrigierender und faltenreduzierender Intensivpflege, die gerade die fiesen Mimikfalten einfach mit hochkonzentrierten biopflanzlichen Polyosiden aufpolstert. »Die perfekte Formel für die Bedürfnisse reifer Haut.« Außerdem sei die Anwendung »kinderleicht«: Mit dem Applikator lassen sich die hochwirksamen Aktivstoffe gezielt auf die Problemzone auftragen. »Die Hautstruktur wird erneuert, weil das Serum den Kollagenaufbau in der Haut stimuliert.« Damit nicht genug, sollen die zellaktivierenden Phytohormone vitalisieren, glätten, straffen. »Und schon sieht die Haut wieder viel, viel, viel elastischer aus. Und jünger! Um Jahre jünger.« Aber 249 Euro ...?

Unsere Omas haben immer gesagt: Wer schön sein will, muß leiden. Heute heißt das Motto in den Kosmetiktempeln: Wer schön sein will, muß zahlen.

Oma schaute sich früher erst mal in der Küche um, bevor sie in die teure Parfümerie ging. Sie nahm Honig, Joghurt und Quark für die Haut, schnibbelte Gemüse für Gesichtsmasken und wusch sich mit Eigelb und Bier die Haare. Auch Omas Hausmittelchen machen schön. Aber die Wirkstoffe sind nicht ganz ohne. Wer unter Allergien leidet, probiert die Kosmetik aus dem Kühlschrank am besten erst mal in der Armbeuge aus.

Was glättet, was pflegt und reinigt die Haut?

Masken mit Honig
Nach einem langen Arbeitstag sieht die Haut oft grau und müde aus. Die Haut ist so erschöpft wie man selbst. Einfach zwei Eßlöffel Honig mit einem Eßlöffel Mandelöl verrühren und auf der gereinigten Haut leicht einmassieren. Maske nach einer halben Stunde mit warmem Wasser abwaschen.

Maske mit Quark
Um die Poren zu reinigen und die Haut zu straffen, Quark mit Mineralwasser schaumig rühren und auf das Gesicht auftragen. Nach 30 Minuten mit lauwarmem Wasser abwaschen. Glättet die Haut.

Maske mit Erdbeeren
Etwa eine halbe Tasse Sahne mit einem Eßlöffel Honig verrühren, eine Handvoll Erdbeeren zerdrücken und den Brei aufs Gesicht auftragen. Zweimal pro Woche anwenden. Nach kurzer Zeit ist die Haut verjüngt.

Maske mit Pfirsich
Einen Pfirsich halbieren, entkernen und pürieren, das Fleisch mit einem Viertelliter Sahne und drei Teelöffel Honig verrühren. Fördert die Durchblutung der Haut und verjüngt.

Maske mit Orangensaft
Ist die Haut fettig oder unrein, kann man mit Orangensaft und Heilerde eine Reinigungsmaske anrühren: zwei Eßlöffel Heilerde mit dem Saft von drei frischgepreßten Orangen verrühren. Maske etwa 30 Minuten einwirken lassen.

Maske mit Weizen
Vollkornmehl mit Wasser zu einem zähen Brei verrühren und auf Gesicht und Hals auftragen. 30 Minuten einwirken lassen. Die Masse strafft und hat einen sanften Peelingeffekt.

Maske mit Haferflocken
Um müde Haut zu beleben, ein Eigelb mit einem Eßlöffel Honig und einem Eßlöffel Haferflocken zu einer Maske zubereiten. Eine Stunde einwirken lassen. Dann sanft abreiben. Leichter Peelingeffekt.

Was reinigt, was geht unter die Haut?

Unreine oder fettige Haut läßt sich mit einem *Salbeidampfbad* beruhigen. Dazu eine Tasse Salbeiblätter in einem Liter Wasser kurz aufkochen. Den dampfenden Sud in eine Schüssel geben und unter einem Handtuch mindestens 10 Minuten auf die Haut einwirken lassen.

Eischaum
... erfrischt und strafft: Eiweiß von zwei Eiern steif schlagen, mit einem halben Liter Sahne verquirlen und aufs Gesicht auftragen. Nach 10 Minuten abwaschen.

Noch einfacher wirkt Joghurt
... wenn man ihn für 20 Minuten auf das Gesicht gibt und danach mit lauwarmem Wasser abwäscht. Beruhigt und glättet die Haut. Man kann den Joghurt auch mit zwei Teelöffel Honig verrühren. Dies kräftigt die Haut.

Ringelblumenhonig
... ist die perfekte Lippenpflege: Er spendet Feuchtigkeit.

Zitronenschaum
... klärt und strafft. Ein Eiweiß steif schlagen und den Saft einer Zitrone mit der Gabel unterheben. Mit einem Pinsel auf das Gesicht auftragen und 10 Minuten einwirken lassen.

Schönes Haar für jeden Typ

Was wirkt gegen Schuppen?

Eigelb mit Zitronensaft
... verquirlen und in die Kopfhaut einreiben. Gut 10 Minuten einwirken lassen, dann gründlich ausspülen. Regelmäßig angewandt, verschwinden Schuppen.

Brennesselblätter,
... etwa zwei Hände voll, in einem Liter Korn ansetzen. Nach zwei Monaten ist die Anti-Schuppen-Tinktur fertig. Täglich die Kopfhaut mit dem Schnaps einreiben und anschließend gründlich ausspülen.

Was bringt Glanz und Fülle?

Mandelöl verleiht sprödem, stumpfem, brüchigem Haar wieder Glanz. Das Öl in die Kopfhaut massieren und mindestens 30 Minuten einwirken lassen. Dann mit Kamillentee ausspülen.

Bier als Festiger gleich nach der Wäsche ins Haar massieren und nicht auswaschen. Eine Tasse verleiht dem Haar seidigen Glanz, wirkt wie moderner Schaumfestiger und riecht nicht nach Bier.

Honig mit einem Spritzer Obstessig
... sorgt für Glanz und Fülle. Einfach einen Teelöffel in einem Viertelliter warmem Wasser auflösen, etwas Obstessig dazugeben und einmassieren. Hat auch festigende Wirkung.

Kamillenblüten
... (etwa vier Hände voll) mit einem Liter sprudelnd kochendem Wasser übergießen und ziehen lassen. Tee durch ein Sieb gießen und mit dem Saft von zwei Zitronen mischen. Erkalten lassen und einmassieren. Hat bei echten Blondinen leicht aufhellende Wirkung.

Was wirkt gegen schnellfettende Haare?

Salbei
... mindert das Nachfetten, wenn man zwei Tropfen Salbeiöl mit zwei Eßlöffel Obstessig in einem Liter warmem Wasser verrührt und die Haare nach dem Waschen damit spült.

Zitrone
... hilft gegen fettige Haare. Den Saft von zwei Zitronen in einem Viertelliter Wasser auflösen und die Haare nach dem Waschen damit spülen.

Was wirkt gegen trockene Haare?

Cognac-Shampoo
... wirkt am besten gegen trockene Haare. Zwei Eigelb und drei 0,2 cl große Gläser mit Weinbrand (40 %) verrühren, bis es schaumig wird. Damit die Haare waschen. Die Menge reicht etwa eine Woche.

Ei-Shampoo
... macht brüchige, trockene Haare wieder geschmeidig. Ein Eigelb verquirlen, einmassieren und fünf Minuten wirken lassen. Dann ausspülen.

Olivenöl
... mit einem Eigelb verrühren. Man braucht nur zwei Eßlöffel Öl für eine Anwendung. Ins Haar einreiben und eine Stunde unter einem Handtuch einwirken lassen.

Honig
... hilft gegen trockene Haare, wenn man zwei Teelöffel Honig mit zwei Eigelb und zwei Teelöffel Olivenöl verrührt. Ins feuchte Haar einmassieren. Eine halbe Stunde unter einem Handtuch einwirken lassen, dann auswaschen.

Hände, Füße, Augen, Mund und Zähne

Was hilft gegen Fußschmerzen, Hühneraugen und Schweißfüße?

Schweißgeruch
... vertreibt Franzbranntwein, wenn die Füße nach dem Fußbad sorgfältig zwischen den Zehen damit eingerieben werden.

Ein Fußbad in einem Sud aus Eichenblättern wirkt ebenfalls gegen Schweißfüße. Dafür einen Topf mit Eichenblättern in zwei Liter Wasser kurz aufkochen. Den erkalteten Sud in warmes Wasser geben und die Füße darin baden.

Hühneraugen
Gegen Hühneraugen hilft eine frische Zwiebel. Eine dicke Scheibe auf das Hühnerauge binden und einwirken lassen, bis die Haut weich ist. Danach ein heißes Fußbad nehmen. Bis sich das Auge (der Kern des Hühnerauges) löst, wird die Zwiebeltherapie täglich wiederholt.

Auch Zitronensaft löst Hühneraugen, wenn man den Saft auf ein Wattepad träufelt und auf das Hühnerauge bindet. Wie bei der Zwiebel wird die Anwendung so lange wiederholt, bis sich das Auge ablöst.

Ebenfalls hilfreich: eine Tinktur aus Arnika in der Apotheke kaufen und zu gleichen Teilen mit Wasser mischen. Wattebausch eintauchen und über Nacht mit einem Pflaster auf dem Hühnerauge fixieren. Darüber eine dicke Wollsocke ziehen, denn Wärme fördert den Heilvorgang.

Kalte Füße
... werden wieder warm, wenn man ein heißes Bad mit zerdrückten Wacholderbeeren bereitet. Zwei Eßlöffel Beeren reichen. Mit Wacholder muß man vorsichtig sein, wenn man ein Nierenleiden hat oder schwanger ist.

Fußpilz
Gegen Fußpilz mehrmals täglich Obstessig auf die betroffenen Stellen (vor allem zwischen die Zehen) einreiben.

Eingewachsene Nägel
... müssen erst weich werden, bevor man sie schneiden kann. Dazu ein Reinigungspad in warmes Olivenöl tunken und über Nacht die betroffene Stelle damit umwickeln.

Trockene Füße
Ein Honigbad aus einer Tasse Honig, einer Tasse warmer Milch und fünf Litern Wasser macht trockene Füße wieder sanft, wenn man sie 10 Minuten darin badet.

Was hilft gegen rauhe Hände?

In der Apotheke *Arnikatinktur und Glyzerin* kaufen und im Verhältnis eins (Arnika) zu zwei (Glyzerin) mischen. Rauhe Hände dick damit eincremen, alte Wollhandschuhe darüberziehen und über Nacht einwirken lassen. Auch Honig (2 Eßlöffel) mit Mandelöl (1 Eßlöffel) hilft gegen rissige Haut.

Um abgestorbene Hautzellen zu entfernen, etwas *Sonnenblumenöl mit Zucker* vermischen, bis eine Paste entsteht. Kräftig in die Hände einmassieren und dann mit warmem Wasser abspülen. Wirkt wie ein Peeling.

Auch *Kaffeepulver* hat einen Peelingeffekt: einfach aus dem Filter auf die Hand und rubbeln. Dann abwaschen und Hände eincremen.

Olivenöl
... macht rauhe Hände wieder zart, wenn man das Öl im Wasserbad anwärmt und die Hände 15 Minuten darin badet. Eingeölte Hände über Nacht in Handschuhe stecken.

Gegen hartnäckigen Schmutz nach der Gartenarbeit hilft eine *Waschpaste aus Salz mit Spülmittel.*

Bei rauhen Ellbogen oder Knien wirkt *Zitronensaft.* Einfach einreiben.

Was hilft gegen geschwollene, müde Augen?

Müde Augen werden wieder wach, wenn man Wattebäusche, die mit *Rosenwasser* getränkt sind, für 10 Minuten auf die geschlossenen Lider legt.

Auch *Milch* macht die Augen wieder munter. Wattepads in kalte Milch tauchen und für 10 Minuten auf die geschlossenen Lider legen.

Lauwarmer Salbeitee
... tötet Keime und kann als Augenspülung verwendet werden.

Kartoffelscheiben
... kühlen entzündete Augen. Einfach die Scheiben einer frischgeschälten Kartoffel aufs Auge legen.

Was tun bei Zahnweh?

Es ist Wochenende. Natürlich! Was tun? Manchmal verschafft es erste Erleichterung, wenn man eine *Gewürznelke* oder ein *Pimentkorn* auf den schmerzenden Zahn legt. Dann das Gewürz zerkauen: Die ätherischen Öle lindern den Schmerz.

Auch *Nelkenöl* hilft. Ein Wattepad damit beträufeln und auf den Zahn legen. Draufbeißen unterstützt die Wirkung. Aber das sind nur Zwischenlösungen zum Lindern des Schmerzes. Das beste ist immer noch: ab zum Zahnarzt!

Was hilft bei Mundgeruch?

Wer unter Mundgeruch leidet, kann mit dem Magen Probleme haben. Oder es liegt am Essen. *Petersilie* hilft gegen Knoblauchausdünstungen. Wer zwischendurch eine *Kaffeebohne* kaut, kann unangenehmen Mundgeruch vermindern. Auch *Anis- und Fenchelsamen* helfen.

Durch Tag und Jahr

Endlich Freitag, endlich Wochenende, denkt sich so mancher schon am Morgen. Gleitende Arbeitszeit und viele andere Regelungen ermöglichen es vielen Arbeitnehmern, den letzten Arbeitstag der Woche abzukürzen oder freitags gleich ganz freizumachen. Es gibt Radiosender, deren Moderatoren ihren Hörern nur noch von Freizeit, Urlaub und Spaß erzählen und nicht mehr davon, daß man sich all das nur dann leisten kann, wenn die wirtschaftliche Lage stimmt und erst mal entsprechend gearbeitet wird.

So denkt sich so mancher, daß der Freitag eben Freitag heißt, weil man da freihat und ins verlängerte Wochenende starten kann. Aber was bedeutet »Freitag« wirklich? Woher kommen die Namen unserer Wochentage? Was bedeuten unsere Kalendermonate und Feiertage? Die Feiertage werden zwar gerne mitgenommen, aber viele Menschen wissen gar nicht mehr, was da eigentlich gefeiert wird. Zunehmend gerät nicht nur das Wissen über den Kalender, die Sonn- und Feiertage in Vergessenheit, sondern auch die daran gebundenen, über Jahrhunderte von Generation zu Generation weitergegebenen Traditionen. So manches Brauchtum verkommt zur folkloristischen Kulisse und dient nur noch als Touristenattraktion in Urlaubsgebieten. Dabei künden die Namen unserer Monate und Tage und die der Feiertage von einer uralten Kulturgeschichte, die wir nicht vergessen, sondern als wertvolles Erbe wie einen Familienschatz an kommende Generationen weitergeben sollten.

Zeiteinteilungen im Überblick

Tag:
beruht auf der Dauer einer Erdumdrehung.

Monat:
bezieht sich auf die Dauer der Bewegung des Mondes um die Erde.

Jahr:
beruht auf dem Zeitraum der Bewegung der Erde um die Sonne.

Diese Zeiteinheiten bilden die Grundlage unseres Kalenders. Das Wort »Kalender« geht auf *calendarium* zurück, das im Lateinischen das »Schuldbuch« bezeichnete, nach dem die Römer ihre Zinsen an den *calenden,* dem ersten Tag im Monat, zu zahlen hatten.

Was ist ein Jahr, und was bedeuten unsere Monate?

Ein Monat ist der zwölfte Teil des Jahres. Berechnet wird dies nach den Mondumläufen. Der heutige Kalender wurde letztlich aus dem römischen Kalender heraus entwickelt. Das einfache römische Jahr zählte 304 Tage und war in 10 Monate eingeteilt. Später ging man zu einem Mondkalender mit einem Jahr von 355 Tagen über, die in 12 Monate unterteilt wurden.

45 v. Chr. führte Julius Cäsar auf Empfehlung des Astronomen Sosigenes eine Kalenderreform durch. Somit wurde der römische Kalender zum julianischen Kalender, der davon ausging, daß ein Jahr exakt 365,25 Tage dauerte. Weil ein Kalenderjahr eine ganze Anzahl von Tagen haben mußte, wurde es auf 365 Tage angesetzt. Alle vier Jahre erfolgte ein Schalttag als Ausgleich. Doch der julianische Kalender war nicht ganz genau, denn das tropische Jahr (Mittelwert des Zeitabstands zwischen zwei aufeinanderfolgenden Tagundnachtgleichen im Frühjahr) ist um 11 Mi-

nuten und 14 Sekunden kürzer als das julianische Jahr. Dies ergibt eine Verzögerung beim julianischen Jahr von drei Tagen in 400 Jahren gegenüber dem tropischen Jahr.

1582 wurde deshalb durch Papst Gregor XIII. der sogenannte gregorianische Kalender eingeführt, wonach der Schalttag zwar weiterhin alle vier Jahre eingeschoben wurde, aber in den durch 100, nicht aber durch 400 teilbaren Jahren gibt es seither keinen Schalttag: So gab es zwar im Jahr 2000 einen 29. Februar, in den Jahren 2100, 2200 und 2300 wird es aber keinen Schalttag geben.

Gleichzeitig wurde der Jahresanfang auf den 1. Januar festgelegt. Diese Wahl des Datums für den Jahresbeginn ist völlig willkürlich, da es keinen besonderen Punkt auf der Erdumlaufbahn gibt, durch den festgelegt werden könnte, wann ein Jahr beginnt und wann es endet.

Der gregorianische Kalender wurde in den katholischen Gebieten in Deutschland und der Schweiz 1584 und in den protestantischen Gebieten des damaligen Deutschen Reiches im Jahre 1700 eingeführt.

Januar (31 Tage), 1. Monat im Jahr
Abgeleitet vom römischen *Januarius* (Janus gewidmet). Janus war der römische Gott des Tordurchgangs – also des Ein- und Ausgangs-, auch Gott des Anfangs und des Endes (deshalb oft doppelköpfig – »janusköpfig« – dargestellt).

Im Lauf der Jahrhunderte wurden dem Januar viele Beinamen gegeben, u. a. Eismond, Schneemond und Hartung (weil er von allen Monaten derjenige ist, der die härteste Kälte bringt).

Februar (28 bzw. in Schaltjahren 29 Tage), 2. Monat im Jahr Abgeleitet vom römischen *Februarius,* benannt nach dem altrömischen Reinigungs- und Sühnefest. Auch Hornung genannt, da sich viele Tiere in diesem Monat hörnen.

Weitere Namen: Schmelzmond, Regenmonat, Narrenmond (auf die Fastnacht zurückzuführen).

März (31 Tage), 3. Monat im Jahr
Abgeleitet von *Martius,* d. h. dem römischen Kriegsgott Mars gewidmet. Auch Lenzmond, Frühlingsmonat genannt (21. März: Beginn des Frühlings/Lenz).

April (30 Tage), 4. Monat im Jahr
Abgeleitet vom römischen *aperta* – ein Beiname des Gottes Apollon. *Aperire* ist auch gleichbedeutend für »öffnen«. Auch als Launing bezeichnet, weil sich das Wetter im April oft von der launischen Seite zeigt.

Mai (31 Tage), 5. Monat im Jahr
Der Name leitet sich von der römischen Wachstumsgöttin Maya ab. In manchen Gegenden volkskundlich auch als Weidemonat bezeichnet, weil in dieser Zeit das Vieh auf Weiden und Almen gebracht wird bzw. wurde. Von Gärtnern auch als Blühmonat bezeichnet.

Juni (30 Tage), 6. Monat im Jahr
Vermutlich der Göttin Juno gewidmet. Brachet und Brachmond genannt, weil in dieser Zeit die Bearbeitung der Bracheäcker begann. Auch als Rosenmonat bezeichnet, weil in dieser Zeit die ersten Rosen ihre Blüten entfalten.

Juli (31 Tage), 7. Monat im Jahr
Benannt nach Julius Cäsar. Je nach Region auch Heuert, Heumond oder Heumonat genannt, weil in dieser Zeit in der Regel die Heuernte anfiel. In manchen Gegenden auch Beerenmonat, Honigmonat oder Erntemonat genannt. Im römischen Kalender war es der 5. Monat des Jahres.

August (31 Tage), 8. Monat im Jahr
Der Name ist auf den römischen Kaiser Augustus zurückzuführen. Mitunter auch Ährenmonat, Ernting oder Sichelmond genannt, weil im August das Getreide geerntet wurde. Wegen der Klimaverschiebung und weil andere Getreidesorten angebaut werden, findet heute die Getreideernte meist früher statt.

September (30 Tage), 9. Monat im Jahr
Der Name ist vom lateinischen *septem* – sieben – abgeleitet, da der September im römischen Kalender der 7. Monat im Jahr war. In manchen Gegenden auch volkskundlich Scheidling genannt, da im September sowohl die Sonnenkraft als auch der Sommer dahinscheiden.

Oktober (31 Tage), 10. Monat im Jahr
Der Name ist aus dem lateinischen *acta* – acht- abgeleitet, denn nach dem Römischen Kalender war er der 8. Monat im Jahr. Der Oktober wurde auch Gilbhardt genannt, weil sich in dieser Zeit die Blätter färben, also gelb werden bzw. zu gilben beginnen. Die Benennung als Weinmonat liegt ebenfalls nahe, weil meist im Oktober die Weinlese erfolgt.

November (30 Tage), 11. Monat im Jahr
Der Name ist ebenfalls aus dem Lateinischen abgeleitet. Dabei steht *novem* für neun, da dieser Monat im alten römischen Kalender an der 9. Stelle des Jahres stand. Früher auch als Nebelmond, Wolfmond und Schlachtmonat bezeichnet.

Dezember (31 Tage), 12. Monat im Jahr
Die Bezeichnung ist vom lateinischen Wort *decem* abgeleitet, weil beim alten römischen Kalender der Dezember der 10. Monat im Jahr war.

Was bedeuten unsere Wochentage?

Die Babylonier waren wohl die erste Kultur, in der es die Woche als Zeiteinteilung gab. Im Abendland hielt sie in den ersten Jahrhunderten unserer christlichen Zeitrechnung Einzug, und im Jahr 321 n. Chr. führte Konstantin d. Gr. sie im griechischen und lateinischen Gebiet ein.

Die Einteilung in sieben Tage hat ihren Ursprung in den Mondphasen. Ein Mondumlauf dauert 29,5 Tage. Damit kommt die Einteilung in viermal sieben Tage dem Zeitabstand am nächsten, in dem die Mondphasen wechseln: Neumond, zunehmender Halbmond, Vollmond, abnehmender Halbmond im letzten Viertel.

Die Zahl sieben steht vermutlich auch mit den seit der Antike bekannten sieben wandernden Himmelskörpern im Zusammenhang, denen sieben Gottheiten entsprechen. Dies zeigt auch die schon im 1. Jh. n. Chr. eingeführte Benennung, von der sich auch unsere heutigen Namen für die Wochentage ableiten (in den germanischen Sprachen, wie z. B. im Altenglischen, z.T. durch germanische Gottheiten ersetzt):

- *Dies Lunae:* Tag des Mondes (Monday/Montag)
- *Dies Martis:* Tag des Mars/bei den Germanen der Kriegsgott Tiu (Tuesday/Dienstag)
- *Dies Mercurii:* Tag des Merkur/bei den Germanen Wotan, der Gott der Schlachten, der Weisheit und der Magie (Wednesday/ Mittwoch)
- *Dies Jovis:* Tag des Jupiter/bei den Germanen Thor bzw. Donar, Herr des Donners und Gewitters (Thursday/Donnerstag)
- *Dies Veneris:* Tag der Venus/bei den Germanen Freija, die Göttin der Fruchtbarkeit und der Liebe (Friday/Freitag)
- *Dies Saturnii:* Tag des Saturn (Saturday/Samstag). Für den sechsten Tag der Woche ist diese Bezeichnung vor allem in Westdeutschland, Süddeutschland, Österreich und der Schweiz vorherrschend, während er in anderen deutschsprachigen Gebieten als Sonnabend bezeichnet wird. »Sonnabend« stammt aus dem Mittelhochdeutschen und steht für den Vorabend vor Sonntag.
- *Dies Solis:* Tag der Sonne (Sunday/Sonntag). In christianisierter Form: *Dies Dominica:* Tag des Herrn.

Unsere wichtigsten festen religiösen Feiertage und Brauchtumstage

1. Januar: Neujahr (gesetzlicher Feiertag)
Der 1. Januar wurde seit Ende des 17. Jahrhunderts allgemein als Jahresanfang gewählt. Es ist schon lange Brauch, ihn in Gesellschaft zu feiern.

14. Februar: Valentinstag
Namensgeber ist der heilige Valentin von Terni, Patron der Liebenden und auch der Bienenzüchter.

19. März: St.-Josefs-Tag
St. Josef gilt als Schutzpatron der Zimmerleute und Tischler. Der

Sage nach schlug St. Josef an diesem Tag einen glühenden Holz-
pfahl in die Erde; dies gilt als Sinnbild für die nun wärmere Jahreszeit. Wenn der 19. auf einen Sonntag fällt, wird der Feiertag
auf den 18. vorgezogen.

25. März: Mariä Verkündigung

Sofern der Feiertag auf einen Sonntag fällt, wird er auf den 24.
vorgezogen; fällt auf den 2. Montag nach Ostern, wenn Ostern
vor dem 2. April ist (nur im gregorianischen Kalender).

1. Mai: Tag der Arbeit (gesetzlicher Feiertag)

Im Brauchtum wird die Nacht vom 30. April auf den 1. Mai
vielerorts mit einem Tanz in den Mai gefeiert, in manchen Gegenden werden Maibäume aufgestellt, und die sogenannte Frei-
nacht lädt zu allerhand Schabernack ein. Als »Kampftag der Ar-
beiterbewegung« hat der 1. Mai seinen Ursprung in dem Aufruf
zum Generalstreik, mit dem die US-Arbeiterbewegung 1886 den
Achtstundentag durchsetzen wollte.

4. Mai: St.-Florians-Tag

Im römischen Heer war der heilige Florian ein Hauptmann. Als
heimlicher Christ kam er bei der Christenverfolgung ums Leben.
Er gilt als Schutzpatron der Feuerwehrleute.

12.–15. Mai: die vier Eisheiligen

Als »Eisheilige« gelten »die kalte Sophie« sowie Pankratius, Servatius und Bonifatius. Sie werden auch »die Gestrengen« genannt
und symbolisieren Frostgefahr. Deshalb bringen Gartenbesitzer
ihre nicht winterharten Blumen erst nach den Eisheiligen auf
Balkon, Terrasse und im Garten aus.

21. Juni: Sommersonnwende

Der längste Tag im Jahr. In vielen Gemeinden werden sogenannte Johannifeuer entfacht. Der Sage nach treiben in der Johan-
ninacht oft Elfen und Zwerge ihr Unwesen. Einem alten Glauben
zufolge wird derjenige von Krankheit gereinigt, der durch das
Johannifeuer springt. Die Bezeichnung geht auf Johannes den
Täufer zurück.

27. Juni: Siebenschläfer

Einer Legende zufolge wurden versehentlich sieben junge Männer, die während einer Christenverfolgung im Jahre 251 in einer Höhle bei Ephesus Schutz suchten, eingemauert. Als man 200 Jahre später die Höhle öffnete, seien sie wieder erwacht und waren bis zu ihrem Tod mit einem Heiligenschein umgeben.

29. Juni: Peter und Paul

Benannt nach Peter und Paul als die Weltherren.

22. Juli: Maria Magdalena

Einer mittelalterlichen Legende zufolge war sie eine der eifrigsten Jüngerinnen von Jesus. Sie benetzte seine Füße mit Tränen, trocknete sie mit ihren Haaren und salbte sie. Maria Magdalena gilt als Patronin der gefallenen Mädchen, der Friseure und der Haare.

15. August: Mariä Aufnahme in den Himmel
(volkstümlich: Mariä Himmelfahrt)

Dieser Festtag ist das älteste Marienfest der Welt. Der Feiertag wird vor allem in Bayern und im Saarland sowie in Österreich und der Schweiz begangen. Apostel fanden der Legende nach bei der Graböffnung statt des Leichnams von Maria nur noch Kräuter und Blumen vor, welche einen angenehmen Duft verströmten. Deshalb werden in manchen Gegenden an diesem Tag Kräuterweihen durchgeführt.

24. August: St.-Barthel-Tag

Dem heiligen Bartholomäus – Patron der Fischer – gewidmet. An diesem Tag geht der Tradition nach die Schon- und Laichzeit der Fische zu Ende. Manche Fischereizünfte feiern dies heute noch mit großen Fischessen.

15. September: Ludmilla-Tag, auch Großer-Schwendt-Tag genannt

Als Schwendt-Tag galt ein Tag, an dem nichts unternommen werden sollte.

16. Oktober: St.-Gallus-Tag

Einst im dörflichen Leben Stichtag für den Winteranfang. Erst nach St. Gallus wurde mit der Schlachtung begonnen, weil dann die Temperaturen kühl genug waren, um das Fleisch lange genießbar zu halten.

31. Oktober: Reformationstag
Das Reformationsfest wird zum Gedenken an den Thesenanschlag von Martin Luther gefeiert (1517). Heute ist der Reformationstag noch in Brandenburg, Mecklenburg-Vorpommern, Sachsen, Sachsen-Anhalt und Thüringen gesetzlicher Feiertag.

1. November: Allerheiligen
Der Feiertag wurde von Papst Gregor IV. eingeführt (835 n. Chr.). Er erinnert an alle Märtyrer, Heiligen und Seligen. An diesem Tag werden die Gräber feierlich geschmückt.

2. November: Allerseelen
Dem Gedächtnis aller verstorbenen Gläubigen gewidmet.

3. November: Hubertustag
Nach einer Legende hat der heilige Hubertus an einem Feiertag gejagt. Da erschien ihm ein weißer Hirsch mit einem goldenen Kreuz zwischen dem Geweih. Angesichts dieser Erscheinung kehrte Hubertus unverrichteterdinge wieder heim und wandte sich dem geistlichen Leben zu. Später wurde er Bischof von Lüttich. Ihm zu Ehren werden an seinem Gedächtnistag in manchen Gegenden noch immer Hubertusjagden abgehalten.

11. November: St. Martin
Martin von Tours – ein römischer Soldat – teilte seinen Mantel mit einem frierenden Bettler, worauf ihm in der folgenden Nacht Jesus, mit diesem Mantel bekleidet, erschienen sein soll. Einer der bekanntesten Heiligen. Die Geschichte wird in vielen Gegenden jedes Jahr bei einem Laternenumzug nachgespielt und ist ein großer Festtag für die Kinder.

8. Dezember: Mariä Empfängnis
Bezieht sich nicht darauf, daß Maria Jesus jungfräulich empfangen habe, sondern darauf, daß »die seligste Jungfrau Maria im ersten Augenblick ihrer Empfängnis durch ein einzigartiges Gnadenprivileg des allmächtigen Gottes (...) von jedem Schaden

der Erbsünde unversehrt bewahrt«, also im Unterschied zu allen anderen Menschen nicht mit dem Makel der Erbsünde geboren wurde, wie Papst Pius IX. 1854 erklärte.

25. Dezember: Weihnachten (gesetzlicher Feiertag)

Fest der Geburt Jesu. Dieses wurde ursprünglich am 6. Januar gefeiert; seit dem 4. Jh. am 25. Dezember. Es wird im Zusammenhang mit der Wintersonnenwende gesehen, die auf das mit Christus anbrechende Weltenlicht gedeutet worden ist. Die zahlreichen Weihnachtsbräuche gehen letztlich auf altrömisches und auch altgermanisches Brauchtum zurück. Dazu gehören etwa die Lichtbräuche (Weihnachtskerzen), die Festspeisen, die Geschenke usw.

31. Dezember: Silvester

Dieser Feiertag ist nach dem Heiligen des 31. Dezember, Silvester, benannt. Silvester war Papst von 314 bis 335. Der Legende nach hat er Kaiser Konstantin I. vom Aussatz geheilt und getauft.

Die wichtigsten beweglichen kirchlichen Feiertage

Die beweglichen christlichen Feiertage richten sich nach dem Kirchenjahr, das sich am Osterfest orientiert. Ostern wird am Sonntag nach dem ersten Frühlingsvollmond gefeiert. Es handelt sich um den Sonntag, der auf die 14. Nacht der Mondphase folgt, die auf den 21. März fällt oder sofort folgt. Ostern kann somit frühestens auf den 22. März und spätestens auf den 25. April fallen. Die Regelung orientiert sich am Gregorianischen Kalender.

Bei der Festlegung des entsprechenden Datums des Vollmondes wird nicht nach der tatsächlichen Dauer jeder Mondphase vorgegangen, sondern es wird im allgemeinen nach den Regeln des Berechnungsschemas ermittelt. Somit kann das Osterfest auch ein bis drei Tage vom tatsächlichen Datum des Vollmonds abweichen.

Das Osterfest bis zum Jahr 2040:

2022: 17. April	2032: 28. März
2023: 9. April	2032: 28. März
2024: 31. März	2034: 9. April
2025: 20. April	2035: 25. März
2026: 5. April	2036: 13. April
2027: 28. März	2037: 5. April
2028: 16. April	2038: 25. April
2029: 1. April	2039: 10. April
2030: 21. April	2040: 1. April
2031: 13. April	

Aschermittwoch

Der Name bezieht sich auf den Brauch, die Asche von Palmzweigen des *Palmsonntags* des Vorjahres zu segnen und den Gläubigen mit dieser Asche ein Kreuz auf die Stirn zu zeichnen. Markiert den Beginn der 40tägigen Fastenzeit, mit der an die 40 Tage erinnert werden soll, die Jesus in der Wüste verbracht hat. Da die Sonntage vom Fasten ausgenommen sind, umfaßt die Fastenzeit insgesamt 46 Kalendertage und dauert bis Karsamstag. Das Datum wechselt jedes Jahr, weil es vom Termin des Ostersonntags abhängig ist, und kann zwischen dem 4. Februar und dem 10. März liegen.

1. Fastensonntag

42 Tage vor Ostern: zwischen 8. Februar und 14. März. Seit der Synode von Benevent (1091) werden die Sonntage nicht mehr zur Fastenzeit dazugerechnet.

Palmsonntag

An diesem Tag feiern die Christen den Einzug von Jesus von Nazareth in Jerusalem. Beginn der Karwoche. In vielen Gemeinden wird der Tag mit Gottesdiensten gefeiert.

Karwoche

Gründonnerstag, Karfreitag, Karsamstag: 3 bis null Tage vor Ostern: zwischen 19. März und 24. April. Der Name ist abgeleitet vom althochdeutschen *cara,* »Klage«. Es handelt sich um die heilige, stille Woche zwischen Palmsonntag und Ostern, die dem Gedächtnis an das Leiden Christi gewidmet ist.

Ostern (gesetzliche Feiertage)

Sonntags: zwischen 22. März und 25. April. Das älteste und wichtigste christliche Fest (wird seit dem 2. Jh. jährlich gefeiert). Im christlichen Glauben Fest der Auferstehung von Christus: Am *Karfreitag* starb Jesus am Kreuz, am *Ostersonntag,* dem dritten Tag nach seinem Tod, stand er von den Toten wieder auf. Alle beweglichen christlichen Feiertage werden vom Ostersonntag aus berechnet (siehe dazu oben, S. 31). Das Osterbrauchtum – Osterhase, Ostereier, Osterfeuer – wird zum großen Teil auf vorchristliche Bräuche zurückgeführt und überdeckt im Bewußtsein der meisten Menschen die christliche Bedeutung dieses Festes.

Christi Himmelfahrt

Am 40. Tag der Osterzeit, donnerstags: zwischen 30. April und 3. Juni. Gedenken an die Himmelfahrt Christi. Vor allem Feiertag in den katholischen Gebieten Deutschlands sowie in Österreich und der Schweiz.

Pfingsten (Sonntag, der 50. Tag nach Ostern): zwischen 10. Mai und 13. Juni

Pfingsten wird seit dem 3. Jh. gefeiert und markiert 50 Tage nach Ostern und 10 Tage nach Christi Himmelfahrt den Abschluß der Osterzeit. Das Pfingstfest ist als Erinnerung an die Herabkunft des Heiligen Geistes auf die in Jerusalem versammelten Apostel zu verstehen. Offizielle Gründung der Kirche. Der Name ist aus dem Griechischen *pentekoste* (= 50) abgeleitet.

Trinitatis

1. Sonntag nach Pfingsten, 56 Tage nach Ostern: zwischen 17. Mai und 20. Juni. Der Name stammt aus dem Lateinischen und bedeutet »Dreifaltigkeitsfest«. In der evangelischen Kirche werden die Sonntage nach Trinitatis bis Advent gezählt, und entsprechend wird das Kirchenjahr gestaltet.

Fronleichnam

Donnerstag, 60 Tage nach Ostern: zwischen 21. Mai und 24. Juni. Der Name stammt aus dem Mittelhochdeutschen und ist auf *Vrôn Lîchnam* zurückzuführen, was »Leib des Herrn« bedeutet. Der lateinische Name heißt *corpus Christi* und bedeutet »in der geweihten Hostie anwesender Leib Christi«. Es handelt sich um eines der bedeutendsten Kirchenfeste im römisch-katholischen Glauben. Fronleichnam wurde erstmals 1246 in Lüttich gefeiert. Für die römisch-katholische Kirche wurde es von Papst Urban IV. 1264 eingeführt. An Fronleichnam werden in Verbindung mit der Eucharistiefeier (aus dem Griechischen = »Danksagung«, bezieht sich auf das dankend entgegengenommene Heilige Abendmahl) Prozessionen abgehalten.

Feiertag in Baden-Württemberg, Bayern, Hessen, Nordrhein-Westfalen, Rheinland-Pfalz, im Saarland, in Sachsen und Thüringen sowie in Österreich und der Schweiz.

Herz-Jesu-Fest

Freitag, 68 Tage nach Ostern: zwischen 29. Mai und 2. Juli. In der katholischen Kirche Fest am 3. Freitag nach Pfingsten als Sinnbild der göttlichen Liebe und zur Verehrung der in Jesus Christus offenbarten göttlichen Zeichen.

Buß- und Bettag

In Deutschland am Mittwoch vor dem letzten Sonntag des Kirchenjahres, in der Schweiz am dritten Sonntag im September. Der Buß- und Bettag wurde 1852 erstmals vorgeschlagen und 1934 von der evangelischen Kirche in Deutschland allgemein eingeführt. 1995 wurde er in den meisten Bundesländern als gesetzlicher Feiertag abgeschafft.

Totensonntag

Letzter Sonntag des evangelischen Kirchenjahres: zwischen 20. und 26. November. Wird seit 1816 als evangelischer Toten-Gedenktag gefeiert und auch als »Ewigkeitssonntag« bezeichnet. Der Totensonntag ist dem Gedächtnis des Jüngsten Gerichts gewidmet.

Christkönigssonntag
Der letzte Sonntag des katholischen Kirchenjahres.

1. *Adventssonntag*
Am 1. Adventssonntag (zwischen 27. November und 3. Dezember) beginnt das Kirchenjahr. *Advent* ist Lateinisch und bedeutet »Ankommen/Ankunft«; gemeint ist die »Ankunft« von Christus, d. h. seine Geburt. Der Advent wird an den vier Sonntagen vor Weihnachten begangen.

Dreikönigstag
Am 6. Januar oder an dem Sonntag zwischen dem 2. und 8. Januar. Das Fest der Heiligen Drei Könige ist ein katholischer Feiertag und wird »Erscheinung des Herrn« genannt, in der evangelischen Kirche »Epiphanias«. Vor allem in Süddeutschland und Österreich gefeiert und den Heiligen Drei Königen Caspar, Melchior und Balthasar gewidmet, die – dem Stern folgend – nach Bethlehem reisten, um dem neugeborenen Christuskind ihre Aufwartung zu machen.

Anstand und gutes Benehmen

»Maaahlzeit ...!« dröhnt Jürgen. Alle Gäste im Restaurant schweigen betreten. Dann stopft er die Papierserviette in den Hemdkragen, stützt die Ellbogen auf dem Tisch ab und hält das Messer wie eine Waffe in der linken Hand. Damit er nicht auf die Hose kleckert, beugt Jürgen sich weit über den Teller und schaufelt mit der Gabel wie bei einem Wettessen alles in sich hinein. Zwischendurch greift er über den Tisch, um an den Salzstreuer zu gelangen. Dann schneuzt er in die Papierserviette und schreit durch das ganze Lokal: »Ober, zahlen!«

Kennen Sie den Mann? Menschen wie Jürgen essen überall: Sie schlürfen die Suppe, bestreichen das Brot auf dem kleinen Teller wie ein Pausenbrot dick mit Butter (gutes Benehmen wäre, ein Stück Brot abzubrechen und nur das abgebrochene Stückchen zu bestreichen) und wickeln ihre Spaghetti auf dem Löffel um die Gabel oder – viel schlimmer – schneiden sie mit dem Messer klein. (Wer um gute Tischsitten weiß, wickelt die Spaghetti vornehm am Tellerrand auf.)

Doch wenn es um Wein geht, wird Jürgen plötzlich wach. Eine Faustregel ist hängengeblieben: weißer Wein zu Fisch, roter Wein zu rotem Fleisch. Doch Jürgen irrt: Die Regel ist heute längst überholt.

Dabei wären Anstand und gutes Benehmen so leicht zu lernen: aus Büchern, in Seminaren – und von Oma! Viele junge Leute stehen heute auf Omas Umgangsformen, Stil und Etikette sind wieder angesagt. Aber wer zeigt einem heutzutage noch, wie man sich richtig benimmt?

Die 25 wichtigsten Regeln des
guten Benehmens

1. Wer stellt wen vor?

Sie gehen gemeinsam spazieren und treffen Ihren Chef. Wer stellt wen vor?

Grundsätzlich gilt: Der Jüngere wird dem Älteren, der Rangniedrigere dem Ranghöheren, der Herr der Dame vorgestellt. Sie stellen also dem Chef Ihren Ehemann bzw. Ihre Ehefrau vor.

2. Wer grüßt wen zuerst?

Wer allein auf eine Gruppe zukommt oder einen Raum betritt, grüßt zuerst. Ist der Vorgesetzte im Raum, wird er zuerst gegrüßt. Dem Ranghöheren reicht man nicht zuerst die Hand. Wenn er höflich nickt, wird brav zurückgenickt. Nur wenn er die Hand reicht, darf man zugreifen. Aber nicht zu fest!

3. Muß man Visitenkarten lesen?

... wenn man sie bekommen hat? Man sollte jedenfalls so tun. Sie einfach wegzustecken, gilt als unhöflich. Der Gast übergibt seine Karte zuerst. Auch hier geht es nach Hierarchie: Der Ranghöhere erhält zuerst eine Visitenkarte.

4. Wer bietet wem das Du an?

Darf ich meinem Chef das Du anbieten, weil ich älter bin als er? Nein, nur der Ranghöhere darf das Du anbieten.

5. Soll man zur Begrüßung aufstehen?

Sie sitzen am Tisch, als ein Gast hinzukommt. Müssen Sie zur Begrüßung aufstehen, obwohl Sie eine Frau sind? Ja, wer begrüßt wird, steht auf. Unabhängig vom Geschlecht.

6. Wie faßt man das Weinglas an?

Weingläser werden generell nicht am Kelch, sondern am Stiel angefaßt. So vermeidet man fettige Fingerabdrücke. Außerdem wird der Weißwein sonst zu warm.

7. Prostet man sich noch zu?

... und stößt mit den Gläsern an? Anstoßen und Zuprosten sind out! Man hebt die Gläser leicht in Richtung Gegenüber und nickt sich vornehm zu. Falls überhaupt, ist Anstoßen nur bei Wein, Champagner oder Sekt üblich.

8. Wer geht vor?

Betritt die Frau das Restaurant als erste? Nein, der Mann geht vor. Beim Verlassen des Restaurants ist es umgekehrt. Er hält ihr die Tür auf.

9. Bringt man Blumen mit?

Darüber freuen sich die Gastgeber sicher. Es muß jedoch nicht zwingend sein. Bei manchen Leuten gilt es sogar als höflicher, sich erst nach der Einladung mit Blumen zu bedanken. Wenn Sie Blumen mitbringen, überreicht der Mann den Strauß. Und zwar der Gastgeberin. Die Blumen werden nie im Papier überreicht. Sie sollten aber mit einer kleinen Begleitkarte versehen sein.

10. Wie benutzt man Besteck?

Immer von außen nach innen. Die Regel gilt auch für Gläser. Nie den Mund zum Löffel, sondern den Löffel zum Mund führen.

11. Wohin mit der Serviette?

Stopft man sich die Serviette in den Ausschnitt oder an den Hemdkragen? Nein, während des Essens bleibt sie – einmal in der Mitte gefaltet – auf dem Schoß liegen. Wenn sie im Restaurant zu Boden gerutscht ist, nicht aufheben. Man bittet die Bedienung höflich um eine neue Serviette. Nach dem Essen wird die Serviette keinesfalls auf den Teller gelegt. Sie gehört locker zusammengelegt links neben den Teller.

12. Ist der Handkuß heute noch zeitgemäß?

Nein, Handküsse sterben mit der Generation von Johannes Heesters aus!

13. Wie reagiert man auf Komplimente?

Mit einem schlichten »Danke« oder »vielen Dank«. Komplimente werden weder verneint noch kommentiert.

14. Wann kann man ein Essen verlassen?
... ohne unhöflich zu sein? Bei einem gesetzten Essen erst nach dem Kaffee. Und zwar still und unauffällig. Man muß sich nur vom Gastgeber verabschieden.

15. Muß man Scampi mit Messer und Gabel essen?
Wenn ein Schälchen mit Zitronenwasser (Fingerbowl) auf dem Tisch steht, darf man die Finger nehmen. Sonst gilt: Kopf abschneiden, Panzer vorsichtig mit dem Messer hochhebeln und das Fleisch herausheben.

Spareribs, Artischocken und Wachteln werden mit den Fingern gegessen.

16. Was tun, wenn man plötzlich eine Gräte im Mund hat?
Die Gräte möglichst »sauber« wieder aus dem Mund auf die Gabel geben und dann auf dem Teller unter einem Salatblatt verstecken. Niemals in die Serviette geben oder mit den Fingern aus dem Mund holen.

17. Muß man am kalten Büfett eine Speisefolge einhalten?
Ja. Die Reihenfolge ist: Vorspeise, Suppe, Zwischengericht, Hauptgang, Käse, Dessert. Man nimmt immer einen neuen Teller, mischt nie kalte mit warmen Speisen, Fisch und Fleisch, Süßes und Salziges.

18. Darf man einen Gang auslassen?
Es ist höflicher, von allem zu probieren.

19. Was macht man mit Dessertlöffel und -gabel?
Wenn der Löffel rechts neben dem Dessertteller liegt, wird er hauptsächlich benutzt. Die Gabel dient lediglich zum Fixieren der Nachspeise.

20. Müssen Männer aufstehen, wenn eine Frau den Tisch kurz verläßt?
All das Aufhebens kann unangenehm sein, aber Männer müssen aufstehen, wenn eine Dame sich vom Tisch erhebt. Man vermeidet Aufsehen, wenn man als Dame die unmittelbaren Nachbarn bittet: »Behalten Sie Platz, ich komme gleich zurück ...«

21. *Adel verpflichtet*

... doch wie spricht man Prinzen und Grafen korrekt an? Nur Angestellte sagen »Frau Gräfin«. Zeitgemäß ist ein angemessenes »Gräfin«, obwohl auf der Visitenkarte vielleicht »Annabell Gräfin von Hohentaufstein« oder ähnliches steht.

22. *Darf man bei Stehempfängen seinen Gesprächspartner stehenlassen?*

Häufiger Wechsel von Gesprächspartnern ist bei Stehempfängen sogar gewollt. Man sollte sich allerdings einen galanten Satz für den Abgang paratlegen wie: »Oh, ich sehe da gerade eine liebe Freundin – wir sehen uns sicher später noch einmal ...«

Generell sollte man nicht in Gruppen hereinplatzen, die in ein Gespräch vertieft sind. Auch Sätze wie »Ich komme sofort wieder« sind unpassend, wenn man es nicht wirklich vorhat.

23. *Nennt man bei der Vorstellung seinen akademischen Titel?*

Es gilt als unbescheiden und stillos, mit dem Doktortitel hausieren zu gehen. Ein guter Gastgeber erwähnt nebenbei, daß zu Ihrem Namen ein akademischer Grad gehört, indem er es unauffällig einfließen läßt: »Der Professor hat neulich bei einer Vorlesung ...«

24. *Darf man rauchen?*

Nie während der Menüfolge zwischen den Gängen. Und niemals, ohne vorher die anderen Gäste zu fragen, ob sie sich gestört fühlen.

25. *Darf das Handy eingeschaltet sein?*

Nein. Wer einen wichtigen Anruf erwartet, muß bei Restaurantbesuchen, privaten Einladungen oder anderen Terminen das Telefon auf Vibrationsalarm stellen. Generell gilt: abschalten!

Kochen mit Genuß

Die Freunde waren gerade aus dem Urlaub zurück, als wir über-
raschend vor der Haustür standen. Wir kamen von einer Rad-
tour: verschwitzt, frohgelaunt und bärenhungrig.

»Bei uns im Kühlschrank ist leider Ebbe«, sagte Anna und
zuckte mit den Schultern. Im Gefrierfach lag ein festgefrorenes
Magnum-Eis, im Gemüsefach klapperte ein Glas mit sauren
Gurken gegen die Plastikwand.

Entschuldigend blickte sie ihren Mann an. »Günter hat vor
dem Urlaub vergessen, unseren Vorrat an Fertiggerichten für die
Mikrowelle aufzufüllen. Sorry, aber wir haben nichts zu essen im
Haus ...«

Dann entdeckten wir einen Sack Kartoffeln und ein paar Zwiebeln in der Vorratskammer. Spontan beschlossen wir:
»Dann machen wir eben Bratkartoffeln!«

Bratkartoffeln? Unsere jungen, kochunerfahrenen Freunde
schauten ratlos drein. »Um ehrlich zu sein – wir wissen nicht, wie
man die macht. Wir machen immer nur Pellkartoffeln.«

Also haben wir Pellkartoffeln gekocht, sie geschält und ein
wenig abkühlen lassen. Dann wurden die Kartoffeln in dünne
Scheiben geschnitten und zusammen mit Zwiebelringen in heißem Pflanzenöl in der Pfanne goldgelb gebraten. Salz und Pfeffer
darüber – fertig! Dazu gab es die sauren Gurken aus dem Kühlschrank und die Schinkenwurst aus der Dose, die sich ebenfalls
in der Vorratskammer fand.

Unsere Freunde gestanden: »Das waren die besten Bratkartoffeln, die wir seit unserer Kindheit gegessen haben.«

Wir leben in einer verarmten Essenszeit: Tüte aufreißen, Pulver
anrühren, rein in die Mikrowelle. Wo bleibt die Lust am Essen?
Genuß und Spaß bei der Zubereitung werden der scheinbaren

Zeitersparnis geopfert. Wenn wir uns alles von der Industrie vor-kochen lassen, geht viel wertvolles Wissen rund um Lebensmittel verloren. Außerdem führen industriell verarbeitete Nahrungsmittel zu einem immer größeren Preisdruck auf die Bauern. Die sind dann gezwungen, intensiver zu wirtschaften, was wiederum den Böden und dem Grundwasser schadet und vielen bedrohten Tier- und Pflanzenarten den Lebensraum nimmt.

Oma wußte noch, wie man Marmelade und Käse macht. Sie kannte den Unterschied zwischen Hefeteig und Mürbteig und konnte Pilze sammeln und zubereiten, ohne das Leben ihrer Familie aufs Spiel zu setzen.

Wie ernähre ich mich und meine Familie richtig?

- Jeden Tag viel trinken; vor allem Wasser (am besten normales Trinkwasser aus dem Wasserhahn), mindestens 1,5 bis 2 Liter pro Tag. Kaffee, koffeinhaltige Tees, Alkohol und Cola-Getränke nur in Maßen.
- Abwechslungsreich kochen.
- Speisen möglichst frisch zubereiten und frische, regional erzeugte und chemisch unbelastete Zutaten (Biolebensmittel) aus heimischem Anbau verwenden.
- Viel Getreide und Getreideprodukte wie Brot, Nudeln, Reis sowie Kartoffeln und viel regionales Obst und Gemüse als Hauptbestandteile des täglichen Essens, nicht zuviel Fleisch und Wurstwaren (2- bis 3mal die Woche), mindestens einmal Fisch. Fettreduziert kochen, gesunde Öle und Fette verwenden (z. B. Olivenöl, Sonnenblumenöl, Distelöl, Butterschmalz).
- Nur wenig Süßwaren. Zuviel Zucker meiden.
- Fertigprodukte (wegen künstlicher Aromastoffe, Haltbarkeitsmitteln usw.) ebenso meiden wie Junk food (Chips, Schokoriegel usw.).
- Die Deutsche Gesellschaft für Ernährung (DGE) empfiehlt, die Einkäufe für das Essen an der Lebensmittelpyramide auszurichten (www.dge.de) – siehe nächste Seite.

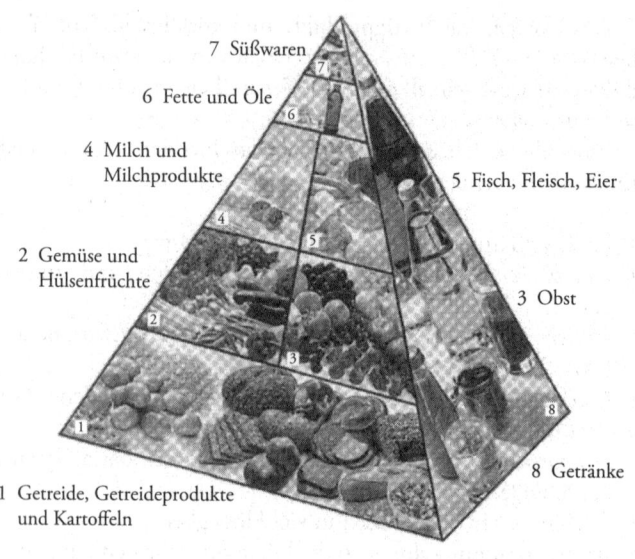

7 Süßwaren

6 Fette und Öle

4 Milch und
Milchprodukte

5 Fisch, Fleisch, Eier

2 Gemüse und
Hülsenfrüchte

3 Obst

8 Getränke

1 Getreide, Getreideprodukte
und Kartoffeln

Apfelgelee, Marmorkuchen und
Wiener Schnitzel: Omas beste Rezepte

Weil die Regale im Supermarkt mit immer mehr Fertig- und
Halbfertigprodukten gefüllt sind, geraten die verschiedenen –
und gar nicht so schwierigen – Möglichkeiten der leckeren Zubereitung von Speisen zusehends in Vergessenheit. Schon gibt es in
so mancher Wohnung in den USA keine Küche mehr, sondern
nur ein Mikrowellengerät im Kingsize-Format. Dabei ist es eigentlich ganz einfach, etwas zu essen zuzubereiten, es macht Spaß
und läßt uns eigene Kreativität entwickeln und zeigen. Wer sein
Essen selber kocht, kann immer wieder neue Geschmackserleb-
nisse entdecken.

Aber Selbstgemachtes schmeckt nicht nur besser, sondern ist
auch preiswerter. Denn umgerechnet sind die Fertigprodukte – ob fertige Kuchen, Tiefkühlpizzas, Nudelsoßen, Fertigsalate
usw. – viel zu teuer! Warum also Geld verschenken?

Das einzige, was Fertigprodukte nun wirklich als Vorteil haben, ist die schnelle Zubereitung. Doch von zu vielen Fertigprodukten ist ganz schnell auch die Gesundheit im Eimer, und die sollte uns teuer sein.

Eine kleine Übersicht über die verschiedenen Arten, Nahrungsmittel zuzubereiten:

- *Backen:* Garung von Teigen in trockener Hitze
- *Überbacken:* Garung von (Nudel-)Aufläufen und anderen Speisen im Backofen
- *Fritieren:* Herausbacken von Speisen im schwimmenden Fett
- *Grillen:* Garen der Speisen auf einem Rost über offener Glut oder mit speziellen Grillgeräten
- *Schmoren:* Anbraten der Speise in heißem Fett, dann Garen in der Soße (Schmorbraten)
- *Kochen:* Garen von Speisen in viel Flüssigkeit
- *Braten:* Bräunung durch starke Hitze mit sehr heißem Fett
- *Dämpfen:* Garung des Essens im Dampf
- *Dünsten:* Garung in zerlassenem, nicht allzuheißem Fett und/ oder im eigenen Saft

Wie macht man eine Brühe?

Eine Grundlage für viele Suppen, Salate und andere leckere Speisen sind Gemüse- und Fleischbrühen. Man kann sie auf Vorrat herstellen, einfrieren oder eindünsten (einwecken) und ist so bestens für das Kochen gerüstet.

Wie macht man eine Gemüsebrühe?

ZUTATEN FÜR 4 PERSONEN:

1 Stück Lauch
2–3 Karotten
1–2 Zwiebeln
etwas Sellerie (ca. $^1/_4$ Knolle)
1 Petersilienwurzel

1 Stück Blumenkohl
etwas Selleriekraut
  (wahlweise können auch Petersilie, Kohlrabi und eine Kartoffel genommen werden)
2 l Wasser
etwas Butter (ca. 1 Eßlöffel), 1 Eßlöffel Salz

ZUBEREITUNG:
Sämtliche Zutaten sauber putzen, waschen, zerkleinern, leicht in
Fett andünsten. Mit dem Wasser ablöschen, salzen und langsam
ca. 1 Std. kochen.

Wie macht man eine Fleischbrühe?

ZUTATEN FÜR 4 PERSONEN:
500g Rindfleisch
  (etwa vom Bug, Brustkern, oberes
  oder unteres Schwanzstück)
einige Suppenknochen
evtl. etwas Leber
1 Stück Lauch
2–3 Karotten
1–2 Zwiebeln
1 Tomate
1/4 Sellerieknolle
2,5 l Wasser
ca. 1 Teelöffel Salz
etwas Muskatnuß, 1 kleiner Bund Petersilie

ZUBEREITUNG:
Suppengemüse (ohne Petersilie) sauber putzen, waschen und zerkleinern und zusammen mit dem ebenfalls gewaschenen Fleisch,
den gewaschenen Knochen und den Gewürzen 2 1/2– 3 Stunden
langsam kochen (Deckel auf den Topf); Petersilie nur kurz am
Ende mitkochen.
  In Abänderung läßt sich so auch eine frische *Hühnerbrühe* herstellen. Natürlich kann man auch eine kombinierte Fleisch Gemü-
se-Brühe herstellen. Der Phantasie sind da keine Grenzen gesetzt!

Wie macht man eine Nudelsuppe?

ZUTATEN FÜR 4 PERSONEN:
ca. 1,5 l Gemüse-, Fleisch- oder Hühnerbrühe
ca. 100 g Suppennudeln
Salz
frischer Schnittlauch

ZUBEREITUNG:
Brühe kochen, mit etwas Salz würzen, Suppennudeln einstreuen. Ca. 5–10 Minuten kochen. Mit feingeschnittenem, frischem Schnittlauch anrichten.

Statt Nudeln kann man auch in Streifen geschnittene Pfannkuchen, Reis, Haferflocken, Grieß, Fleischklößchen und viele andere Zutaten (auch kombiniert) in die klare Suppe geben.

Wie macht man einen Rinderbraten?

ZUTATEN FÜR 4 PERSONEN:
ca. 1 kg Fleisch von Keule, Oberschale, Kamm oder Kleiner Nuß
Salz und Pfeffer
ca. 1 Eßlöffel Butterfett oder Sonnenblumenöl
1–2 große Zwiebeln
Wurzelgemüse (ca. 2 Karotten, Lauch, $1/4$ Sellerieknolle)
1–2 Tomaten oder Tomatenmark
ca. 1 Teelöffel Mehl
oder entsprechende Speisestärke (aus Kartoffeln)
1 Lorbeerblatt
etwas Sahne

ZUBEREITUNG FÜR 4 PERSONEN:
Fleisch waschen und ggf. klopfen, mit Salz und Pfeffer gut einreiben, in heißem Fett braun anbraten, Fleisch herausnehmen, Zwiebel anbraten , das gewaschene und zerkleinerte Gemüse mit den Tomaten beigeben und ebenfalls leicht anbraten. Mit etwas Mehl bestäuben und dann mit Wasser ablöschen. Das Lorbeerblatt und das Fleisch wieder zugeben; 2– 2 $1/2$ Stunden sanft garen und öfters mit der entstehenden Soße begießen. Am Schluß mit Sahne verfeinern.

Garzeit im gedeckelten Bräter oder offen im Backofen (dann noch öfter das Fleisch begießen) ca. 2 Stunden.

Dazu passen Spätzle, Nudeln, Knödel, Kartoffeln, Gemüse oder Salate.

Wie macht man einen Burgunderbraten?

In Abwandlung eines *Rinderbratens* (siehe Grundrezept S. 45) läßt sich auch ein herrlicher Burgunderbraten (für den man selbstverständlich nicht nur Burgunderwein, sondern auch einen gehaltvollen Lemberger, einen Schwarzriesling, eine Rotwein-Cuvée oder, wenn es noch etwas feiner sein soll, einen Barolo, einen Barbaresco, einen Bordeaux oder andere kräftige Weine nehmen kann) herstellen. Man legt das Fleisch zur Beize in den Wein ein, mit dem dann nach dem Anbraten abgelöscht wird.

BEIZE:
Wurzelgemüse
1–2 Lorbeerblätter
Pfefferkörner
2 Gewürznelken
Wein

Das sauber gewaschene geklopfte Fleisch wird in eine enge Schüssel oder in einen Steinguttopf gelegt. Das Fleisch soll gerade noch bedeckt sein. Vor dem Braten ca. 1–2 Tage einlegen.

Wie macht man einen Sauerbraten?

Zubereitung wie *Rinderbraten* (siehe Grundrezept S. 45), jedoch zuvor das Fleisch 1–2 Tage in eine Beize aus mit Wasser verdünntem Essig, Zwiebeln, Wurzelgemüse, Pfefferkörnern, 1–2 Lorbeerblättern und 1–2 Gewürznelken einlegen.

Wie macht man Rindsrouladen?

ZUTATEN FÜR 4 PERSONEN:
4 Scheiben Rindsroulade (je ca. 150–200 g)
  (Fleisch aus der Keule, gut abgelagertes Rindfleisch)
Salz
Pfeffer
Senf
4–8 Scheiben dünner, geräucherter Speck oder,
  je nach Geschmacksvorliebe, gekochter Schinken
2–3 Essiggurken
etwas Mehl
2 Zwiebeln
$^1/_2$ l Gemüse- oder Fleischbrühe
ca. $^1/_8$– $^1/_4$ l trockener, gehaltvoller Rotwein
ca. 2 Teelöffel Stärkemehl
etwas Sahne

ZUBEREITUNG:
Die Rouladen waschen und abtrocknen, mit Salz und Pfeffer leicht einreiben, auf einer Seite mit dem Senf bestreichen. Speck entweder in Würfel schneiden oder am Stück auf die Rouladen legen, Essiggurken in kleine Stücke schneiden und auflegen, Fleischscheiben von beiden Längsseiten her einschlagen (damit die Füllung drinbleibt), aufrollen und mit einer Fleischnadel oder einem Schaschlikspieß zustecken oder alternativ mit einem Bindfaden umwickeln. Außen nochmals evtl. mit Salz und Pfeffer würzen, leicht in Mehl wenden.

Zusammen mit den in Scheiben geschnittenen Zwiebeln ringsum kräftig anbraten. Mit der Fleisch- oder Gemüsebrühe und dem Wein ablöschen, ca. 1 $^1/_2$–2 Stunden schmoren lassen. Ab und zu Brühe nachgießen. Anschließend Soße mit Mehl oder Speisestärke nach Belieben abbinden. Evtl. mit Sahne verfeinern und nach Bedarf würzen.

Je nach regionalen Kochsitten werden die Rindfleischscheiben auch mit einem Hackfleischteig bestrichen.

Als Beilagen eignen sich Nudeln, Spätzle, Kartoffeln, Knödel oder Kartoffelbrei, Gemüse und Salate.

Wie macht man einen Kalbsbraten?

Kalbfleisch ist zart, feinfaserig und hat wenig Fett. Wegen des zarteren Muskelgewebes ist eine kürzere Zubereitungszeit erforderlich.

ZUTATEN FÜR 4 PERSONEN:
ca. 1 kg Kalbfleisch von der Keule, der Schale oder vom Bug
Zutaten wie Rinderbraten
evtl. 1–2 Blätter Salbei
und je nach Geschmacksvorlieben zusätzlich zu Salz und Pfeffer
noch etwas Paprika
Wasser und Gemüse- oder Fleischbrühe

ZUBEREITUNG:
Wie *Rinderbraten* (siehe Grundrezept S. 45), allerdings nur ca.
1 Stunde Brat- bzw. Schmorzeit.

Wie macht man Wiener Schnitzel?

ZUTATEN FÜR 4 PERSONEN:
4 Kalbsschnitzel (aus der Keule)
Salz und Pfeffer
Mehl
1 Ei
Semmelbrösel
ca. 50 g Fett
Zitronenscheiben
Petersilie

ZUBEREITUNG:
Fleisch klopfen, salzen und pfeffern, in Mehl wenden, dann in verquirltem Ei wenden, danach in den Semmelbröseln wenden, in sehr heißem Fett von beiden Seiten knusprig braun braten (je nach Dicke des Fleisches insgesamt 10–15 Minuten) und nicht ablöschen! Mit Zitronenscheiben und Petersilie garnieren.

Als Beilagen eignen sich Kartoffelsalat, Gemüse, Blattsalate, Pommes frites etc.

Wie macht man einen Schweinebraten?

ZUTATEN FÜR 4 PERSONEN:
ca. 1 kg Schweinefleisch (z. B. von der Keule oder Schulter)
1 Eßlöffel Senf
Wurzelgemüse (1–2 Zwiebeln, 1–2 Karotten)
1 Bund Suppengrün
1 Tomate
Wasser
1 Lorbeerblatt
1 Teelöffel Salz
Pfeffer nach Belieben und/oder Paprika
etwas Mehl oder Speisestärke

ZUBEREITUNG:
Fleisch waschen, abtrocknen, mit Senf einreiben (darauf kann natürlich auch verzichtet werden). Mit etwas heißem Fett anbraten, das gewaschene und zerkleinerte Suppengemüse und die Tomate zugeben, nach und nach mit Wasser ablöschen, das Lorbeerblatt zugeben, mit Salz und Pfeffer oder Paprika würzen, entweder offen im Backofen oder zugedeckt im Bräter unter wiederholtem Begießen ca. 1–1 ½ Stunden sanft köcheln. Die Soße mit Mehl oder Speisestärke abbinden.

Als Beilage eignen sich Semmelknödel, Kartoffelklöße, Salzkartoffeln, Kartoffelbrei, Nudeln, Gemüse, diverse Salate, Rotkohl, Rosenkohl, Krautsalat (mit Rauchspeckwürfeln und etwas Kümmel angerichtet), Weißkohl.

Wie macht man Schweinefilets (früher auch als Schweinelendchen bezeichnet)?

ZUTATEN FÜR 4 PERSONEN:
1–2 Schweinefilets
Salz und Pfeffer
1 Zwiebel
1 Eßlöffel Butterschmalz (oder vergleichbares Fett)
etwas Mehl, Wasser

ZUBEREITUNG:

Fleisch mit Salz und Pfeffer einreiben, zusammen mit der in Scheiben geschnittenen Zwiebel in heißem Fett auf allen Seiten anbraten, Mehl kurz mitbräunen, mit etwas Wasser ablöschen. Dann das Fleisch zugedeckt ca. 20–30 Minuten schmoren.

Beilage: Kartoffeln, Reis, Spätzle oder Nudeln, Gemüse, Salate.

Wie macht man Frikadellen/Fleischküchlein/ Buletten/Fleischpflanzerl?

ZUTATEN FÜR 4 PERSONEN:

1 altbackenes Brötchen
1 Zwiebel
Petersilie
500 g Hackfleisch (halb Rind, halb Schwein)
Salz und Pfeffer
etwas Muskat
1 Ei
etwas Semmelbrösel oder Mehl

ZUBEREITUNG:

Das alte Brötchen auseinanderbrechen, in Wasser einweichen, ausdrücken (alternativ alte Brötchen reiben und mit etwas Milch anfeuchten). Zwiebel und Petersilie fein schneiden und in Fett andünsten (ohne Bräunen). Hackfleisch, Brötchen, Gewürze und Ei gut durchmengen; je nach geschmacklichen Vorlieben vielleicht noch etwas zerkleinerten geräucherten Schinken zugeben. Mit Hilfe von Mehl oder Semmelbröseln Bällchen formen und in sehr heißem Fett durchbraten (ca. 15–20 Minuten).

Selbstverständlich variieren die Rezepte von Gegend zu Gegend, und es sind vielerlei Varianten denkbar.

Wie macht man Kartoffelbrei?

ZUTATEN FÜR 4 PERSONEN:

1 kg Kartoffeln
ca. $^1/_2$ l Milch

ca. 2 Eßlöffel Butter oder Margarine
1 Teelöffel Salz

ZUBEREITUNG:
Kartoffeln in der Schale kochen, schälen, solange sie noch heiß
sind, und anschließend gleich durch die Kartoffelpresse drücken
oder mit dem Kartoffelstampfer zerdrücken. Milch kochen und
die Butter oder Margarine, Salz und die gepreßten Kartoffeln zugeben und zu einem Brei rühren, bis dieser locker bzw. schaumig ist.

Wie macht man Bratkartoffeln?

ZUTATEN FÜR 4 PERSONEN:
ca. 1 kg Kartoffeln
1–2 Zwiebeln
etwas Fett (Butter, Margarine, Sonnenblumenöl, Olivenöl o. ä.)
Salz und Pfeffer

ZUBEREITUNG:
Kartoffeln in der Schale kochen und schälen (es können auch
schon vom Vortag gekochte Kartoffeln genommen werden). Kartoffeln in Scheiben schneiden. Zwiebeln würfeln oder in dünne
Scheiben schneiden, im heißen Fett anbraten, dann die Kartoffelscheiben dazugeben und etwas salzen. Nach einiger Zeit wenden. Je
nach Geschmack goldgelb oder knusprig braun braten. Je nach Geschmacksvorlieben mit Pfeffer, Currypulver, Paprika usw. würzen.
   Als Beilagen eignen sich alle Arten von Würsten, Kraut, Rostbraten, Fleischküchle (Fleischpflanzerl/Buletten/Frikadellen),
Hackbraten etc. sowie diverse Gemüse und Salate.

Wie macht man Spätzle?

ZUTATEN FÜR 4 PERSONEN:
500 g Mehl
2 Teelöffel Salz
5 Eier
ca. 125 ml Wasser

ZUBEREITUNG:

Mehl, Salz, Eier und ca. die Hälfte vom Wasser in eine Schüssel geben und mit dem Rührlöffel oder mit dem elektrischen Rührgerät (Knethaken) zu einem festen Teig schlagen, in den man nach und nach das restliche Wasser gibt. Der Teig ist dann fertig, wenn sich beim Kneten Blasen bilden. (Wenn man die Spätzle vom Brett schaben will, muß der Teig etwas flüssiger sein, d. h., man braucht zusätzlich noch etwa 25–50 ml Wasser.)

Teig portionsweise in eine Spätzlepresse geben und in kochendes Salzwasser drücken. Die Spätzle sollten ca. 3 Minuten kochen, dann mit einem Schaumlöffel herausholen und kurz unter heißem Wasser abspülen (die Spätzle sind fertig, wenn sie im Wasser oben schwimmen). Dann in eine Schüssel geben, mit einem Deckel zudecken und die nächste Portion kochen, bis der Teig aufgebraucht ist.

Wenn man keine Spätzlepresse hat, kann man die Spätzle auch von einem Brett schaben. Dazu streicht man eine Portion Teig dünn auf ein kleines Holzbrett und schabt mit einem Messer kleine längliche Teigstücke vom Brettrand in das kochende Salzwasser.

Wie macht man Maultaschen?

ZUTATEN FÜR ETWA 4–8 PERSONEN:
Für den Nudelteig:
500 g Mehl
4 Eier
4 halbe Eierschalen Wasser
1 Teelöffel Salz

Für die Füllung (reicht für doppelte Menge Nudelteig, kann auch gut eingefroren werden):
1 Lauch (nur den weißen Teil) oder/und Spinat
2 Zwiebeln
2 Bund Petersilie
etwas Butter oder Margarine
500 g feines Bratwurstbrät

8 Brötchen (vom Vortag): 4 kleinschneiden oder reiben, 4 in kaltem Wasser einweichen und ausdrücken
5 Eier
Muskat, Pfeffer, Salz

ZUBEREITUNG:

Für den Nudelteig die Zutaten in eine Schüssel geben und mit dem Rührgerät (Knethaken) zu einem festen Teig verarbeiten. Mit den Händen zu einer Kugel formen und bis zur weiteren Verwendung in Folie gewickelt zur Seite legen.

Für die Füllung den Lauch (es eignet sich statt dessen oder zusätzlich auch Spinat), Zwiebeln und Petersilie putzen und in kleine Stücke schneiden. Mit etwas Butter oder Margarine andünsten.

Bratwurstbrät, Brötchen und Eier in eine Schüssel geben und – am besten mit dem Rührgerät (Knethaken) – zu einem Teig verrühren. Abgekühltes Lauch-Zwiebel-Petersilie-Gemisch dazugeben, unterrühren und mit Muskat, Pfeffer und Salz würzen.

Den Nudelteig in ca. 6 Stücke teilen und zu dünnen Teigplatten ausrollen. Drei Teigplatten mit Füllung bestreichen und die restlichen Teigplatten darüberlegen. Mit Hilfe eines Rührlöffelstiels in ca. 10 x 5 cm große Rechtecke einteilen, mit einem Backrädchen oder Messer durchschneiden und ca. 10 Minuten in kochender Fleisch- oder Gemüsebrühe ziehen lassen.

Schmeckt als Suppeneinlage oder mit geschmälzten Zwiebeln zu Kartoffelsalat.

Wie macht man Sauerkraut?

Nichts leichter als das. Früher haben fast alle Familien ihr Sauerkraut selbst gemacht. Man braucht dazu frische, feste Weißoder Spitzkohlköpfe sowie Salz (etwa 20 Gramm auf das Kilo).

ZUBEREITUNG:

Die Kohlköpfe werden von den äußeren Blättern befreit und fein gehobelt. Dann kommt das Kraut in einen Steintopf. Dieser muß vor dem Einlagern des Krauts gründlich mit heißem Wasser und einem üblichen Spülmittel gereinigt und mit klarem Wasser nachgespült werden. Der Steintopf muß vor dem Einlagern des Krauts trocken sein. Hierfür einfach mit der Öffnung nach unten eine Zeitlang auf ein Tuch stellen, damit noch restliches Wasser ablaufen kann. Der Topf darf nicht mit Fett zusammengebracht werden, und es ist auf peinliche Sauberkeit zu achten. Ein Brotkrümelchen, das etwa in das Einmachgefäß gelangt, kann das Ganze zum Verderben bringen. Den Topf immer nur für Sauerkraut verwenden. Das Kraut wird in einzelnen Schichten, abwechselnd mit Salz, in den Steintopf eingestampft (z. B. mit einem Küchenstampfer aus Holz). Dabei muß jede Lage des Kohls so festgestampft werden, daß der Kohl vom sich bildenden Saft gut überdeckt ist. Saft nicht wegschütten. Es können auch Wacholderbeeren und Apfelscheiben (etwa 100 g Äpfel auf 1 kg Weißkohl) mit in die Schichten eingebracht werden. Das Sauerkraut wird mit einem Tuch bedeckt, mit einem in den Topf passenden (harzfreien) Holzbrett – etwa Buche oder Eiche – sowie einem Stein beschwert. Die Aufbewahrung muß an einem kühlen Ort erfolgen. Der Gärungsprozeß dauert ca. 5–6 Wochen.

Früher haben die Familien oft sehr große Steintöpfe benutzt. Mitunter findet man solche Töpfe noch auf Flohmärkten.

Wie macht man Pfannkuchen?

ZUTATEN FÜR 3–4 PERSONEN:
250 g Mehl
2 Eier
$^1/_2$ Teelöffel Salz
$^1/_2$ l Milch
Speiseöl zum Ausbacken

ZUBEREITUNG:
Mehl, Eier, Salz und die Hälfte der Milch in eine Schüssel geben und alles zu einem dicken Teig verrühren. Dieser wird nach und nach mit der restlichen Milch verdünnt. Nun gibt man ca. 1 Eßlöffel Öl in eine Pfanne und läßt es heiß werden. Dann gibt man einen Schöpflöffel vom Teig dazu und verteilt ihn in der Pfanne. Wenn der Teig nicht mehr flüssig ist, dreht man den Pfannkuchen um und läßt ihn auf der anderen Seite schön braun backen. Aus der Pfanne nehmen und auf einen Teller legen. Dann wieder

etwas Öl in die Pfanne geben und den nächsten Pfannkuchen auf dieselbe Weise backen.

Man kann die Pfannkuchen bei ca. 75 °C Umluft in den Backofen stellen, dann bleiben sie schön heiß, bis alle fertiggebacken sind.

Dazu schmeckt entweder Apfelmus oder Gemüse, wie Karotten, Spargel, Blumenkohl usw. Herzhaft lecker sind auch Schnittlauchpfannkuchen. Einfach Schnittlauch feinschneiden und in den Teig geben.

Wie macht man eine Kartoffelsuppe?

ZUTATEN FÜR 4 PERSONEN:
1 kg Kartoffeln
1 Bund Suppengrün (1 Karotte, Zwiebel, 1 Stück Sellerie)
2–3 Karotten zusätzlich
Salz und Pfeffer
1 Becher Sahne
Petersilie

ZUBEREITUNG:
Kartoffeln waschen, schälen und in Stücke schneiden. Zwiebel, Sellerie und Karotten putzen, kleinschneiden und in etwas Butter andünsten. Dann mit ca. 1 Liter Wasser ablöschen. Die Kartoffeln dazugeben und ca. 20 Minuten weichkochen. Mit einem Pürierstab die Suppe so lange pürieren, bis eine gebundene Suppe entsteht. Mit Salz und Pfeffer würzen. Dann die Sahne zugießen. Alles noch einmal aufkochen lassen und zum Schluß die kleingeschnittene Petersilie zugeben .

Dazu schmecken etwa Frankfurter/Wiener/Saiten-Würstchen und frisches Brot oder Brötchen.

Wie macht man eine Grießklößchensuppe (Grießnockensuppe)?

ZUTATEN FÜR 3–4 PERSONEN:
1 Ei
60 g Hartweizengrieß
1 Teelöffel Salz
40 g Butter
1 $^1/_2$ l Brühe

ZUBEREITUNG:
Ei, Grieß und das Salz mit der weichen Butter verrühren und den Teig ca. 1 Stunde stehen lassen. Dann mit Hilfe von zwei Teelöffeln Klößchen formen, in die kochende Brühe geben und ca. 10 Minuten leicht sieden lassen. Je nach Geschmack mit Pfeffer und Salz und etwas feingeschnittenem Schnittlauch oder Petersilie servieren.

Wie macht man einen Kräuterquark?

ZUTATEN FÜR 4 PERSONEN:
500 g Magerquark
100–200 ml Sahne
verschiedene Kräuter wie Schnittlauch, Petersilie, wilder Majoran (Oregano), Kerbel etc. (getrocknet oder frisch)
1 Teelöffel Salz
Pfeffer

ZUBEREITUNG:
Den Quark mit der flüssigen Sahne verrühren. Die Kräuter, das Salz und den Pfeffer dazugeben und vermischen. (Wenn man getrocknete Kräuter verwendet, noch etwas durchziehen lassen.)
Dazu passen etwa Pellkartoffeln.

Wie macht man einen schwäbischen (süddeutschen) Kartoffelsalat?

ZUTATEN FÜR 4 PERSONEN:
1 kg festkochende Kartoffeln
8 Eßlöffel Sonnenblumenöl
1 kleine Zwiebel
3 Eßlöffel Essig
2–3 Teelöffel Salz, Pfeffer
1 Eßlöffel Salatkräuter (frisch oder getrocknet)
200–250 ml heiße Gemüse- oder Fleischbrühe

ZUBEREITUNG:
Kartoffeln mit der Schale weichkochen und etwas abkühlen lassen. In eine Salatschüssel 3–4 Eßlöffel Öl und die kleingeschnittene Zwiebel geben. Die Kartoffeln am besten noch lauwarm schälen, in dünne Scheiben schneiden und zu den Zwiebeln und dem Öl geben. Mit Essig, Salz und Pfeffer würzen, die Salatkräuter und das restliche Öl dazugeben. Vorsichtig durchmischen, so daß die Kartoffelscheiben möglichst nicht zerbrechen. Zwischendrin immer wieder von der Gemüse- oder Fleischbrühe dazugeben, bis die Kartoffeln keine Brühe mehr aufnehmen.

Wie macht man einen norddeutschen Kartoffelsalat?

ZUTATEN FÜR 4 PERSONEN:
1 kg festkochende Kartoffeln
3 Eßlöffel Sonnenblumenöl
1 kleine Zwiebel
2–3 Gewürzgurken (mild, eher süß)
100 g Mayonnaise
3 Eßlöffel Essig
2–3 Teelöffel Salz
Pfeffer
200–250 ml Gemüse- oder Fleischbrühe

ZUBEREITUNG:

Kartoffeln mit der Schale weichkochen und etwas abkühlen lassen. In eine Salatschüssel das Öl und die kleingeschnittene Zwiebel und Gewürzgurken geben. Die Kartoffeln am besten noch lauwarm schälen, dann kalt werden lassen, in dünne Scheiben schneiden und zu den Zwiebeln, den Gewürzgurken und dem Öl geben. Die Mayonnaise mit dem Essig, dem Salz und etwas Pfeffer verrühren und auf die Kartoffeln geben. Vorsichtig durchmischen, so daß die Kartoffelscheiben möglichst nicht zerbrechen. Zwischendrin immer wieder von der Gemüse- oder Fleischbrühe dazugeben, bis die Kartoffeln keine Brühe mehr aufnehmen.

Wie macht man eine dunkle Soße?

ZUTATEN:
$^1/_4$ Zwiebel
40 g Butter
20 g Mehl (1 gehäufter Eßlöffel)
$^1/_4$ l Wasser
$^1/_4$ Teelöffel Salz etwas Pfeffer
evtl. 1–2 Teelöffel Tomatenmark
1 Eßlöffel dunkle Sojasoße

ZUBEREITUNG:

Die Zwiebel kleinschneiden und in der Butter braun anbraten. Dazu das Mehl geben. Ebenfalls etwas braun werden lassen. Dann das Wasser zugeben und währenddessen mit einem Schneebesen rühren, so daß sich das Mehl mit dem Wasser gut verbindet. Dann mit Salz, Pfeffer, Tomatenmark würzen und die Sojasoße zugeben. Einmal aufkochen lassen.

Wie macht man eine helle Soße?

ZUTATEN:
$^1/_2$ Zwiebel
40 g Butter
20 g Mehl (1 gehäufter Eßlöffel)

$^1/_4$ l Wasser
$^1/_2$ Teelöffel Salz etwas Pfeffer
1 Eßlöffel helle Sojasoße evtl. etwas Sahne

ZUBEREITUNG:
Die Zwiebel kleinschneiden und in der Butter glasig dünsten.
Dazu das Mehl geben. Etwas anbraten lassen. Wasser mit einem
Schneebesen einrühren, so daß sich das Mehl mit dem Wasser gut
verbindet. Mit Salz, Pfeffer und Sojasoße würzen. Einmal aufko-
chen lassen, evtl. mit Sahne verfeinern.

Wie wird Brot gebacken?

ZUTATEN:
1 kg Mehl
20 g Hefe
500–550 ml lauwarmes Wasser, 2 Eßlöffel Salz

ZUBEREITUNG:
Das Mehl in eine Schüssel geben, in die Mitte des Mehls eine
Vertiefung machen, die Hefe hineinbröckeln und mit etwas lauwarmem Wasser bedecken. Schüssel mit einem Küchentuch bedecken und die Hefe etwas gehen lassen. Dann Mehl und Hefe
mit dem Wasser und dem Salz so lange verkneten, bis alle Zutaten gut vermengt sind und ein leicht klebriger Teig entstanden
ist. Anschließend ca. 1–2 Stunden mit einem Küchentuch abgedeckt an einem warmen Ort gehen lassen.
    Noch einmal durchkneten, einen Brotlaib daraus formen und
auf ein mit Fett eingeriebenes oder mit Backpapier ausgelegtes
Backblech legen. Mit einer Gabel ein paarmal in das Brot stechen
(bis ganz nach unten zum Blech), dann entstehen weniger Luft-
blasen im Brot. In den auf 220–230°C vorgeheizten Backofen
schieben und ca. 1 Stunde backen. Wenn man das Brot nach dem
Backen mit etwas Wasser überpinselt und dann noch mal für ca.
2 Minuten in den Backofen schiebt, erhält es einen schönen Glanz.
    Das Ganze funktioniert auch mit Trockenhefe. Es kann mit
vielerlei Mehl (z. B. helle und dunkle Weizenmehlmischungen,

helle und dunkle Dinkel- oder Roggenmehlmischungen) variiert werden. Es sollte darauf geachtet werden, daß keine unnötigen Hilfsmittel im Mehl enthalten sind.

Wie macht man einen Rührkuchen?

ZUTATEN:
250 g Margarine
250 g Zucker
4 Eier
500 g Mehl
1 Päckchen Backpulver
75 ml (= 8 Eßlöffel) Milch

ZUBEREITUNG:
Margarine mit dem Zucker verrühren. Eier nacheinander unterrühren. Dann Mehl und Backpulver dazugeben und verrühren. Zum Schluß die Milch einrühren. Teig in eine eingefettete Rührkuchenform geben und bei 180 °C ca. 60 Minuten backen.

Ob der Kuchen fertig ist, kann man feststellen, indem man mit einem schmalen Messer oder einem Holzstäbchen in den Kuchen sticht. Bleibt kein Teig mehr daran hängen, ist der Kuchen fertig.

Wie macht man einen saftigen Marmorkuchen?

ZUTATEN:
300 g Butter oder Margarine
300 g Zucker
1 Päckchen Vanillezucker
6 Eier
300 g Mehl
1 Prise Salz
1 Päckchen Backpulver
je nach Geschmack 2 cl Rum
ca. 3 gestrichene Eßlöffel stark entöltes Kakaopulver
ca. 40 ml (= 4 Eßlöffel) Milch

ZUBEREITUNG:

Butter oder Margarine mit dem Zucker und dem Vanillezucker verrühren. Eier nacheinander unterrühren. Dann Mehl, Salz, Backpulver und Rum dazugeben und verrühren. Die Hälfte des Teiges in eine eingefettete Rührkuchenform geben.

In den übrigen Teig das Kakaopulver geben und mit der Milch unterrühren. Den so entstandenen dunklen Teig auf den hellen Teig in die Kuchenform geben und mit einer Gabel spiralförmig unterziehen (so entsteht die typische Marmorierung). Bei 180°C ca. 60–70 Minuten backen.

Ob der Kuchen fertig ist, kann man feststellen, indem man mit einem Holzstäbchen (z. B. Schaschlikspieß) in den Kuchen sticht. Bleibt kein Teig mehr daran hängen, ist der Kuchen gar.

Wie macht man einen süßen Hefeteig?
(z. B. als Boden für Zwetschgen- oder Apfelkuchen)

ZUTATEN FÜR EIN KUCHENBLECH:

250 g Mehl
10 g Hefe
70 g Zucker
$^1/_8$ l Milch
50 g Butter oder Margarine
1 Ei
1 Prise Salz

ZUBEREITUNG:

Mehl in eine Schüssel geben. Die Hefe hineinbröckeln und mit etwas Zucker und lauwarmer Milch mit der obersten Schicht vom Mehl zu einem flüssigen Vorteig verrühren. Diesen mit einem Tuch bedeckt in der Wärme ca. 15 Minuten gehen lassen.

Den Rest der Milch, Butter, Zucker, Ei und Salz zufügen und – am besten mit den Knethaken des elektrischen Rührgeräts – zu einem festen Teig kneten. Der Teig ist fertig, wenn er Blasen wirft und sich von der Schüssel löst. Dann wieder mit dem Tuch bedecken und noch mal ca. 45 Minuten gehen lassen.

Wie macht man einen salzigen Hefeteig?
(z. B. als Boden für Pizza oder Zwiebelkuchen)

ZUTATEN FÜR EIN KUCHENBLECH:
250 g Mehl
10 g Hefe
¹/₈ l Milch
50 g Butter oder Margarine
1 Teelöffel Salz

ZUBEREITUNG:
Mehl in eine Schüssel geben. Die Hefe hineinbröckeln und mit der lauwarmen Milch und der obersten Schicht vom Mehl zu einem flüssigen Vorteig verrühren. Diesen mit einem Tuch bedeckt in der Wärme ca. 15 Minuten gehen lassen.

Butter und Salz zufügen und – am besten mit den Knethaken des elektrischen Rührgeräts – zu einem festen Teig kneten. Der Teig ist fertig, wenn er Blasen wirft und sich von der Schüssel löst. Dann wieder mit dem Tuch bedecken und noch mal ca. 45 Minuten gehen lassen.

Wie macht man einen Früchtequark?

ZUTATEN FÜR 4 PERSONEN (ALS DESSERT):
100–200 ml Sahne
250 g Magerquark
1 Eßlöffel Zucker
250 g Früchte je nach Saison
    (Erdbeeren, Pfirsiche, Äpfel, Bananen, Orangen,
    Mandarinen etc.)

ZUBEREITUNG:
Sahne steif schlagen und mit dem Quark und dem Zucker vermischen. Früchte waschen, putzen und kleinschneiden. Früchte zur Quarksahne geben und alles vermischen.

Wie macht man Marmelade?

Konfitüre enthält Fruchtstückchen, Marmelade ist aus Mus und Gelee aus Obstsäften gemacht. Das Grundrezept für alle drei ist einfach: Früchte und Zucker werden im Verhältnis 1:1 eingekocht. Der Zucker konserviert. Gelierzucker besteht aus Raffinade, der Pektin und Zitronensäure zugesetzt wurden. Durch das Pektin binden sich Fruchtsaft und püriertes Obst besonders gut.

Erdbeermarmelade

ZUTATEN:
1 kg Erdbeeren
1 kg Gelierzucker
6–7 Marmeladengläser mit Deckel

ZUBEREITUNG:
Erdbeeren waschen, Stiele entfernen und die Früchte kleinschneiden (es dürfen keine fauligen Stellen vorhanden sein, nur einwandfreie Früchte verwenden). In einen hohen, großen Topf geben. Gelierzucker dazugeben. Unter Rühren aufkochen lassen. Wenn alles sprudelnd kocht, ca. 4 Minuten unter ständigem Rühren kochen lassen. Mit einem kleinen Löffel eine Gelierprobe machen (etwas Marmelade aus dem Topf nehmen: Wenn sie zähflüssig vom Löffel tropft, ist sie fertig, ansonsten noch etwas kochen lassen).

Marmelade in die sauberen, mit heißem Wasser ausgespülten Gläser füllen und die Gläser fest verschließen. Schraubverschlußgläser (mit sogenanntem Twist-off-Deckel; gibt's in Haushaltsfachgeschäften) mit dem Deckel nach unten stürzen und abkühlen lassen. So ist das Ganze dicht.

Man kann auch ein Stück Cellophanpapier in kleine Quadrate schneiden, die ungefähr so groß wie die Öffnung der Marmeladengläser sind, und durch etwas Alkohol (klarer Schnaps) ziehen. Dazu gibt man den Schnaps am besten in eine Untertasse. Die Cellophanquadrate oben auf die Marmelade legen, das verhindert die Schimmelbildung. Dann die Gläser fest verschließen und eventuell beschriften. (Gilt auch für andere Früchte.)

Erdbeerkonfitüre (kalt eingemacht)

ZUTATEN FÜR 4 GLÄSER:
500 g Erdbeeren
500 g Gelierzucker
1 Vanilleschote

ZUBEREITUNG:
Erdbeeren waschen und zusammen mit dem Gelierzucker und dem Inneren einer aufgeschnittenen Vanilleschote in einer Schüssel mit der Gabel zerdrücken und so lange rühren, bis sich der Zucker aufgelöst hat. Dann in die heiß ausgespülten Gläser abfüllen und mit Twist-off-Deckel verschließen.

Pflaumenmus

ZUTATEN FÜR 4 GLÄSER À 300 ML:
1 ½ kg Pflaumen
175 g Honig
350 g Gelierzucker
2 Zimtstangen etwas Wasser
100 ml heller Balsamessig

ZUBEREITUNG:
Pflaumen gründlich waschen, entsteinen, in kleine Würfel schneiden und zusammen mit dem Honig, dem Gelierzucker (3:1) und den Zimtstangen in etwas Wasser 3 Minuten aufkochen. Hellen Balsamessig dazugießen. Die Zimtstangen entfernen. Dann die Konfitüre in die Gläser füllen und die verschlossenen Gläser gut 5 Minuten auf den Kopf stellen.

Apfelgelee

ZUTATEN FÜR 4–5 GLÄSER
1 l Apfelsaft
1 kg Gelierzucker

ZUBEREITUNG:
Den Apfelsaft mit dem Gelierzucker bis zur Gelierprobe kochen. Dann das heiße Gelee durch ein Sieb in die Gläser füllen und noch heiß verschließen.

Marillenkompott

ZUTATEN:
2 kg Marillen
750 ml Wasser
500 g Zucker
2 Zitronen
2 Vanillestangen

ZUBEREITUNG:
Die Marillen werden mit kochendem Wasser überbrüht (blanchiert), kalt abgeschreckt und dann gehäutet. Halbiert und entsteint, köcheln die Früchte anschließend 10 Minuten im Wasser, das zuvor mit dem Zucker und dem Saft der Zitronen aufgekocht wurde. Dann die Früchte in die Gläser füllen, Vanillestangen obendrauf geben und mit der abgekühlten Zuckerlösung bis unter den Rand auffüllen. Dann bei 75 °C etwa eine halbe Stunde im Backofen (oder im Einweckkessel) einkochen.

Tips rund ums Essen und Trinken

Wann hat was Saison?

Saisonales Obst und Gemüse, Salate, Früchte und Beeren schmecken besser und sind gesünder. früher war es selbstverständlich, vor allem das zu essen, was die Natur im Angebot hatte. Die meisten Menschen hatten einen kleinen Garten – und sei es irgendwo am Rand der Stadt – und versorgten sich mit vielem selbst. Und so hatte jede Familie im Frühjahr frische Erdbeeren, im Sommer knackige Salate und leckere Beeren und im Herbst schmackhafte Äpfel und Birnen.

Längst haben nicht mehr alle Menschen einen Garten und wenn, dann wollen sie nicht die ganze Zeit darin arbeiten, sondern Erholung suchen (wobei sich beides durchaus gut verbinden läßt). Und dann gibt es ja das ganze Jahr über in den Lebensmittelmärkten eine reiche Fülle von Obst, Gemüse, Beeren, Salaten und was sonst noch unseren Speisezettel bereichert.

Doch eines gilt noch immer: Saisonale und wenn irgend möglich regionale Produkte sind frischer, schmecken besser, haben weniger Rückstände und sind somit auch gesünder.

Doch was hat wann Saison? Da die Waren weltweit gehandelt werden, ist zwar fast alles ständig im Angebot, doch zum Teil sind die Dinge, die wir im Supermarkt kaufen, weit durch Europa oder sogar um den halben Globus gereist. Orientieren wir uns jedoch an der jeweiligen Saison für die einzelnen Produkte, ernähren wir uns besser und gesünder, und die Abwechslung braucht keineswegs darunter zu leiden.

Die nachstehende Tabelle gibt eine grobe Orientierung. Angeführt ist die jeweilige Hauptsaison von Obst und Gemüse. Es gibt auch frische regionale Ware jeweils in den Wochen davor und danach; jedoch ist dann die Angebotsdichte natürlich geringer.

Salate	Löwenzahn/Rucola (Rauke)	Anfang Mai bis Mitte September
	Eichblattsalat	Mitte Mai bis Ende September
	Kopfsalat /Eisberg-salat, Lollo Rossa	Mitte Mai bis Ende Oktober
	Endiviensalat	Mitte Juni bis Anfang November
	Radicchio	Anfang Juli bis Ende Oktober
	Ackersalat, Feldsalat	Anfang Oktober bis Ende Februar
Obst	Rhabarber	Mitte April bis Ende Juni
	Süßkirschen	Ende Mai bis Mitte August
	Mirabellen	Ende Juni bis Ende August
	Sauerkirschen	Anfang Juli bis Mitte September
	Aprikosen	Anfang Juli bis Ende August
	Zwetschgen und Pflaumen	Mitte Juli bis Mitte Oktober
	Melonen	Ende Juli bis Ende September
	Weintrauben	Anfang September bis Ende Oktober
	Äpfel und Birnen	Anfang August bis Mitte November
	Quitten	Mitte September bis Mitte November
Beeren	Erdbeeren	Mitte Mai bis Ende Juli
	Himbeeren	Mitte Juni bis Anfang September
	Johannisbeeren	Mitte Juni bis Ende August
	Stachelbeeren	Mitte Juni bis Ende August
	Heidelbeeren	Ende Juni bis Ende August
	Brombeeren	Mitte Juli bis Ende September
	Preiselbeeren	Mitte Juli bis Ende Oktober
	Holunderbeeren	Anfang September bis Ende Oktober
Gemüse	Champignons	ganzjährig
	Spinat	Mitte März bis Mitte Juni
	Spargel	Mitte April bis Ende Juni
	Radieschen	Ende April bis Ende Oktober

Wirsing	Mitte Mai bis Ende Juni; Anfang September bis Ende November
Weißkohl und Spitzkohl	Mitte Mai bis Ende Juni; Anfang September bis Ende November
Kohlrabi	Mitte Mai bis Ende Oktober
Blumenkohl	Anfang Juni bis Ende Oktober
Kartoffeln	Anfang Juni bis Ende Oktober
grüne Erbsen	Anfang Juni bis Ende August
grüne Bohnen	Anfang Juni bis Ende Oktober
Brokkoli	Mitte Juni bis Mitte Oktober
Mangold	Mitte Juni bis Ende September
Karotten/gelbe Rüben/Möhren	Mitte Juni bis Ende Oktober
Gurken	Mitte Juni bis Ende September
Zucchini	Mitte Juni bis Ende Oktober
Zwiebeln	Mitte Juni bis Ende Oktober
Rettiche	Ende Juni bis Ende Oktober
Staudensellerie	Anfang Juli bis Anfang November
Lauch/Porree	Anfang Juli bis Ende November
Tomaten	Mitte Juli bis Ende Oktober
Paprika	Mitte Juli bis Mitte Oktober
Chinakohl	Anfang August bis Ende November
Sellerie	Ende August bis Ende November
Kürbis	Ende August bis Ende November
Rotkohl	Anfang September bis Ende November
rote Beete/rote Rübe	Anfang September bis Ende November
Chicorée	Anfang Oktober bis Anfang März
Rosenkohl	Mitte/Ende Oktober bis Ende Januar
Grünkohl	Anfang November bis Ende Februar

Hätten Sie's gewußt?

Darf man Pilze aufwärmen?
Als es noch keine Kühlschränke gab, wurde vor dem Aufwärmen von Pilzen gewarnt. Heute ist das kein Problem mehr, wenn man die Pilze nach der Zubereitung schnell herunterkühlt und bei zwei bis vier Grad im Kühlschrank lagert. Sie halten maximal zwei Tage.

Wie erkennt man frische Eier?
Frische Eier können nicht schwimmen. Sie sinken im Wasserglas auf den Boden und bleiben unten liegen. Je älter ein Ei ist, um so mehr Luft ist über die Kalkschale ins Ei eingedrungen. Ein drei Wochen altes Ei schwimmt oben.

Was bedeutet Type 1700 bei Mehl?
Die Zahl auf der Mehltüte gibt Auskunft über den Mineralstoffgehalt des Mehls. Je höher die Typenzahl ist, desto gehaltvoller ist das Mehl. »Weizenschrot Type 1700« bedeutet beispielsweise, daß 1700 mg Mineralstoffe in 100 g Mehl enthalten sind. Das meistgekaufte Mehl Type 450 ist also ziemlich nährstoffarm.

Ist Schwarzbrot schwarz?
Vollwertiges Brot aus Roggenvollkornmehl und -schrot ist nicht schwarz, sondern grau. Die kräftige Braunfärbung, die dunkles Brot oft bitter macht, entsteht durch den Zusatz von Röstmalz.

Hat Wintergemüse Vitamine?
Heimischer Kohl hat jede Menge Vitamin C. Eine Portion Grünkohl (150 g) etwa deckt den Tagesbedarf und hat doppelt soviel Vitamin C wie die gleiche Menge Orangen.

Muß Grünkohl frieren?
Die Kälte verwandelt die pflanzeneigene Stärke in Zucker und baut Bitterstoffe in Rosenkohl und Grünkohl ab. Außerdem lockert Frost das Zellgewebe.

Macht Kohl Blähungen?
Ja, denn er enthält schwefelhaltige Öle. Kümmel und Wacholderbeeren verhindern bzw. mindern Blähungen.

Wie wird Milch sauer?
Durch die Stoffwechselprodukte von Milchsäurebakterien wird
Milch sauer. H-Milch schmeckt bitter, wenn sie alt ist, denn sie
hat keine Milchsäurebakterien.

Ist brauner Zucker gesünder als weißer?
Nein, er wird lediglich aus braunem Kandissirup gemacht. Es
gibt 20 Zuckersorten, die sich durch die Größe der Kristalle unterscheiden. Hagelzucker enthält grobe Körner, Puderzucker ist
staubfein.

Darf man Muscheln nur in Monaten essen, die auf »r« enden?
Herbst- und Wintermonate, die auf »r« enden wie November,
sind perfekte Miesmuschelmonate. Früher hing die Regel mit un-
zureichender Kühlung auf dem Transport vom Meer zum Markt
zusammen. Doch es gibt auch heute noch gute Gründe: Im Sommer kann es zur gefürchteten Algenblüte kommen. Die Schalen-
tiere filtrieren das Algengift und speichern es.

Wie enthäutet man Tomaten?
Die Haut mit dem Messer oben kreuzweise einritzen und den
Stielansatz entfernen. Dann kurz in kochendes Wasser legen. Kalt
abschrecken, und die Haut läßt sich einfacher abziehen.

Wie bekommt man klare Eiswürfel?
Das Wasser abkochen, bevor man es in die Eisform gibt.

Wie entfernt man Gewürzteile aus Bratenfonds etc.?
Man läßt Pfefferkörner, Lorbeerblätter, Nelken usw. im Tee-Ei
mitkochen, dann kann man sie hinterher leicht wieder herausnehmen.

Wie kann man Eier leicht trennen?
Man schlägt das Ei über einem Haushaltstrichter auf. Das Eiweiß
läuft durch den Trichter, das Eigelb bleibt im Trichter liegen.

Übriggebliebenes Eigelb
... hält sich tagelang frisch, wenn man es in eine Tasse gibt und mit kaltem Wasser übergießt.

Trübe gewordenes Olivenöl
... wird durch Erwärmen wieder klar.

Anbrennen von Milch
... wird vermieden, wenn man den Topf vorher gut mit kaltem Wasser ausspült.

Salz im Salzstreuer
... wird nicht feucht und klumpt nicht, wenn man einige Reiskörner dazugibt.

Wenn der Kuchen im Blech festsitzt,
... das noch warme Blech oder die Kuchenform mit einem nassen Tuch kurze Zeit abkühlen.

Getrocknete Pilze
... durch die Pfeffermühle gedreht, ergeben eine hervorragende Würze zu allerlei Zwecken.

Eier platzen beim Kochen nicht,
... wenn man Salz ins Wasser gibt.

Welche Pilze muß man kennen?

In mitteleuropäischen Wäldern wachsen etwa 5000 verschiedene Pilze. Davon sind ein Dutzend tödlich giftig. Nur 50 sind klassische Speisepilze. Pilze sollte man nur dann roh essen, wenn sie wie Champignons und Austernpilze aus Zuchtbetrieben kommen.

Pfifferlinge
... wachsen in Mischwäldern unter Bäumen oder unter Moos. Sie riechen leicht nach Aprikosen, sind dunkelgelb und haben festes Fleisch. Sie schmecken gut zu Rührei.

Champignons
... wachsen auf Wiesen, haben weiße oder bräunliche Hüte. Sie schmecken auch roh zum Salat.

Steinpilze
... wachsen im Gras oder in Laubwäldern unter Eichen, Linden oder Buchen. Sie haben einen nussigen Geschmack.

Maronen
... wachsen in Fichten- und Kiefernwäldern. Man findet sie oft unter Farnen. Sie haben einen milden Pilzgeschmack.

Hallimasch
... wächst auf Baumstämmen oder abgestorbenen Baumstümpfen. Nur die jungen Hüte sind eßbar. Es gibt Menschen, die allergisch auf Hallimasch reagieren.

Butterpilze
... wachsen auf sandigen Böden und haben einen bis zu zwölf Zentimeter breiten dunkelbraunen Hut.

Parasole
(Riesenschirmpilze) haben einen 10 bis 25 Zentimeter breiten Hut und wachsen im Gras an eher sonnigen Stellen an Waldrändern und im Wald.

Speisemorcheln
... findet man ebenso wie die *Spitzmorchel* im April und Mai zwischen Gras in Gärten, Parks, entlang von Gehölzstreifen, Waldrändern und in lichten Laubwäldern. Sehr schmackhaft.

Vorsicht: giftig!

Fliegenpilze
... tauchen in Kinderbüchern auf und sind wohl die berühmtesten Giftpilze. Sie sind leicht an ihren leuchtendroten Hüten mit den weißen Punkten zu erkennen.

Grüner Knollenblätterpilz
... ist schon in kleinen Mengen tödlich. Er wächst unter Laubbäumen, besonders unter Buchen und Eichen. Das Fleisch riecht honigartig. Der Hut ist grünlich, die Lamellen und Sporen weiß.

Riesenrötling
... ist weit verbreitet, wächst auch in Parkanlagen und an Straßenrändern. Der Hut ist grau, glatt und hat oft einen lappigen Rand. Er riecht mehlig und ist sehr giftig.

Ziegelroter Rißpilz
... ist tödlich giftig. Er wächst unter Laubbäumen in Mischwäldern, aber auch in Parkanlagen und Gärten. Der Hut, weiß und seidig, ist kegelförmig. Sein Fleisch ist geruchlos.

Gifthäubling
... ist häufig, wächst auf totem Nadelholz und hat einen glatten, etwas klebrigen Hut. Er riecht mehlig und ist tödlich giftig.

Achtung!! Immer gilt: Nur solche Pilze sammeln, kosten und verzehren, die man genau kennt, die nicht giftig sind und die nicht geschützt sind. Nicht alle Pilze, die man findet, sammeln, sonst »blutet« die Natur aus und die einzelnen Arten können sich nicht mehr vermehren.
Im Zweifel: Pilzberatungsstellen fragen (Adressen über Stadtverwaltung oder Landratsamt).

Kleiner Sammelkalender für Wildkräuter

Art	Eigenschaften/Wirkung
Gänseblümchen	blutreinigend; gegen Beschwerden der Atemwege sowie des Magen-Darm-Trakts; blutstillend; schleimlösend
Löwenzahn	harntreibend; gegen Rheuma und Gicht; Anregung der Gallenfunktion; blutreinigend
Bärlauch	blutreinigend; antiseptisch
Waldmeister	gefäßerweiternd; entzündungshemmend
Brunnenkresse	gegen Leber-, Gallen- und Nieren-störungen
Brennessel	blutstillend; blutreinigend; gegen Rheuma und Gicht sowie Gallenleiden
Taubnessel	haut- und magenfreundlich; harntreibend
Schafgarbe	regt Stoffwechsel an; blutreinigend; gegen Erkrankungen der Atemwege, Magen-, Darm- und Gallenbeschwerden
Wilder Majoran (Dost)	appetitanregend; hustenlindernd; schnupfenbekämpfend

Geeignete Pflanzenteile	Sammelzeit	Verarbeitung
Blüten, Blätter	ganzjährig	Salate
Blüten, Blätter	Mitte März–Mai: Blüten; junge Blätter ganzjährig	Tees, Hustensaft, Salate (junge Blätter)
Blätter	März–April	Einlage in Suppen; Bärlauchquark, Brotauflage, Pesto
junge Triebe	März–Mai	Maibowle
junge Triebe, Blätter	ganzjährig	Salate, Brotbelag
junge Triebe, Blätter	April–Oktober	Gemüse, frischer Saft
junge Triebe	März–Mai	Beigabe zu Salaten, Einlage in Suppen
Blüten, Blätter	Juni–Oktober, März–Mai	Salate, Gewürz
Blätter	Mai–Ende September	Zugabe zu Salaten, Aufgüsse, Gewürzöl

Waldmeister

Bärlauch

Gänseblümchen

Löwenzahn

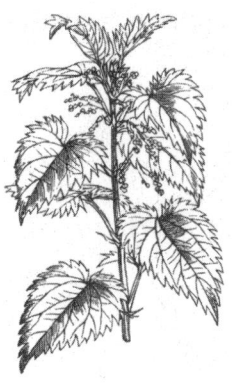

Brennessel   Brunnenkresse   Wilder Majoran
                                                     (Dost)

Schafgarbe   Taubnessel

Was ißt man wo?

Deutschland

Baden-Württemberg

- Württemberg: Hier ißt man u. a. gerne Maultaschen (mit Brät, Spinat und/oder Lauch gefüllter Nudelteig). Sie dienen als Suppeneinlage, werden geschmälzt (mit Zwiebeln und/oder Speck) oder geröstet (in Butter, mit gestockten Eiern darüber) und dann zu Kartoffelsalat gegessen.
- Württemberg: Sauerbraten mit Spätzle, grünem Salat und Kartoffelsalat. Sehr traditionell im Herbst: Zwiebelkuchen.
- Spätzle werden u. a. zum Zwiebelrostbraten, aber auch zu Schweine- und Rinderbraten, zu Rouladen sowie zu Linsen mit Saitenwürstle und geräuchertem Bauchspeck serviert.
- Württemberg: Schupfnudeln – kleinfingergroße Röllchen aus Kartoffelteig (mit Ei, etwas Mehl, Salz und Muskat) meistens zu Braten und/oder Sauerkraut serviert.
- Im Alpenvorland (Württembergisches Allgäu) werden viele köstliche Käsesorten produziert.
- Im Schwarzwald: Schwarzwälder Schinken, Schwarzwälder Kirschtorte und Schwarzwälder Schäufele (aus der Schweineschulter), Schwarzwaldforelle, Schwarzwälder Kirschschnaps.
- Baden: Spargelhochburg (z. B. Bruchsal, Schwetzingen). Saison bis Ende Juni. Traditionelle Beilagen sind Kartoffeln und Flädle (dünne Pfannkuchen).
- Baden: Besonderheiten sind Bärlauchsuppe, Sauerampfersuppe mit Räucherforelle, Bibeliskäs (angemachter Quark), Dampfnudeln mit Apfelmus und Kartoffelsuppe, Kalbsleber, saure Kutteln.
- Aus den Obstgärten entstehen im Württembergischen wie im Badischen vielerlei Schnäpse: Himbeergeist, Kirsch-, Zwetschgen- und Mirabellenbrände, Birnenschnaps, Obstler (aus Äpfeln und Birnen).
- Sowohl in Baden wie in Württemberg werden hervorragende Weine erzeugt.

- Es gibt nirgendwo in Deutschland so viele mit Sternen dekorierte Restaurants wie in Baden-Württemberg.

Bayern

- Im Alpenvorland (Bayerisches Allgäu) werden köstliche Käsesorten produziert.
- Weltberühmt ist das bayerische Bier. Bayern besitzt die größte Brauereidichte der Welt. Hier findet man die ältesten Nachweise für eine Brautätigkeit in Deutschland. Außerdem erließ Herzog Wilhelm IV. 1516 das bekannte Reinheitsgebot, nach welchem für bayerische Biere keine weiteren Zutaten als Wasser, Hopfen und Gerste verwendet werden dürfen.
- Bayerische Kalbshaxen (z. B. mit Kraut und Knödel) sind fast ein Nationalsymbol.
- Franken: Kartoffelnudeln mit Apfelmus, Schinken in Brotteig, Rinderbraten mit Semmelknödeln, vielseitige Fischgerichte (vor allem Karpfen). Im Winter: Nürnberger Lebkuchen.
- Allgäu: Kässpätzle. Sie bestehen aus dickflüssigem Teig und werden von einem Brett in siedendes Wasser »geschabt«, anschließend in einer Schüssel mit Sahne und Allgäuer Käse bedeckt. Serviert werden sie mit gebratenen Zwiebeln.
- Leberkäse ist eigentlich eine Pastete aus feingehacktem Schweine- und Rindfleisch, welches in Brotformen gebacken wird. Er wird meistens mit Kartoffelsalat oder Bratkartoffeln und Spiegeleiern oder kalt als Brotbelag mit sauren Gurken gegessen.
- Wurstdelikatessen sind die Münchner Weißwurst und die Nürnberger Rostbratwurst. Die aus Kalb- und Schweinefleisch mit Zwiebeln und Petersilie verfeinerte Weißwurst ißt man zu süßem Senf, Brezeln und bayerischem Bier. Nürnberger Rostbratwürste werden an vielen Buden in frischen Brötchen verkauft oder als eigene Mahlzeit mit Sauerkraut, scharfem Senf und Brot serviert.

Berlin

- Bulette: mit Brot, Zwiebeln und Gewürzen vermischtes Hackfleischgericht (Frikadelle).
- Pfannkuchen: In der ganzen Republik heißen die Berliner Krapfen »Berliner«. Nur in Berlin heißt der mit Marmelade gefüllte Berliner Pfannkuchen.
- Currywurst: Klassiker der Berliner Küche. Die Urberliner Spezialität wurde mit einem Denkmal geehrt.
- Berliner Weiße: Als Getränk ist die Berliner Weiße über die Stadtgrenzen hinaus berühmt. Sie wird gern mit einem Schuß Waldmeister- oder Himbeersirup getrunken und meist mit Strohhalm serviert.

Brandenburg

- Wildbret mit seinem intensiven, von Natur aus würzigen Fleisch war schon zur Zeit der preußischen Könige eine gerngesehene Bereicherung des Speisezettels, die in Brandenburger Breiten auch heute noch mit Sorgfalt zubereitet wird.
- Sülze, ein typisches Gericht aus der uckermärkischen Region und dem Spreewald, wird meistens mit Bratkartoffeln serviert.
- Gewürzgurken: Der Spreewald ist bekannt als »Gemüsekammer« Deutschlands. Am berühmtesten sind die Spreewaldgurken, wovon es verschiedene Variationen gibt: als saure Gurke, als Gewürzgurke, Pfeffergurke oder als Knoblauch- oder Senfgurke.
- Teltower Rübchen: würzige Zuchtform der weißen Rübe. Sie wurden ursprünglich in der Mark Brandenburg, besonders im Raum Teltow (südwestlich von Berlin), angebaut, woher auch ihr Name stammt.
- Wegen der vielen Fließgewässer und Seen zählt Fisch mit zu den Spezialitäten auf Brandenburger Speisekarten. Am beliebtesten ist der Havelzander, wovon es verschiedene Variationen, wie z. B. Havelzander in Dillkruste mit Schmorgurken und Knödeln, gibt.

Bremen

- Leibspeise der Bremer: Grünkohl und Pinkel. Dabei handelt es sich um reichlich Grünkohl, gemischt mit verschiedenen Fleischsorten. Pinkel ist ein spezieller Schweinedarmabschnitt, der mit Grütze gefüllt wird.
- Knipp: Hafergrütze mit Fleisch; ehemals ein Gericht der Torfbauern. Zur Verfeinerung werden Innereien und Speckschwarten durch den Wolf gedreht und mit der Hafergrütze vermischt. Der Knipp wird dann gebraten und mit Bratkartoffeln und Gewürzgurken oder mit Apfelmus serviert. Heutzutage nimmt man statt der Innereien auch Schweinenacken.
- Schaffermahlzeit: Nicht-Bremer Gäste dürfen nur einmal in ihrem Leben an der Schaffermahlzeit teilnehmen. Es ist das älteste Brudermahl der Welt und wird seit 1545 alljährlich im Februar begangen. Damit feiert man das Ende des Winters und den Beginn einer neuen Geschäftssaison. Die Abfolge der Speisen und Getränke ist seit 1545 festgelegt. Serviert werden unter anderem Bremer Hühnersuppe, Seefahrtsbier, Stockfisch sowie Braunkohl und Pinkel.

Hamburg

- Ein traditionelles Essen ist Grünkohl mit Kasseler oder Kohlwurst und Röstkartoffeln.
- Ein reichhaltiger und gesunder Seefahrereintopf ist Labskaus; er wird mit Rollmops, Spiegelei und Gewürzgurke serviert. Dazu trinkt man Bier und Kornschnaps.
- Hamburger Aalsuppe: eine auf dem Knochen gekochte Fleischbrühe, die mit Suppengemüse und vor allem Backobst verfeinert wird; hat einen typisch süß-sauren Geschmack, welcher durch die Ansäuerung mit Essig entsteht.
- Rote Grütze: Johannisbeeren, Himbeeren und Kirschen, die mit Wasser aufgekocht und anschließend mit Zucker versetzt und mit Speisestärke gebunden werden. Dazu serviert man Vanillesoße, Sahne oder kalte Milch.

Hessen

- Beliebtestes Getränk in Hessen ist der Apfelwein (Äppelwoi), ein Fruchtwein mit etwa 5 bis 6 % Alkohol.
- Handkäse: ein Sauermilchkäse, der in »Apfelweinkneipen« als »Handkäs mit Musik« gereicht wird. Er wird dazu mit einer Soße aus gewürfelten Zwiebeln, Essig und Öl serviert. Dazu trinkt man Apfelwein.
- Preßkopf: feine Fleischpastete, die je nach Region in unterschiedlichster Zusammensetzung und Würzung zubereitet wird.
- Frankfurter Grüne Soße (»Grie Soß«) wird als Beilage zu gekochtem Rindfleisch oder Eiern mit Salzkartoffeln gereicht und besteht aus sieben Kräutern (Kerbel, Sauerampfer, Borretsch, Pimpinelle, Schnittlauch, Petersilie und Dill).
- Frankfurter sind dünne geräucherte Brühwürste aus Schweinefleisch im Naturdarm. Seit 1929 gilt ein Herkunftsschutz für diese Brühwurst.
- Rippchen mit Kraut: Dieses Gericht besteht aus Rippchen vom Schwein, die zusammen mit Sauerkraut gekocht werden. Dazu wird traditionell Kartoffelbrei serviert und Apfelwein getrunken.

Mecklenburg-Vorpommern

- Hering: Im Frühjahr beginnt für die Fischer die Hochsaison, die auf Rügen mit der »Heringswoche« eingeläutet wird.
- »Himmel und Erde«: Äpfel werden mit Speck und Kartoffeln zu »Himmel und Erde« gekocht. »Himmel« steht dabei für Obst und »Erde« für die Kartoffel.
- Weitere traditionelle Rezepte: Rosinen im Grünkohl, Honig am Rippenbraten und Äpfel im Schmalz.
- Zahlreiche Fischgerichte wie Aal, Dorsch, Flunder, Hornfisch. Eine Spezialität ist der Hornfisch (Hornhecht), der meist im Mai zum Laichen in die Ostsee kommt. Dazu gehören Stampfkartoffeln und Rhabarberkompott.
- Weitere Spezialitäten: Rügenwälder Teewurst, pommerscher Gänsebraten.

Niedersachsen

- Typisch: Kohl und Pinkel (Grünkohl mit einer fetthaltigen Wurst), besonders beliebt im Oldenburger Land. Im Januar veranstalten viele Vereine Grünkohlfahrten. Grünkohl ist ein typisches Wintergemüse mit hohem Gehalt an Vitamin C; fertig zubereitet, ist es dem Spinat optisch sehr ähnlich. Es handelt sich jedoch um eine Kohlart.
- Braunschweiger Mettwurst.
- Friesland: Krabbenfrikadellen, Labskaus, Grünkohl und Pinkel.
- Der Harzer Roller ist ein Sauermilchkäse und wird aus fettarmem Sauermilchquark hergestellt. Schmeckt mit zunehmender Reife pikant und hat einen strengen Geruch.
- Besonders beliebt: der Spargel. Er wird mit Sauce hollandaise oder flüssiger Butter und Schinken zubereitet. Durch Niedersachsen führt die 750 Kilometer lange »Niedersächsische Spargelstraße«.
- Welfenspeise aus Vanillecreme und Weinschaumsoße.
- Berühmt ist der Heidehonig aus der Lüneburger Heide.

Nordrhein-Westfalen

- Rheinischer Sauerbraten mit Rosinen.
- Vielfältig sind die westfälischen Eintöpfe. Beliebt sind Gemüse-, Steckrüben-, Schnibbelbohnen- sowie Graupeneintopf mit Speck und Bohnen.
- Pumpernickel: Dieses schwarze Brot wird nicht im Ofen gebacken. Roggenschrot wird mit wenig Hefe, Malz und Zuckerrübensirup vermischt und im eigenen Dampf gegart. Der Sirup sorgt für die tiefschwarze Farbe.
- Berühmt und delikat ist westfälischer Schinken.

Rheinland-Pfalz

- Pfälzer Saumagen: Der Magen dient zugleich als Pelle. Gefüllt wird er mit einer Mischung aus Schweinefleisch, Bratwurst und Kartoffeln, meist kommen noch Eier, Karotten sowie zahlreiche Gewürze, u. a. Majoran und Muskat, hinzu. Dazu werden Sauerkraut und Kartoffelbrei serviert.

- Westerwälder Dippekuchen: ein Kartoffelkuchen, zu dem Apfelmus gereicht wird.
- Zwiebelkuchen von der Mosel. Dazu wird frischer Federweißer – ein Traubenmost, der gerade zu gären begonnen hat – getrunken.
- Vor allem Weißweine haben eine lange Tradition. Ahr, Mittelrhein, Nahe, Mosel-Saar-Ruwer, Rheinhessen und Rheinpfalz sind die sechs Weinanbaugebiete.

Saarland

- »Lyoner«: Diese feinbrätige Wurst paßt am besten zu »Kerschdscher«, das sind rohe Kartoffelwürfel, in heißem Fett geschmort, aber auch zu warmem Kartoffelsalat oder einfach zu Brötchen und Senf.
- »Dibbelabbes«: Rohe, geriebene Kartoffeln, Dörrfleisch und
- Lauch werden in einem »Dibbe« (vulgo: Topf) gegart. Dazu ißt man Apfelmus.
- »Gefillde«: Kartoffelklöße, gefüllt mit Hackfleisch, Leberwurst, gewürzt mit Pfeffer und Salz.
- »Schales«: wird abgeleitet von »Schalen«. Gemeint sind hier die Krusten, welche beim Braten entstehen. Dazu wird derselbe Teig wie beim »Dibb elabbes« verwendet, jedoch unter ständigem Wenden in einer Pfanne gebraten.
- »Grummbeerkieschelscher«: Kartoffelpuffer, zu denen man den saarländischen Apfelwein »Viez« trinkt.
- »Hoorische«: längliche Kartoffelklöße, die in siedendem Wasser gegart werden. Dazu gehört eine Speckrahmsoße und/oder Sauerkraut.

Sachsen

- Neunerlei: eine Spezialität des sächsischen Erzgebirges. Neun verschiedene Speisen, zubereitet mit Gemüse und Hülsenfrüchten, Fleisch, Fisch, Geflügel. Dazu gehören Kaninchenbraten,

gebackener Karpfen, Gänsebraten, grüne Klöße, Hagebutten-suppe, Rauchermod (Kartoffeln mit Quark), Sauerkraut, Selleriesalat, Heidelbeerkompott.
- Dresdener Christstollen: Der Stollen sollte eine Darstellung des in Windeln gewickelten Christkinds sein. Um 1450 wurde er zum ersten Mal gebacken.

Sachsen-Anhalt

- Harzer Bachforelle: Eine beliebte Variante wird mit Wacholder, Koriander und Cognac zubereitet.
- Wein: Auf über 600 Hektar wird in Sachsen-Anhalt Wein angebaut. Das Saale-Unstrut-Gebiet ist seit dem Jahr 998 Lieferant roter und weißer Weine. Die bekannteste Rebsorte ist der Müller-Thurgau.
- Salzwedeler Baumkuchen: wird auf einem Spieß über dem Feuer gebacken.

Schleswig-Holstein

- »Lobs-cou(r)se« (»Essen für einen Kerl«) nannten die Engländer einen Speisegang für Seeleute. Das traditionelle Gericht entstand in den Zeiten, als die großen Segelschiffe Vorräte für Monate mitnehmen mußten, und hielt sich unter der Bezeichnung »Labskaus« bis heute im Norden. Dabei handelt es sich um durch den Fleischwolf gedrehtes, gepökeltes Rindfleisch, Kartoffeln, Zwiebeln und Gewürze (Nelken, Senf, Lorbeer, Muskat), mit eingelegten roten Rüben, Salzgurken, Bismarck-heringen oder Matjesfilets und einem Spiegelei garniert. Es gibt viele regionale Varianten.
- In Schleswig-Holstein ißt man Grünkohl traditionell mit Kasseler oder Kohlwurst und Röstkartoffeln.
- Lübecker Marzipan: hergestellt aus Mandeln und Zucker und mit einem Schokoladenüberzug versehen.
- Eine Spezialität ist im Buchen- und Erlenrauch geräucherter Hecht oder Aal.
- Käse: Hier wird auch Tilsiter Käse gemacht.

Thüringen

- Thüringer Rostbratwurst: Die Bezeichnung ist EU-weit geschützt. Laut Verordnung mißt die mittelfeine Rostbratwurst mindestens 15–20 cm, ist in engen Naturdarm gekleidet und besitzt eine herzhaft würzige Geschmacksnote. Die Gewürzmischungen variieren je nach Region.
- Thüringer Klöße aus Mehlkartoffeln.
- Rostbrätel (in Bier marinierte Scheiben vom Schweinekamm).
- Topfbraten aus Schweinefleisch und -innereien mit Pflaumenmus und geriebenem Lebkuchen.

Österreich

Wien und Umgebung

- Das weltweit bekannte und mittlerweile überall angebotene Wiener Schnitzel stammt ursprünglich aus Mailand. Was oft als paniertes Schweinefleisch serviert wird, muß – um ein echtes Wiener Schnitzel zu sein – aus Kalbfleisch bestehen.
- In Österreich – und besonders in Wien – finden sich viele kulinarische Erbschaften aus der Zeit der k.-u.-k.-Donaumonarchie. Dazu gehören etwa serbisches Reisfleisch, die sogenannten Powidln (Zwetschgenmus aus Böhmen) und der typische Wiener Apfelstrudel, der ursprünglich aus der Türkei importiert ist.
- Nicht nur in Wien, sondern in ganz Österreich typisch: der Kaiserschmarrn; ein mit Gabeln locker zerrissener Eierpfannkuchen, welcher mit Puderzucker bestreut und zusammen mit Apfelbrei oder Pflaumenkompott serviert wird. In gesalzener Form auch zu grünem Salat.
- Tafelspitz: feinfaseriges Rindfleisch von der Spitze der Hüftunterschale des Rinds; serviert mit Salzkartoffeln und geriebenem Meerrettich und/oder Apfelkren (Mischung aus geriebenen Äpfeln und geriebenem Meerrettich, mit Salz, etwas Zucker und Essig abgeschmeckt und mit Sahne gebunden).

- Ebenfalls typisch für Wien: Erdäpfelsalat (Kartoffelsalat). Was in Süddeutschland Saitenwürstchen oder im Hessischen die Frankfurter Würstchen sind, wird in Wien als Wiener Würstchen geschätzt – zumindest heißen sie in Deutschland und der Schweiz so; bloß in Österreich selbst heißen sie »Frankfurter«. Während die echten Frankfurter aus Schweinefleisch sind, werden Wiener Würstchen aus einer Mischung von Schweine- und Rindfleisch gemacht.
- Berühmt sind die verschiedenen Varianten des Kaffeegenusses in Wien. Wahrscheinlich gibt es nirgendwo auf der Welt so viele Arten, Kaffee zuzubereiten. Einige davon sind: Wiener Melange (Kaffee mit Milchschaum), Einspänner (schwarzer Kaffee mit einer Sahnehaube), Kaisermelange (schwarzer Kaffee mit einem Eidotter), großer und kleiner Brauner (Espresso mit Milch), Wiener Doppelspänner (Doppelmokka mit Zucker und Sahnehaube), Wiener Fiaker (schwarzer Kaffee mit Kirschwasser oder Himbeergeist).

Niederösterreich

- Fischgerichte aus Karpfen, Wels und Schill (wie dort der Zander genannt wird), dazu Spargel.
- Mahnnudeln und Marillenknödel.

Burgenland

- Krautsuppe, bestehend aus Sauerkrautstreifen, gehackten Zwiebeln, Wurstwürfeln oder -scheiben und Kartoffelwürfeln.

Bereich des Neusiedler Sees

- Aalsuppe.
- Diverse Mehlspeisen.
- Ritschert: ein Eintopf z. B. aus Gänsebrust, Hülsenfrüchten und Graupen oder mit Bohnen und Selchfleisch.

Steiermark

- Weithin bekannt ist das herrliche Kürbiskernöl.
- Klachlsuppe: eine saure Brühe, bestehend aus Beinscheiben.
- Wurzelfleisch: Dabei handelt es sich um Schweinebauch mit allerlei Wurzelgemüse.
- Nicht nur in der Steiermark, sondern in ganz Österreich sind
- die Brettljausen beliebt: eine herzhafte Vesper mit geräuchertem Speck, Käse etc.

Kärnten

- Kasnudeln: Dabei handelt es sich um Teigtäschchen aus Nudelteig, welche mit Topfen (Quark) und Gewürzen wie Minze gefüllt sind. Es gibt viele Variationen davon, z. B. Fleischnudeln, Specknudeln, Spinatnudeln usw.
- Dampfnudeln.
- Ähnlich wie in anderen Regionen Österreichs gibt es in Kärnten zahlreiche Obstbrände aus Äpfeln, Birnen, Enzian u. a.

Tirol

- Nockerln: die österreichischen Verwandten der Gnocchi.
- Schlutzkrapfen: eine Art Ravioli mit Fleisch- und Spinat- oder anderer Füllung.
- Berühmt ist der Tiroler Speck (Schinken).
- Tiroler Knödel bestehen aus Semmeln (Brötchen), geräuchtem Speck, Zwiebeln, Petersilie, etwas Muskat sowie Eiern und Milch. Serviert werden sie als Suppeneinlage oder als Beilage zu Kraut oder Salat.
- Tiroler Gröstl: ein Pfannengericht aus Kalb- und/oder Rindfleisch, Kartoffeln, Zwiebeln, etwas Majoran und Rührei. Mitunter auch mit verschiedener Wurst.
- Zahlreiche Wildgerichte; in der entsprechenden Jahreszeit mit Schwammerln (Pilzen) etc.
- Zahlreiche Käsespezialitäten.

Oberösterreich

- Wasserhenn: Semmelknödelscheiben in heißer Rindersuppe.
- Bratl: mit Bier beträufelter Käse mit Salz und Pfeffer.
- Zahlreiche Fischgerichte.
- Innviertlerrein: eine Art Metzelsuppe voll Fleisch, Wurst sowie Kraut und gefüllten Knödeln.
- Linzer Torte.

Salzburger Land

- Berühmt sind die Salzburger Nockerln. Dabei handelt es sich um eine Art Klöße aus Biskuitmasse, die in heißer Butter oder in Milch hellbraun gebacken und anschließend mit Zucker bestreut werden.
- Nicht zu vergessen die weit über das Salzburger Land hinaus berühmten Mozartkugeln.

Vorarlberg

- Die Küche ist alemannisch beeinflußt, und so gibt es hier die sowohl im Badischen als auch im Württembergischen bekannte Flädlesuppe: in Streifen geschnittene Pfannkuchen in einer klaren Suppe.
- Kässpätzle.
- Knöpfle: Dies sind etwas kürzere Spätzle, welche als Beilagen zu allerlei Braten und anderen Gerichten gereicht werden.
- Riegel: Brei aus Weizen- oder Maisgrieß sowie Butter und Milch. Erkaltet, wird das Ganze in Butter oder Öl gebraten und in mundgerechte Stücke zerstochen.
- Typisch für das Vorarlberger Land sind Kriesewasser (Kirschbrand), Zwetschkeler (Zwetschgenbrand) und andere Brände.

Schweiz

In die folgende Übersicht haben wir aus Platzgründen vor allem typische Speisen aus der deutschsprachigen Schweiz aufgenommen. Die kulinarische Vielfalt ist noch viel größer, so gibt es Schätzungen zufolge über 500 Käsesorten in der Schweiz.

- Die reichhaltige Käsetradition hat Speisen wie Fondue und Raclette begründet.
- Ebenfalls aus der Schweiz stammt das Bircher Müesli.
- Typisch für das *Basler Gebiet* ist der Lummelbraten: ein rosa gebratenes Rinderfilet mit Gemüse und einer Soße aus Fleischbrühe und Weißwein.
- Im *Bereich Schaffhausen* typisch: Bölletünne, ein Blechkuchen
- (Tünne = flacher, belegter Kuchen) mit Zwiebelstreifen (Bölle = Zwiebel), Speckwürfeln und einer Auflage aus Sauerrahm, Eiern, Kümmel und Muskatnuß.
- Im *Thurgau* entlang des Bodenseeufers sind Blaufelchen, Brachsen und Gangfische (kleine Renken bzw. auch Felchen genannt) geräuchert oder gebacken Delikatessen, ebenso der dort Chretzer genannte Flußbarsch.
- Zu weiteren Spezialitäten gehören Spätzle mit geriebenen Äpfeln, Apfelkuchen, Most und – ebenfalls im *Kanton Thurgau* – der Tilsiter Käse, den dort ein Käsemacher einst aus dem ostpreußischen Tilsit einführte.
- *Bereich Appenzell:* Käse- und Rahmfladen, Gsödsupp (eine Gerstensuppe mit »Wäldi« genanntem Eisbein).
- Typisches *Appenzeller* Gebäck ist ein »Biber« genannter, dreieckiger Honiglebkuchen, der vielfach mit einer Mandelmasse gefüllt ist.
- Die *St. Gallener* Bratwurst besteht aus Kalbfleisch, etwas Speck, Milch und Gewürzen; dazu wird ein Birli-Brötchen gegessen.
- Im *Bereich St. Gallen* gibt es nicht nur delikate Kuchen wie die Klostertorte (mit Johannisbeer-, Himbeer- oder Aprikosenkonfitüre), sondern auch qualitätvolle Weine, wie Grauburgunder, Gewürztraminer, Kerner und Bacchus-Rebe.
- Zu *Graubünden* gehören das Bündner Fleisch, die Gerstensuppe Schuppa da giutta aus geräuchertem Fleisch (Rind- und

Schweinefleisch), Würstchen, Speck und Wurzelgemüse sowie zahlreiche Gerichte aus Hirsch, Reh, Gemse, Ziege und Schaf.

- Eine weitere Schweizer Spezialität ist der Schabziger *(Kanton Glarus)*, ein harter Kräuterkäse aus Kuhmilch, der vor allem zum Würzen verwendet und als Brotaufstrich ebenso gegessen wird wie zu Spätzle oder Klößen.
- Der Eintopf Cazzuola aus Schweinerippchen (Rippli), Kartoffeln, Wurzelgemüse, Rotwein und Speck ist eine Spezialität im *Kanton Uri.*
- Im *Kanton Schwyz*, Wappen- und Namensgeber der Schweiz, ist die Käsesuppe (Chässuppe) aus geriebenem Käse, eingeweichten Brotwürfeln und Zwiebelschmälze ebenso eine Spezialität wie Nonnenkräpflein (gefüllte Krapfen mit geriebenen Mandeln, Zucker, Zimt und Zitronenschale).
- Stunggis, ein Eintopf aus Gemüse, Kartoffeln, Zwiebeln und Schweinefleisch, kommt aus *Unterwalden.* Dort ist auch das Ofetori verbreitet: überbackener, mit magerem Speck und Muskatnuß angerichteter Kartoffelbrei.
- *Luzerner* Spezialitäten: mit Kräutern gefüllte Martinsgans; Chügelipastete, bestehend aus Blätterteig mit einer Kalbfleisch-/Schweinefleischfüllung mit kleinen Kugeln aus Kalbs und Schweinebrät mit Äpfeln, Koriander, gehackten Zwiebeln, Majoran und Weißwein in Champignonsoße mit Rosinen, gerösteten Mandeln, Grappa oder Kirsch .
- *Kanton Zug:* gehacktes Rindfleisch mit Zwiebeln, Gewürzen und altbackenem Brot in Weißkohlblatt: Chabisbünteli.
- Aus dem *Kanton Zürich* hat das Zürcher Geschnetzelte (geschnetzeltes Kalbfleisch in einer hellen Weißweinsoße) seinen weltweiten Siegeszug angetreten. Dort ist auch vielseitiges Kleingebäck zu Hause.
- Im *Aargau* typisch: Rüblitorte (Rührkuchen mit geraspelten Karotten und geriebenen Haselnüssen).
- *Kanton Bern:* Emmentaler Käse, Erbsensuppe mit Eisbein, Schweinerüssel, Schweinespeck, Wurzelgemüse und Zwiebeln, Berner Platte (eine Schlachtplatte mit Schweine-, Rindfleisch, Zunge, Speck und Schinken mit Sauerkraut, Dörrbohnen und Salzkartoffeln), Rösti aus geriebenen Kartoffeln, die in Butter oder Schmalz goldbraun gebraten werden. Mitunter zusammen mit Speck, Zwiebeln oder Käse.

- Ebenfalls aus dem *Kanton Bern* stammt die Meringe, das weltbekannte Schaumgebäck, das aus Eischnee mit Zucker und Rahm hergestellt wird.
- Leberspießchen und eine Blätterteigpastete mit Zunge und
- Champignons gelten als typisch für den *Kanton* und die *Stadt Solothurn.*
- Ob Greyerzer Käse im *Kanton Freiburg,* leckere Fischgerichte
- im *Kanton Neuchâtel,* herrliche Eintöpfe im *Waadtland* oder noch viele andere Leckereien etwa aus dem Wallis oder dem Tessin: Die Schweiz ist, kulinarisch gesehen, fast schon Europa im Miniformat.

Luxemburg

- Geräuchertes Schweinefleisch mit dicken Bohnen oder Sauerkraut.
- Spanferkel in Aspik (Cochon de lait en gelée).
- Ardennenschinken.
- Friture: Fischgericht von der Weinstraße.
- Ein klassisches Entrée ist »Bouneschlupp«. Wie bei allen Nationalspeisen kann der Name nicht angemessen übersetzt werden. »Bouneschlupp« ist weder ein »potage aux haricots verts« noch eine simple »grüne Bohnensuppe«, sondern die typisch luxemburgische Art, ein großes Menü einzuleiten.
- Die »Quetscheflued«, eine fruchtige Zwetschgentorte, ist ein typisches Gericht zur Erntezeit im September.
- Sehr traditionell: weiße Moselweine, Biere wie Mousel, Bofferding, Diekirch, Funck und Simon.

Fleisch – fachgerecht zerlegt

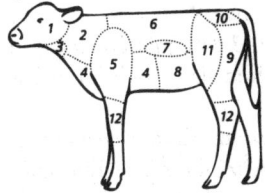

KALB

1 Kopf – **2** Hals, Kamm, Nacken; Österreich: Halsfleisch, Halsel – **3** Bries; Österreich: Bröschen; Schweiz: Milken – **4** Kalbsbrust – **5** Schulter, Bug, Blatt; Schweiz : Laffe – **6** Rücken mit Kotelett –, Rippenstück und Nieren–, Sattelstück; Österreich: Karree und Nierenbraten; Schweiz: Karree und Nierenstück – **7** Filet – **8** Bauchlappen, Dünnung , Flanke; Österreich: Dünne Brust; Schweiz: Brust – **9** Keule, Schlegel; Schweiz: Stotzen, Schenkel – **10** Kleine Nuß, Schwanzstück; Österreich: Schlußbraten; Schweiz: Unterspälte – **11** Große Nuß – **12** Hachse, Bein; Österreich: Stelze; Schweiz: Stotzen

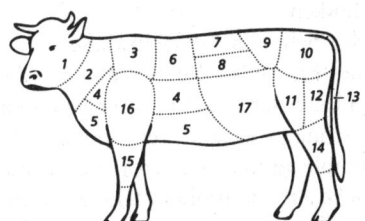

RIND

1 Kopf – **2** Hals, Nacken, Kamm; Österreich auch: Drüstel, Vorderes Ausgelöstes – **3** Schmorrippe, Fehlrippe; Österreich: Rippenspitz, Hinteres Ausgelöstes, Kavaliersspitz; Schweiz: Abgedeckter Rücken – **4** Querrippe, Spannrippe, Quernierenstück; Österreich: Platte, Kronfleisch – **5** Brust – **6** Hochrippe, Rippenstück, Rostbraten, Entrecote; Österreich: Krustelspitz; Schweiz: Hohrücken – **7** Lende, Roastbeef, Steak; Österreich: Beirind; Schweiz: Nierstück, Huft – **8** Filet; Österreich: Lungenbraten – **9** Hüfte; Schweiz: Stotzen, Schenkel – **10** Keule mit Oberschale, Unterschale, Blume, Kleine Nuß, Rose mit Tafelspitz; Österreich: Tafelspitz, Beinscherzel, Tafelstück, Hüferschwanzel; Schweiz: Rumsteak, Huftdeckel – **11** Nuß, Maus, Kugel; Österreich: Zapfen; Schweiz: Flache Nuß, Runde Nuß, Vorschlag mit Schal – **12** Schwanzstück, Krikadeau mit Unterschale; Österreich: Schwarzes Scherzel, Gestutztes; Schweiz: Unterspälte – **13** Ochsenschwanz;

Österreich: Schlepp – **14** Haxe, Hachse, Beinfleisch, Hinterkesse, Ochsenbein; Österreich: Hinteres Pratzel; Schweiz: Hinterschenkel, Ganze Keule (Stotzen) – **15** Vorderkesse; Österreich: Vorderes Pratzel, Bugschnitzel, Wadschinken; Schweiz: Vorderschenkel – **16** Schulter, Schaufelstück, falsches Filet, Bug, Blatt, falsche Lende; Österreich: Fettes Meisel, Mageres Meisel; Schweiz: Schulterspitz, Schulterfilet, Dicke Schulter – **17** Flanke, Fleischdünnung, Bauchlappen, Lappen; Österreich: Bauchfleisch, Riedhüfel; Schweiz: Lempen

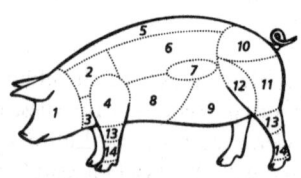

SCHWEIN

1 Kopf mit Schnauze (Rüssel), Schweinebacken, Ohren – **2** Nakken, Hals, Kamm; Österreich: Schopfbraten – **3** Brust, Dicke Rippe, Brustspitze, Rippenbrust – **4** Schulter, Schaufel, Bug, Blatt; Schweiz: Schüfell, Laffe – **5** Rückenspeck – **6** Kotelett, Karree, Rücken, Kotelettstrang; Österreich: Lange Karbonaden; Schweiz: Rippli – **7** Filet; Österreich: Lungenbraten, Jungfernbraten – **8** Bauch; Schweiz: Brust – **9** Wamme – **10** Hüfte, Schinkenspeck – **11** Schinken, Oberschale, Keule, Schlegel; Schweiz: Stotzen – **12** Nuß, Maus, Nußschinken – **13** Eisbein, Haxe, Hachse – **14** Fuß

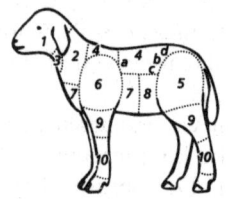

LAMM

1 Kopf – **2** Hals; Österreich: Halsfleisch – **3** Bries; Österreich: Bröschen; Schweiz: Milken – **4** Nacken, Kamm, Rücken; Österreich: Karree; Schweiz: Karree, Sattel – **4a** Kotelettstück; Österreich: Schöpsenkotelett – **4b** Lendenkotelett, Sattel; Schweiz: Nierstück – **4c** Filet, Medaillons, Nüßchen – **4d** Österreich: Schlußbraten – **5** Keule; Österreich: Schlegel; Schweiz: Gigot, Schlegel – **6** Bug, Schulter, Blatt; Schweiz: Laffe – **7** Brust, Spitzbrust; Österreich: Brüstel – **8** Bauch, Flanke; Österreich: Bauchfleisch; Schweiz: Brust – **9** Hachse, Haxe; Österreich: Stelze – **10** Fuß

Eine gutgefüllte Vorratskammer

»Ab in die Bohnen!« hieß Omas Schlachtruf im Spätsommer. Das Wort »Bohnen« stand als Synonym für alles, was jetzt im Garten reif zur Ernte war. Opa holte die Einweckgläser (in anderen Gegenden sagt man auch »Einmachgläser«) aus dem Keller, und dann wurde oft bis spät in die Nacht hinein eingekocht. Oma hat beim Einkochen immer die ganze Familie mit eingespannt. Wir Kinder mußten Pflaumen entkernen, Gewürzgurken mit der Wurzelbürste abschrubben, Johannisbeeren von der Rispe zupfen und Böhnchen schnippeln. Opa spülte die Gläser heiß aus und kümmerte sich um den Backofen.

Am Ende des Sommers war Oma geschäftig wie ein Eichhörnchen, das Vorräte für den Winter anlegt: Sie kochte Marmelade ein, preßte Früchte für Säfte aus und füllte Weckgläser mit Obst und Gemüse. Zwischendurch rief sie uns alle immer wieder zur Ordnung und mahnte äußerste Sauberkeit an, denn Verunreinigungen öffnen Mikroorganismen und Bakterien Tür und Tor. Sie gefährden die Haltbarkeit.

In harten Zeiten mit Versorgungsengpässen, z. B. während der Nachkriegszeit, war das Eingemachte in den Gläsern im Keller oft überlebenswichtig. Der Spruch »ans Eingemachte gehen« kommt aus Zeiten der Not und bedeutet nichts weniger als »die Reserven anbrechen« – und damit das Überleben riskieren.

Übrigens: Weckgläser verdanken ihren Namen einem gewissen Johann Weck, der 1895 das Patent für das Einkochverfahren des Chemikers Dr. Rudolf Rempel erwarb.

Wie man Lebensmittel durch Erhitzen haltbar macht und Mikroorganismen abtötet, wußten allerdings schon die Römer. Der Dichter Varro (116–27 v. Chr.) hielt für die Nachwelt fest, wie die alten Römer ihre Früchte in Tonkrüge eingelegt haben.

Das Einmachprinzip ist nichts weiter als eine Sterilisation: Durch das Erhitzen entsteht im Glas zunächst ein Überdruck. Die Luft erwärmt sich und entweicht durch den Gummiring. Wenn die Gläser dann abkühlen, entsteht im Inneren des Einmachglases ein Unterdruck (Vakuum). Der Gummi saugt sich fest, der Unterdruck hält den Deckel, und das Glas ist perfekt verschlossen.

Damit schädliche Mikroorganismen vollends zerstört werden, liegt die Temperatur beim Einkochen über 100 Grad. Es gibt Sterilisierapparate, doch Oma hat ihre Einmachgläser immer im heimischen Backofen sterilisiert. Das Einweckgut wird entweder roh oder vorgekocht in die penibel gereinigten und heiß ausgespülten Gläser gefüllt, mit Wasser oder Sud so weit aufgefüllt, daß der Inhalt mit Flüssigkeit bedeckt ist. Dann werden die Gläser mit Gummiring und Deckel verschlossen. Die Brat- oder Fettwanne des Backofens wird etwa einen Zentimeter hoch mit Wasser gefüllt, die befüllten Einweckgläser werden in das Wasserbad gestellt. Die Deckel werden jetzt mit einem Drahtbügel fixiert, damit sie nicht aufspringen. Dann wird der kalte Backofen auf 180 Grad erhitzt. Wenn der Einmachsud im Glas zu sprudeln beginnt und wie Sekt perlt, muß der Ofen ausgestellt werden. Die Gläser bleiben jetzt noch etwa eine Stunde im Ofen. Nach dem Abkühlen sind sie dicht verschlossen. Kommt Luft ans Eingemachte, verdirbt es. Gut verschlossen dagegen, ist das Einweckgut jahrelang haltbar.

Eine andere Alternative ist der Einweckkessel, in dem die Weckgläser auf der Herdflamme erhitzt werden. In seinem Deckel ist ein Loch, in dem das Einweckthermometer steckt, so daß man die Temperatur im Topf genau kontrollieren und steuern kann.

Obst kocht man am besten mit Zucker im Verhältnis 1:1 ein: Obst mit dem Zucker mischen, gut fünf Minuten kochen lassen, in die heiß ausgespülten Gläser füllen, verschließen und auf den Kopf stellen, bis sie abgekühlt sind.

Wie kann man Lebensmittel
selber konservieren?

Eingekochtes Gemüse
Bohnen im Weckglas: Grüne Bohnen in Stücke schneiden und
fünf Minuten in kochendem Wasser blanchieren, kalt abschrek-
ken, abtropfen lassen und dann im Einmachglas bis knapp unter
den Rand schichten. Das Glas wird anschließend mit heißem
Salzwasser (1 l Wasser/10 g Salz) aufgefüllt, verschlossen und
dann 90 Minuten lang eingekocht.

Saft, selbstgemacht
Kirschen, Äpfel, Birnen und alle Beerensorten sind für Säfte ganz
besonders geeignet. Auch Saft macht man mit Hilfe von Zuk-
ker oder Hitze haltbar. Es gibt Dampfentsafter. Das sind spezielle Töpfe, in denen Wasser erhitzt wird. Der Dampf, der dabei
entsteht, bringt die Früchte zum Platzen – der Fruchtsaft läuft
in einen speziellen Behälter. Der fertige Saft muß in gründlich
gereinigte, vorgewärmte Flaschen abgefüllt und sofort verschlossen werden.

Man kann Saft aber auch durch einfaches Kochen gewinnen.
Die Früchte werden in Wasser weichgekocht, dann in ein Leinentuch gegeben. Über Nacht läßt man den Saft aus dem Tuch
in eine Schüssel tropfen. Oma hat das Tuch immer zwischen
den Stuhlbeinen (Stuhl umdrehen) befestigt. Am nächsten Tag
wird der so gewonnene Saft noch mit Zucker verrührt und aufgekocht.

Alle Früchte des Jahres in Alkohol eingelegt:
der klassische Rumtopf
Rumtöpfe sind aus Keramik und fassen meist über drei Liter Inhalt. Im Mai werden die ersten Früchte – die Erdbeeren – angesetzt. Im Juli kommen dann Kirschen und Himbeeren, im
August Brombeeren, im September Pfirsiche, im Oktober Mirabellen und Pflaumen, im November grüne Walnußkerne und
zum Abschluß im Dezember Mandarinen in den Topf.

Alle Früchte werden gut gewaschen. Jeweils 500 g Obst wird
mit 250 g Zucker bestreut. Man läßt die Früchte eine Stunde

ziehen. Dann kommen sie in den Topf und werden mit Rum aufgegossen. Der Alkohol muß die Früchte gut bedecken. Der Topf muß kühl und dunkel stehen.

Sauer macht lustig: Gewürzgurken einlegen

ZUTATEN:
2 kg Gurken
5 Zwiebeln
1 $\frac{1}{4}$ l Branntweinessig
750 ml Wasser
2 Zitronen
70 g Salz
200 g Zucker
Dillkronen
1 EL weiße Pfefferkörner
2 Lorbeerblätter
4 Gewürznelken

ZUBEREITUNG:
Gereinigte Gurken 24 Stunden in Salzwasser (100 g Salz auf 1 ½ Liter Wasser) legen und an einen kühlen Ort stellen. Dann die Gurken trockentupfen. Zwiebeln vierteln. Essig, Wasser und den Saft der Zitronen mit Salz und Zucker aufkochen. Gurken mit den Zwiebelstücken und allen Gewürzen ins Glas geben und mit dem kochenden Sud auffüllen. Gläser sofort verschließen. Jetzt müssen die Gurken etwa 6 Wochen ziehen.

Milchsauer eingelegtes Gemüse
Nicht nur Sauerkraut, auch feste Gemüse wie rote Beete, Blumenkohl, Möhren, Bohnen, Zwiebeln, Rotkohl, Paprika und Sellerie sind für milchsauer eingelegtes Gemüse bestens geeignet. Das Gemüse wird geschnitten und in heiß ausgespülte Einweckgläser gefüllt. Dann mit warmem Salzwasser auffüllen (20 g Salz auf 1 Liter Wasser), das vorher aufgekocht wurde. Gläser verschließen und 10 Tage bei 20 Grad stehen lassen. Dann muß das Gemüse bei 5 bis maximal 10 Grad reifen.

Heilen und pflegen

Mit dünnem Stimmchen, unterbrochen von heftigen Hustenanfällen, versuchte Annemarie aus den heiser-krächzenden Tönen, die aus ihrem Mund kamen, Worte zu formen. Jetzt lief auch noch die Nase! »Ich habe Sie wirklich nicht verstanden«, sagte die Apothekerin und setzte ein mitleidiges Gesicht auf. Dabei wollte Annemarie eigentlich ihre Apotheke leerkaufen: etwas gegen Halsschmerzen, etwas gegen Husten, gegen Schnupfen und vor allem gegen Heiserkeit. Als ihr erneuter Versuch, sich verständlich zu machen, von einem Niesanfall vereitelt wurde, verschwand die Apothekerin zwischen den Regalen und kam mit einem Arm voller Medikamente zurück.

»Das hier nehmen Sie jetzt gleich mit etwas Wasser, die Dragees sind gegen Fieber, der Erkältungssaft ist für eine ruhige Nacht, und dann lutschen Sie stündlich eine von diesen Tabletten. Das Vitaminpräparat brauchen Sie, um das Immunsystem zu stärken. Außerdem viel Calcium, Magnesium und Zink. Ach ja, einreiben sollten Sie sich auch noch – macht insgesamt 78 Euro!«

Am nächsten Morgen fühlte Annemarie sich grauenvoll. Zu all dem Geschnupfe und Gehuste kamen jetzt auch noch üble Kopfschmerzen hinzu. Ihr Hirn war wie umnebelt. Nichts war besser geworden.

Ihr Anruf im Büro, mit dem sie sich krankmelden wollte, erinnerte an einen billigen TV-Sketch in einer Comedy-Serie. Ihr Chef konnte sie einfach nicht verstehen und legte auf.

Annemarie brauchte also dringend Hilfe und rief bei uns an. Uns fiel sofort unsere Freundin Erika ein. Sie ist 76, kommt aus Ostpreußen und geht schon wegen ihrer kleinen Rente nur selten in die Apotheke. Erika, die allerlei Hausmitteichen kennt, wußte Rat und kam gleich vorbei. »Klarer Fall für einen Kartoffelwickel«, sagte sie.

Kartoffelwickel?! Bevor Annemarie protestieren konnte, hatte Erika schon Pellkartoffeln aufgesetzt. »Für den Wickel«, sagte sie triumphierend, zerquetschte die gekochten Knollen, wickelte sie in ein Geschirrtuch und legte das Ganze auf Hals und Brust der Patientin. Löffelweise trichterte sie ihr dann noch einen Sud aus gekochten Zwiebeln und Zucker ein. »So, jetzt wird erst mal geschlafen«, befahl Erika schließlich liebevoll.

Am nächsten Morgen konnte Annemarie zwar noch nicht ins Büro, aber der Husten tat längst nicht mehr so weh. Sie konnte auch wieder schmerzfrei schlucken, nahm ihre Umwelt klar und deutlich wahr und konnte vor allem wieder reden.

Wie werden Wickel angewendet?

Wickeltücher sollten aus Naturmaterialien wie Seide (Schals), Leinen (Geschirrtücher), Baumwolle oder Schafwolle bestehen. Richtig gewickelt ist man nach dem Drei-Tücher-Prinzip: Das Innentuch mit dem Wirkstoff liegt direkt auf der zu behandelnden Stelle. Darüber kommt ein etwas größeres Tuch, darauf das Außentuch. Bei warmen Wickeln verstärkt eine Wärmflasche die Wirkung. Nach dem Wickeln soll man ruhen. Abends ist übrigens die beste Wickelzeit.

Welche Wickel wirken bei Gelenkschmerzen?

Weißkohlwickel
... helfen bei Arthrose und Arthritis. Im Kühlschrank vorgekühlte Weißkohlblätter mit einem Kartoffelstampfer oder der Rückseite eines Suppenlöffels weichklopfen, dann locker auf die schmerzenden Gelenke binden und mindestens eine Stunde wirken lassen.

Quarkwickel
... mehrmals täglich um die Gelenke binden, um den Schmerz zu lindern. Gekühlten Quark auf ein Geschirrtuch verteilen und so lange einwirken lassen, bis der Quark getrocknet ist.

Kartoffelwickel
... werden bei Gelenkschmerzen heiß angewandt. Frischgekochte
Kartoffeln stampfen, sofort in ein Tuch geben und locker um das
Gelenk legen. Einwirken lassen, bis die Kartoffeln erkaltet sind.

Welche Wickel wirken bei Hexenschuß?

Schnapswickel
... helfen gegen Hexenschuß und Ischiasschmerzen. Dafür zwei
Gläschen klaren Schnaps (z. B. Korn oder Gin) erhitzen und
ein Geschirrtuch mit dem heißen Schnaps tränken. Den heißen
Wickel möglichst lange auf die schmerzende Stelle legen und unter einer wärmenden Wolldecke die Hitze halten.

Meerrettichwickel
... sollen nur 20 Minuten einwirken. Dazu Meerrettich reiben,
mit der gleichen Menge Vollkornmehl verrühren und über einem
Wasserbad erwärmen. Den Brei in ein Leinentuch geben und auf
die schmerzende Stelle legen.

Welche Wickel wirken bei Erkältung?

Zitronenwickel:
Eine unbehandelte Zitrone in Stückchen schneiden und in kaltem
Wasser über Nacht ziehen lassen. Morgens die Zitronenstückchen
mit der Gabel zerdrücken. Ein Geschirrtuch in das Zitronenwasser
tauchen, auswringen und um den Hals legen. Mit einem trockenen
Tuch und einem Schal festbinden und eine Stunde einwirken lassen.

Schmalzwickel
... sind eine fettige, aber sehr wirksame Methode gegen Erkältung. Ein Taschentuch in lauwarmes Schmalz tauchen, abtropfen
lassen und über Nacht auf den Hals legen.

Zwiebelwickel
... sind vielseitig verwendbar, wirken aber besonders gut gegen
Ohrenschmerzen. Eine gewürfelte Zwiebel wird in ein Taschen-

tuch gewickelt, im Backofen kurz erwärmt und dann auf das schmerzende Ohr gelegt, bis der Wickel erkaltet ist.

Kartoffelwickel
... bei Erkältungskrankheiten so heiß wie möglich verwenden. Kartoffeln kochen, zerdrücken und in einem Leinentuch auf den Hals legen. Darüber wird ein wärmendes Wolltuch gewickelt. Wickel so lange tragen, bis die Kartoffeln erkaltet sind.

Quarkwickel
... müssen bei Erkältung über Nacht einwirken. Quark in ein Leinentuch verteilen und auf den Hals legen.

Johanniskraut hellt die Seele auf: heiße und kalte Getränke für Körper und Psyche

Grundsätzlich: Die Zutaten sollten stets frisch und unbehandelt sein. Ob heiß oder kalt, am besten genießt man auch weniger wohlschmeckende Getränke schlückchenweise. Dann wirken sie am besten.

Was wirkt gegen Schlaflosigkeit?

Bier
... mit zwei Teelöffel Honig erwärmen und dann das Glas Schlückchen für Schlückchen langsam trinken.

Milch mit Honig
... erhitzen. Schmeckt besser als warmes Bier, ist absolut alkoholfrei und wirkt genauso effektiv.

Zwiebeln
... in den Entsafter geben, vor dem Zubettgehen eine Tasse von dem rohen Zwiebelsaft trinken, und schon fallen die Augen zu.

Hopfen
... enthält gesunde Bitterstoffe (Humulon), die nicht nur in Bier, sondern vor allem als Tee beruhigen und entspannen.

Was wirkt gegen Erkältung?

Zwiebeln,
... etwa ein halbes Kilo, in Ringe schneiden und mit 250 g Kandiszucker in etwas Wasser eine halbe Stunde auf kleiner Flamme köcheln. Gut ziehen und erkalten lassen. Von dem Sud mehrmals täglich einen Eßlöffel wie Hustensaft einnehmen. Man kann auch zwei große Zwiebeln würfeln und in einem halben Liter Wasser eine Viertelstunde kochen. Dann den Zwiebelsud mit heißem Fencheltee mischen und mit dunklem Kandis süßen. Ebenfalls schlückchenweise trinken.

Holunderbeeren
... in etwas Wasser aufkochen und den Saft durch einen Leinenbeutel pressen. Ein Glas von dem Holunderbeersaft mit einer ausgepressten Zitrone mischen, mit Honig süßen und heiß trinken.

Auch *Knoblauch*
... mit Zitronensaft ist ein wirksamer Erkältungstrunk. Dazu vier Zehen auspressen, mit dem Saft von zwei Zitronen mischen und trinken. Die schwefelhaltigen Säuren (Alliin) töten die Bakterien ab.

Kamille
... wirkt als Tee gegen eine Reihe von Beschwerden. Die Inhaltsstoffe der getrockneten Blüten enthalten ätherische Öle (Azulen). Kamille hemmt, äußerlich angewandt, Entzündungen und beruhigt. Gegen üble Erkältungssymptome: Zu gleichen Teilen jeweils 30 g Kamille, Eukalyptus, Salbei und Thymian mit kochendem Wasser aufgießen, in eine Schüssel geben und unter einem Handtuch den Dampf inhalieren.

Malve
... wirkt im Rachenraum gegen Heiserkeit und Entzündungen, wenn man aus dem Laub einen Tee brüht.

Pfefferminze
... wird gegen Schwindel, Kopfschmerzen und Erkältungskrankheit als Tee getrunken. Das in der Pfefferminze enthaltene Menthol ist ein vielseitiger Wirkstoff.

Was wirkt gegen schlechte Stimmung oder Traurigkeit?

Johanniskraut
... hellt die Seele auf. Zwei Teelöffel Johanniskraut mit einem halben Liter kochendem Wasser aufgießen, 10 Minuten ziehen lassen und 5mal täglich trinken. Die antidepressive Wirkung des hypericinhaltigen roten Pflanzenöls setzt nach ein paar Tagen ein.

Zitronenmelisse
... enthält ätherische Öle und Harze, die Hirn und Herz beleben. Als Tee wird Zitronenmelisse gegen Nervosität und Traurigkeit aufgebrüht.

Was wirkt gegen Bauchweh?

Kümmel wirkt gegen Blähungen, wenn man zwei Teelöffel Kümmel mit einem Teelöffel Anis und einem Teelöffel Fenchel etwa 10 Minuten in einem halben Liter Wasser kochen läßt. Der Sud muß dann noch 15 Minuten ziehen, bevor er in kleinen Schlukken getrunken wird. Auch Kümmelöl hilft gegen Blähungen: 20 Tropfen von dem Öl in einen halben Liter heiße Milch rühren und langsam trinken.

Dill
... fördert die Verdauung, wenn man die Früchte als Tee trinkt.

Basilikum,
... als Tee aufgebrüht, lindert Bauchweh.

Salz
... ist ein Mineral, das normalerweise in geringer Dosis verwendet werden soll. Bei Durchfallerkrankungen verliert der Körper

jedoch Salz. 1 Teelöffel Salz mit 10 Teelöffel Zucker und einer ausgepreßten Orange in Wasser auflösen, langsam trinken. Ein halber Teelöffel in einer Tasse Wasser wirkt gegen Sodbrennen.

Was hilft aus dem Kräutergarten?

Akne: Eisenkraut, Schafgarbe
Angina: Lavendel, Salbei, Rosmarin
Arterienverkalkung: Knoblauch
Asthma: Lorbeere, Thymian, Spitzwegerich
Blähungen: Anis, Fenchel
Bronchitis: Fenchel, Lavendel, Rosmarin, Hagebutte
Darmkoliken: Kamille, Fenchel, Pfefferminze
Durchfall: Bohnenkraut, Lavendel, Heidelbeere
Grippe: Hagebutte, Lindenblüte, Fenchel, Kamille
Halsschmerzen: Huflattich, Salbei
Krämpfe: Kamille, Pfefferminze, Melisse, Echte Schafgarbe
Magenbeschwerden: Kamille, Malve, Melisse, Pfefferminze
Nervosität: Baldrian, Fenchel, Hopfen, Lavendel, Melisse
Rheuma: Lavendel, Löwenzahn, Rosmarin

Was wirkt gegen Warzen?

Mond gegen Warzen: Mystisch klingen die Mittel gegen Warzen, doch sie sollen alle wirken. Wenn man nur daran glaubt. Nichts gegen Omas Weisheiten, aber wir haben hier so unsere Zweifel, schließlich hat schon Eugen Roth gesagt: »Die Warze widersteht mit Kraft selbst allerhöchster Wissenschaft.« Doch auch hier gilt der Satz »Wer heilt, hat recht«, und darum versuchen Sie es doch einfach mal mit einem der beiden folgenden Tips.

• Wer bei Vollmond eine frische *Zwiebel* durchschneidet und die Warze damit bestreicht, muß nur den richtigen Spruch aufsagen. Etwa: »Warze, Warze, paß mal auf: Mondschein bremset deinen Lauf!« Die Zwiebel soll dann am Rand eines Kräuterbeets vergraben werden. In Österreich bindet man die pelzige Innenseite der Schale von *dicken Bohnen* auf die Warze.

Natur, Garten und Balkon

Bei einer Fastenkur in einem Benediktinerkloster entdeckten wir ein Buch über die Äbtissin Hildegard von Bingen (1098–1179). Hildegard hat mit ihrer Heilpflanzenlehre das 12. Jahrhundert maßgeblich geprägt. Und heute, viele Jahrhunderte später, sind Klostermedizin und Kräutergärten wieder ganz modern. Gott sei Dank! Denn die heilende Kraft der Kräuter basiert auf uraltem Wissen. Schon die Ägypter haben ab 2000 v. Chr. mit Knoblauch, Zwiebel und Rettich geheilt. Archäologen fanden sogar medizinische Rezeptsammlungen.

Heute reden die Wissenschaftler von Phytotherapie (Pflanzenheilkunde). Mit modernen Analysemethoden hat man nachgewiesen, wie wertvoll Pflanzen als Arznei- und Gewürzstoffe sind. Und noch immer gilt der berühmte Satz des Paracelsus (1493–1541): »Alle Dinge sind Gift – allein die Dosis macht , daß ein Ding kein Gift ist!«

Doch wie pflanzt man einen Kräutergarten? Oma wußte es noch! Sie kannte die bescheidenen Kräuter, die auf kargen Böden bestens gedeihen, und die anspruchsvolleren Gewächse, die viel Sonne und einen sehr nährstoffreichen Boden brauchen. Und sie wußte, daß es auch Pflanzen gibt, die sich untereinander nicht vertragen. Andere wieder helfen sich gegenseitig: Sie halten einander Schadinsekten fern und gedeihen prächtig in der Gemeinschaft.

Da die meisten Kräuter wie Majoran und Petersilie mit den Römern und später mit den Mönchen über die Alpen gekommen sind, brauchen Heil- und Würzpflanzen ein warmes, sonniges Plätzchen. Solche gibt's auch auf Balkon und Terrasse. Auch Lavendel, Rosmarin, Fenchel und Salbei sind eigentlich am Mittelmeer zu Hause. Im Frühjahr wird gepflanzt. Ein paar altbewährte Tips helfen, daß auch gedeiht, was mit viel Liebe gesät und gepflanzt wird.

Wie pflanzt und pflegt man ein Kräutergärtchen?

Was wächst zusammen und was verträgt sich nicht?

Basilikum
... fördert das Wachstum von Tomaten und Gurken.

Echte Kamille
... schützt Zwiebeln und Möhren vor Wurmbefall.

Knoblauch
... schützt Erdbeeren vor Schädlingen.

Schnittlauch
... wehrt Meltaupilze bei Rosen ab.

Dill
... fördert die Keimung bei Gurken und wirkt bei Kohl gegen den Kohlweißling.

Meerrettich
... schützt Kartoffeln vor Pilzerkrankungen.

Lavendel
... hält Blattläuse von Rosen fern.

Majoran
... fördert das Wachstum von Rosen und Möhren, hält Ameisen fern.

Bohnenkraut
... steigert den Ertrag von Bohnen und wirkt gegen Läuse.

Ackersenf
... hilft im Gemüsebeet gegen Schnecken.

Sellerie
... schützt Kohl vor dem Kohlweißling.

Kartoffeln und *Sonnenblumen, Tomaten* und *Fenchel, Buschbohnen* und *Zwiebeln* mögen sich nicht. Sie behindern sich gegenseitig im Wachstum. Dagegen sind sogenannte Unkräuter wie *Brennessel* und *Disteln* kein Problem im Kräuterbeet, sondern – sofern sie nicht überhandnehmen – wichtige Futterpflanzen für Tiere. So liebt der Distelfink die Samen von Disteln, und die Raupen des Taugpfauenauges und die etlicher anderer Schmetterlingsarten ernähren sich von Brennesseln.

Wo wachsen heilende Kräuter?

Arnika
... blüht von Mai bis August und hat gelbe Blüten. Die Heilpflanze wächst auf nährstoffarmen Böden und braucht im Garten ein sonniges Plätzchen, das ungedüngt bleiben muß.
Äußerlich angewandt, hilft Arnika bei Verstauchungen und wirkt gegen Entzündungen.

Echte Kamille
... ist ein einjähriges Kraut, das auf jedem Gartenboden wächst und ab März ausgesät wird. Gedeiht gut in der Nachbarschaft von Ringelblumen und Borretsch. Als Tee aufgebrüht, wirken die getrockneten Blüten gegen Verdauungsbeschwerden.

Echte Schafgarbe
... wächst an sonnigen Stellen auf gut gedüngtem Gartenboden, aber auch auf magerem Rasen. Die Pflanze hat von Juni bis Oktober weiße, doldenartige Korbblüten. Blätter und Blüten wirken krampflösend.

Hopfen
... wächst an Kletterspalieren im Garten. Das Gewächs mit seinen weinartigen Blättern braucht Sonne, muß aber stets ausreichend feuchte Wurzeln haben. Hopfen beruhigt und entspannt.

Johanniskraut
... gedeiht auf jedem Gartenboden und blüht goldgelb ab Juni.
Es wächst zusammen mit Beifuß und Oregano (wilder Majoran).
Das Kraut soll speziell bei Depressionen nützen, hilft aber, äußerlich angewandt, auch gegen Verbrennungen.

Kümmel
... wird ab März im Kräuterbeet ausgesät und ist an den weißen
Blüten im Mai deutlich zu erkennen. Die Blüten bilden Doppel-
dolden. Kümmel gedeiht gut neben Estragon oder Petersilie. Der
Tee ist gut für die Verdauung.

Lavendel
... ist winterhart und hat violette Blüten, die ab Juni aufblühen.
Lavendel wächst auf steinigen Böden, braucht aber ein sonniges
Plätzchen und mag im Kräuterbeet die Gesellschaft von Salbei
und Thymian. Das Öl wirkt gegen Schlaflosigkeit. Im Badewasser
entspannt Lavendel.

Pfefferminze
... hat ab Juli violette Blüten und wächst auf nährstoffreichem
Boden neben Petersilie und anderen Minzen. Die Blätter kann
man frisch oder getrocknet verwenden. Als Tee aufgebrüht, wirken sie gegen Kopfschmerzen, Schwindel und Erkältung.

Zitronenmelisse
... gedeiht auch im Halbschatten zusammen mit Minzen und
Oregano. Die Staudenpflanze verströmt einen angenehmen Zitro-
nengeruch, hat eiförmige Blätter und blüht ab Juli weiß-violett.
Als Tee wirkt Zitronenmelisse gegen Traurigkeit und Nervosität.

Wann und wie wird der Kräutergarten angelegt und gepflegt?

Die beste Pflanzzeit ist das Frühjahr. Thymian, Salbei und Lavendel
mögen das naßkalte Wetter im Winter nicht. Viele Gartencenter
verkaufen heute Kräuter in Töpfen. Die Ballen sollten gut durch-
wurzelt sein. Ballen wässern, bevor man sie einpflanzt. Boden gut

auflockern und mit Kompost, je nach Boden mit Sand mischen und nach Bedarf auch mit Kalk anreichern. Organischen Dünger aus Hornspänen, Knochenmehl und Rinderdung gibt es im Handel. Nicht überdüngen! Weniger ist oft mehr. Die Erde zwischen den Kräutern – ob sie nun im Gartenbeet oder in einem Pflanzkübel auf Terrasse oder Balkon stehen – mit einer Hacke regelmäßig auflockern. Abends gießen, damit nicht so viel Wasser verdunstet.

Mit Jauche gegen Schädlinge

Früher gab es keine Insektizide aus der Sprühflasche, doch Blattläuse und Milben gab es immer schon. Zum Glück gab es auch Jauche, ein altbewährtes Mittel gegen Schädlinge und Pilze, das zugleich ein prima Wachstumsförderer für Pflanzen ist.

Jauche ist eine nährstoffreiche Brühe, die entsteht, wenn Pflanzenteile vergären. Und so bereitet man sie zu: Einen Leinensack mit Pflanzenteilen wie frischen oder getrockneten Kräutern füllen und in einen Kübel mit Wasser hängen. Schon bald gärt und schäumt die Brühe. Jeden Tag umrühren. Die Jauche wird immer dunkler. Wenn die Brühe nicht mehr schäumt, ist die Jauche fertig, und man kann sie mit Wasser verdünnt im Kräuterbeet ausbringen.

Brennesseljauche ist besonders wirksam gegen saugende Insekten wie Blattläuse und Milben. 1 Kilogramm frische Brennnesseln in 10 Liter Wasser vergären. Gegen Schädlinge in 5ofacher Verdünnung in Sprühflaschen abfüllen und direkt auf die befallene Pflanze sprühen.

Zwiebel-Knoblauch-Jauche hilft gegen Milben, wenn man jeweils ein halbes Kilo Zwiebeln und Knoblauch 10 Tage in Wasser gären läßt. Eventuell 500 g Schnittlauch hinzugeben, das macht die Jauche wirksamer. Der Milbenkiller wird dann im Verhältnis 1:10 gespritzt.

Aber nicht nur Pflanzen profitieren von Jauche. Uralte Jaucherezepte aus den Bergregionen Österreichs und der Schweiz empfehlen *Jauchewickel* gegen Gelenkschmerzen. Dazu wird dampfend warmer Kuhmist zu Jauche vergoren, in ein Tuch gewickelt und direkt auf das schmerzende Gelenk gelegt. Aber das muß heutzutage ja vielleicht nicht mehr sein ...

Die 9 Grundregeln für wilde Heilkräuter

Wer Kräuter sammelt, muß sich an wichtige Regeln halten:

- Nie neben stark befahrenen Straßen ernten. Kräuter nehmen die Gifte aus den Abgasen auf.
- Keine geschützten Pflanzen sammeln, nichts aus Naturschutzgebieten mitnehmen.
- Blüten erntet man, sobald der Tau getrocknet ist.
- Blätter mittags pflücken.
- Kräuter an sonnigen Tagen ernten. Nie bei Regen oder feuchter Witterung.
- Wurzeln im Herbst oder Frühjahr stechen.
- *Bibernelle* findet man auf Magerwiesen und an Bächen, *Baldrian* auf Wiesen. *Gänsefingerkraut* wächst an Wegrändern. *Löwenzahn* und *Brennesseln* wachsen fast überall; Brennesseln werden von Ende Mai bis Ende September geerntet, die Wurzeln von Löwenzahn im September und Oktober.
- Heilpflanzen nicht am Ofen oder in der Sonne trocknen, sondern an einem luftigen, trockenen Ort. Kräuter müssen durchtrocknen, weil sie sonst schimmeln.
- Für Tees Blätter und Blüten immer mit kochendem Wasser aufbrühen. Wurzeln mit kaltem Wasser aufsetzen und 10 Minuten köcheln.

Omas Lieblingskräuter

Ob im Garten, auf dem Balkon, im Blumenkübel vorm Haus oder auf der Terrasse: Frische Kräuter bereichern das ganze Jahr über nicht nur die Küche und vermitteln uns mit ihrem würzigen Duft mediterrane Gefühle, sie sind darüber hinaus auch wichtige Nährpflanzen für Hummeln und andere Wildbienen, Schwebfliegen und Schmetterlinge.

Basilikum
Blüht zwischen Juni und August; die Blätter sind würzige Beigabe für Tomatensuppen, italienische Nudelgerichte, allerlei Fleisch und Geflügel.

Bohnenkraut
Die ursprünglich aus dem Mittelmeergebiet stammende Pflanze blüht zwischen Juli und Oktober und ist einjährig. Das Bohnenkraut kann immer wieder ausgesät werden. Im Garten sät es von selbst aus und pflanzt sich so fort. Gibt grünem Bohnengemüse die pfiffige Note.

Dill
Blüht zwischen Juli und August. Im Volksmund auch »Gurkenkraut« oder »Dillfenchel« genannt. Einjährige Pflanze, die nicht nur zu Fischgerichten und Gurkensalat paßt, sondern auch gegen Blähungen hilft.

Liebstöckel
Die auch »Maggikraut« genannte Pflanze ist ausdauernd und blüht zwischen Juli und August. Wird zwischen 1 Meter und 1,80 Meter hoch und ist deshalb nur für den Garten oder größere Pflanzkübel geeignet. Schmeckt bestens zu Suppen und allerlei Eintöpfen.

Majoran
Die ursprüngliche Heimat dieses zwischen Juni und August blühenden Gewächses ist Nordafrika. Die frischen oder getrockneten Blättchen eignen sich als Beigabe in Eintöpfe mit Hülsenfrüchten, zu Kartoffeln, Salaten, Suppen sowie zu allerlei Fleisch-, Wurst- und Geflügelgerichten.

Oregano
Der auch »Dost« genannte wilde Majoran blüht zwischen Juli und Oktober. Die Pflanze ist mehrjährig und ein wahres Kleinparadies für Schmetterlinge, Hummeln und andere Insekten. Die Blättchen sind frisch oder getrocknet vielseitig verwendbar.

Petersilie
Dieser Doldenblütler blüht zwischen Juni und Juli. Im Volksmund auch »Suppenkraut« genannt. Petersilie mag weder Staunässe noch frischgedüngte Erde. Wunderbar zu Salaten und Suppen.

Rosmarin
Der aus dem Mittelmeerraum stammende Strauch wird 80 Zentimeter bis 1,50 Meter hoch und blüht zwischen April und Juni. Die Blüten ähneln der einer Taubnessel. Die Pflanze braucht helle Standorte mit möglichst voller Besonnung. Rosmarinnadeln sind die ideale Würze zu allerlei Wildgerichten, zu Lamm, Zicklein usw.

Salbei
Der wissenschaftliche Name *salvia officinalis* geht auf das Lateinische *salveia* zurück. *Salvere* heißt: sich wohl fühlen. Gibt man beim Nudelnkochen zwei, drei Salbeiblätter in das siedende Wasser, duftet nicht nur die Küche herrlich, auch die Nudeln erhalten ein tolles Aroma.

Schnittlauch
Bis zu 30 Zentimeter hoch wird die mehrjährige Staude. Schnittlauch blüht zwischen Juni und Juli und ist das wohl bekannteste Küchenkraut, das bei Suppen, Salaten, Kräuterquark und vielem mehr Verwendung findet.

Die Vogeluhr

»Morgenstund' hat Gold im Mund«, sagt man. Dabei müßte es eigentlich heißen: »Morgenstund' hat Lieder in den Schnäbeln.« Denn es zwitschert und pfeift, trällert und singt, wenn sich, besonders bei Anbruch der Morgendämmerung, die unterschiedlichsten Vogelstimmen im Frühling zu einem vielstimmigen Naturkonzert vereinen. Doch welcher Vogel singt denn da?

Es gibt zwar keine starren Regeln in der Natur, aber die verschiedenen Vogelarten in den Gärten und Parks, in Feld, Wald und Flur haben doch unterschiedliche »Weckzeiten«, zu denen sie unseren Start in den Tag begleiten und an denen sie zu erkennen sind. Während die Nachtigall – wie der Name sagt – schon während der Nacht singt, kommen andere Arten später hinzu.

Da sich die Vögel am zunehmenden Grad der Helligkeit in bezug zum Sonnenaufgang orientieren, hängt die exakte Uhrzeit dieser »Natur-Uhr« bei den Singvögeln vom Kalenderdatum und vom Breitengrad ab. Auch Witterungsverhältnisse (Wind, Temperatur usw.) und der Lebensraum spielen eine Rolle. Grundlage der folgenden Angaben ist Sommerzeit, Mitte Mai, Sonnenaufgang etwa um 5.30 Uhr.

- Schon ab 3.45 Uhr ist ab April der melodiöse Gesang der *Singdrossel* zu hören. Sie gehört zu den absoluten Frühaufstehern in der Vogelwelt.
- Ab 4.00 Uhr ist der Gesang des *Hausrotschwanzes* zu hören.
- 4.15 Uhr: Mit zu den Frühaufstehern gehört auch der *Gartenrotschwanz,* zusammen mit *Amsel* und *Kuckuck.*
- 4.30 Uhr: Jetzt ist die Zeit für *Rotkehlchen, Girlitz* und *Zaunkönig* gekommen.
- Ab 4.45 Uhr rufen *Kohlmeise, Blaumeise* und andere Meisenarten. Es sind fast schon »Sprintsänger«, da sie meist ab 7.00 Uhr wieder aufhören.
- Kurz vor 5.00 Uhr sind die Rufe eines kleinen, unscheinbaren Zugvogels zu hören, die ihm auch seinen Namen gegeben haben: der *Zilpzalp.*
- 5.30 Uhr: Mit zunehmender Helligkeit fügen sich die melodiösen Rufe der *Buchfinken* in das Vogelkonzert ein.
- 6.00 Uhr: *Wendehals* und *Grünspecht* melden sich zu Wort.
- 6.30–7.00 Uhr: Spätaufsteher sind *Grünfink, Distelfink, Hänfling, Grauspecht* und *Pirol.*

Übrigens: Auch abends singen die Vögel in Garten, Feld, Wald und Flur. So langsam, wie es morgens beginnt, klingt das Vogelkonzert zwischen Dämmerung und Nacht wieder aus. Zu den letzten Sängern gehören *Singdrossel, Rotkehlchen* und *Nachtigall.*

Die wichtigsten Vögel am Haus, im Garten und in Parks

ZUGVÖGEL

JAHRESVÖGEL

Haussperling

Mehlschwalbe

Buntspecht

Rauchschwalbe

Rotkehlchen

Mönchsgrasmücke

Amsel

Gartengrasmücke

Kohlmeise

Zilpzalp

Blaumeise

Hausrotschwanz

Kleiber

Girlitz

Zaunkönig

Buchfink

Stieglitz

Omas Lieblingsgartenblumen

Akelei
Die Gemeine Akelei hat meist blaue, 3–5 cm große Blüten, mitunter kommen auch violette, weiße und rosafarbene Variationen vor. Blütezeit ist von Mai bis Juli. Die Pflanze wächst bis 80 cm hoch. Es gibt verschiedene Zuchtformen, die in Gärten angepflanzt werden. Achtung: giftig!

Buschwindröschen
Die auch »Waldanemone« genannte Pflanze stammt aus den heimischen Laubwäldern und blüht zwischen März und Mai. In so manchem Bauerngarten wächst sie unter Heckensträuchern.

Gartenrose
Bei den Rosen ist das Spektrum unterschiedlichster Sorten wohl am größten. In der Nähe von Rosen gepflanzt, schützen sowohl Lavendel als auch Knoblauch vor allzustarkem Blattlausbefall.

Glockenblume
Es gibt viele Varianten der Gartenglockenblume. In der Regel blüht sie zwischen Mai und September. Benötigt luftige und helle Standorte.

Goldlack
Die wahrscheinliche Heimat dieses zwischen April und Juni blühenden Kreuzblütlers ist wohl Griechenland. Die Farbe der Blüten ist sehr variantenreich und reicht von Gelb über Goldgelb bis hin zu bräunlich-roten Farbtönen. Ca. 25–40 Zentimeter hoch.

Kapuzinerkresse
Stammt ursprünglich aus Peru, fand aber früh Eingang in die Bauerngärten. Die einjährige Pflanze gedeiht rasch und wächst üppig. Die Blüten variieren zwischen Orange, Gelb, Hell- und Dunkelrot. Die schildförmigen Blätter schmecken hervorragend zu Salaten; auch die Blüten können gegessen werden.

Krokus
Einer der ersten Frühlingsboten; blüht zwischen Februar und März. Mittlerweile gibt es weiße, gelbe, violette und lila Sorten. Krokusse brauchen helle, sonnige Standorte und möglichst lehmig-humose Erde.

Narzisse
Die wilde Form dieser auch »Osterglocke« genannten Pflanze stammt aus dem Mittelmeerraum. Blütezeit zwischen März und Mai.

Schwarzäugige Susanne
Die einjährige Rankpflanze windet sich bis zu 3 Meter hoch und erfreut mit orangegelben, in der Mitte schwarzgefärbten Blüten. Sie benötigt warme, windgeschützte Standorte.

Tulpe
Damit man sich zwischen März und Mai an den Tulpenblüten erfreuen kann, von denen es ungezählte Varianten gibt, müssen bis spätestens Oktober die Zwiebeln in den Boden gebracht werden.

Omas Blumenlieblinge für Balkon und Terrasse

Engelstrompete
Das Nachtschattengewächs gehört mit seinen duftenden Trompetenblüten zu den dekorativsten Kübelpflanzen. Vorsicht: Blütenblätter sind giftig! Benötigt an heißen Tagen sehr viel Wasser. Achtung: giftig!

Fleißiges Lieschen
Der Name ist Programm: Das Fleißige Lieschen blüht fast pausenlos zwischen März und Dezember. Mehrjährige Pflanze, die im Hausinnern gut überwintert werden kann.

Fuchsie

Das Nachtkerzengewächs stammt ursprünglich aus Zentral- und Südamerika. Von den zwischen Juni und Oktober blühenden Pflanzen gibt es mittlerweile wohl an die 10 000 Zuchtformen. Sie braucht reichlich Wasser und regelmäßige Düngung.

Geranie

Das Storchschnabelgewächs stammt ursprünglich wohl aus Südafrika und gehört zu den beliebtesten Balkonblumen. Geranien lassen sich in kühleren, dunklen Kellerräumen gut überwintern.

Oleander

Stammt aus dem Mittelmeerraum und entfaltet zwischen Juni und August, je nach Sorte, weiße, rote oder rosa Blüten. Es gibt verschiedene Zuchtformen.

Petunie

Die aus Südamerika stammende Pflanze blüht zwischen Mai und September. Kennzeichnend sind Blätter mit weichen und klebrigen Haaren sowie trichterförmige Blüten. Die Pflanzen sind heute in fast allen Farben erhältlich. Tägliches Gießen und wöchentliches Düngen sind erforderlich.

Primel

Die Verwandte unserer Schlüsselblumen wird in vielerlei Arten, Sorten und Zuchtformen angeboten. Primeln bevorzugen halbschattige, eher kühle und luftige Standorte.

Tausendschön

Der Korbblütler ist mit dem Gänseblümchen verwandt und blüht je nach Sorte zwischen weiß, rosa und rot. Bevorzugt lehmige Erde.

Wandelröschen

Die aus dem tropischen Afrika stammende Pflanze braucht viel Sonne und einen regengeschützten Standort. Die Pflanze entfaltet mit zunehmendem Alter eine stärkere Blütenpracht, die ihre Blütenfarbe beim Aufblühen verändert und zwischen Orange, Gelb und Dunkelrot variiert.

Omas Lieblingszimmerpflanzen

Alpenveilchen
Die wilde Variante dieser alten Zimmerpflanze stammt aus dem
Nahen Osten und Kleinasien. Dort gedeiht die Pflanze in eher
kühler, teilweise schattiger Umgebung. Da Oma sparen mußte
und die Räume nicht so warm hatte, war das Alpenveilchen eine
ideale Zimmerpflanze. Mittlerweile gibt es zwischen 15 und 20
verschiedene Sorten mit unterschiedlichster Färbung. Ideal halten sich Alpenveilchen, wenn die Temperatur 15 °C nicht über-
steigt. Blütezeit: Mai bis Februar.

Amaryllis
Stammt ursprünglich aus Südamerika. Die Blütezeit dieser Zwie-
belpflanze erstreckt sich von Oktober bis April. Die Blütenfarbe
variiert zwischen Weinrot, Rosa und Weiß. Die Pflanze benötigt
viel Licht. Vor voller Sonneneinstrahlung schützen!

Asparagus
Die auch »Frauenhaarfarn« genannte Pflanze braucht relativ hohe
Luftfeuchtigkeit und sollte mit weichem, kalkfreiem Wasser ge-
gossen werden.

Grünlilie
Ob warm oder eher kühl, hell oder dunkel: Die Grünlilie ist eine
ideale, anspruchslose Zimmerpflanze. Staunässe vermeiden.

Gummibaum
Die ursprüngliche Heimat ist Asien; heute sind die verschiedenen
Gummibaumarten auf der ganzen Welt verbreitet. Die Topfer-
de sollte nicht allzu naß sein. Geeignet sind helle Standorte; an
dunkleren Stellen wächst die Pflanze sehr langsam.

Hortensie
Ursprünglich auch eine beliebte Gartenpflanze. Sie benötigt reichlich Wasser, worauf schon der lateinische Name *hydrangea* hin-
weist (Wasserstrauch). Benötigt ab Juni/Juli ausreichend Dünger.
Überwinterung: im kühlen Keller oder in einer frostfreien Garage.

Philodendron

Eine deutsche Bezeichnung heißt »Baumfreund«, da die Pflanzen in den Tropen zum Teil auf Bäumen aufsitzen und an den mächtigen Urwaldbäumen in Richtung Licht klettern und entsprechende Luftwurzeln ausbilden. Es gibt verschiedene Arten, die sowohl an dunkleren als auch hellen Standorten im Zimmer gedeihen. Achtung: giftig!

Sansiveria

Bei dieser Pflanze mit ihren schwertartigen, fleischigen, dunkelgrünen, oft gelblich gerandeten Blättern hat sich der lateinische Name *sansiveria* als Bezeichnung durchgesetzt. Als »Bogenhanf« kennt die aus dem tropischen Afrika stammende Blume eigentlich niemand. Sparsam gießen, Staunässe vermeiden.

Usambaraveilchen

Blüht zwischen Januar und Dezember und stammt ursprünglich aus Ostafrika. Sollte mäßig feuchtgehalten und nur mit weichem, möglichst nicht zu kaltem Wasser gegossen werden.

Wachsblume

Blüht zwischen April und September und braucht helle und luftige Standorte. Sollte vor praller Sonne geschützt werden. Die fast schon wie Porzellan wirkenden Blüten duften intensiv; die Triebe werden meterlang und können entsprechend als Bogen angebunden werden.

Tricks und Tips für den Haushalt

Für jede Fläche im Haushalt gibt es heute ein spezielles Mittelchen. Im Putzschrank steht eine ganze Batterie von Reinigern. Die einen versprechen langanhaltenden, strahlenden Glanz, andere lassen das Wasser von den Fliesen perlen oder Edelstahl wieder blitzen. Wannenspray entfernt selbsttätig Kalkflecken in der Dusche, ultrakonzentriertes Spülmittel löst selbst hartnäckigsten Schmutz, Chemie läßt die Toilette nach Frühling duften und macht Wäsche flauschig weich und aprilfrisch. Die Inhaltsstoffe sollen laut Produktinformation zwar alle »biologisch abbaubar« sein, doch gleichzeitig heißt es: »Vorsicht! Produkt außerhalb der Reichweite von Kindern aufbewahren.«

Oma war auf diese Batterie von Reinigungsmitteln nicht angewiesen, ihr genügten Seife, Essig, Zitronensaft und Spiritus. Zwar war die »gute alte Zeit« im Haushalt keineswegs rosig, denn viele technische Hilfsmittel waren noch nicht erfunden. Doch für so manches Mißgeschick hatte Oma einen Kniff parat, der auch heute noch die Arbeit im Haus erleichtert und Geld sparen hilft. Dank Omas Trick ist der Fleck wieder weg, die Wolle weich, die Blumen bleiben länger frisch, und die Motten trauen sich nicht in den Kleiderschrank.

Wie sagt doch der Volksmund: »Man muß sich nur zu helfen wissen!«

Wie geht der Fleck wieder weg?

Bierflecken
... wäscht man bei Wolle mit lauwarmem Wasser, bei Seide mit verdünntem Spiritus aus.

Blutflecken
... immer erst mit kaltem Wasser auswaschen, dann mit Seife und kaltem Wasser weiter reinigen. Ältere Flecken mit Salz- oder Sodawasser vorbehandeln.

Fettflecken
... mit Kartoffelmehl bestreuen, einwirken lassen und ausbürsten. Salmiakgeist wirkt bei Butter.

Kaffeeflecken
... mit Glyzerin ausreiben, das man vorher erwärmt hat.

Kaugummi
... läßt sich von der Kleidung leichter entfernen, wenn man den Stoff für ein paar Stunden ins Gefrierfach legt. Ohne zu kleben, läßt sich der erstarrte, brüchige Kaugummi entfernen.

Kugelschreiberflecken
... mit Spiritus lösen und dann den Stoff kochen.

Lippenstiftflecken
... mit Glyzerin einreiben und auswaschen.

Obstflecken
... am besten mit schwacher, handwarmer Salmiaklösung vorbehandeln und über Nacht in Buttermilch einweichen, die den Saft von zwei Zitronen enthält.

Rostflecken
... lassen sich mit Zitronensaft entfernen.

Rotweinflecken
... mit Salz bestreuen, dann mit heißem Wasser auswaschen.

Schweißflecken
... kann man mit Essig auswaschen.

Wachsflecken
... zwischen zwei Blatt Löschpapier ausbügeln.

Wasserflecken (vom Regen)
... auf Mänteln und Kleidern mit feuchtem Tuch bedecken und drüberbügeln.

Kleid, Hemd und Hose & Co.

Hosen
... nach der Wäsche mit den Hosenbeinen oben aufhängen. Durch den schweren, nassen Hosenbund dehnt sich der Stoff, Falten und Knicke verschwinden, und die Hose läßt sich später leichter bügeln.

Flusen und Haare
... lassen sich mit der Saugbürste des Staubsaugers auf höchster Saugkraft leicht aus Kleiderbürsten entfernen.

Wenn Schuhe drücken
... hilft ein Schnaps! Aber nicht etwa trinken, um den Schmerz besser zu ertragen, sondern etwas vom klaren Alkohol von innen in die neuen Schuhe reiben und danach sofort anziehen. Der Schuh paßt sich besser dem Fuß an, und es gibt keine Blasen.

Lackschuhe
... bleiben schön glänzend und bekommen keine Gehfalten, wenn man sie regelmäßig mit Salat- oder Rizinusöl einreibt.

Kinder verlieren häufig die Bänder an ihren Kapuzen, Schnürsenkel ziehen sich leicht aus den Schuhen.

Dagegen helfen bunte Perlen, die man am Ende des Bandes aufzieht. Ausgefranste Schnürsenkel einfach in etwas klaren Nagellack tauchen und trocknen lassen.

Knopflöcher
... an Wollsachen verziehen sich nicht beim Waschen, wenn man sie vorher mit ein paar groben Stichen zunäht.

Wolle
... läuft beim Waschen nicht ein, wenn man etwa Glyzerin ins Wasser gibt.

Vergilbte Wäsche
... wird wieder weiß, wenn man einen Teelöffel Terpentin und zwei Eßlöffel Spiritus ins Spülwasser gibt.

Reißverschlüsse
... klemmen nicht, wenn man sie mit Seife oder Kerzenwachs einreibt.

Bügelfalten
... halten länger, wenn auch die Innenseite der Hose vor dem Bügeln befeuchtet wird.

Brillengläser laufen nicht an
... wenn man sie ganz leicht mit Glyzerin oder Seife abreibt.

Nadel und Faden

Nähnadeln
... in Holz- oder Plastikdosen aufbewahren oder in ein Nadelkissen stecken. In Blechdosen werden sie leicht stumpf.

Empfindliche Knöpfe
... kann man bei der Wäsche vor Hitze und Waschmitteln schonen, indem man sie einfach mit Alufolie umwickelt.

Knöpfe
... findet man im Nähkästchen besser, wenn man zusammenge-
hörende Knöpfe auf eine Sicherheitsnadel aufzieht.

Um einen Faden durch ein Nadelöhr zu ziehen
... braucht man viel Geduld. Oder man nimmt Haarspray. Einfach das Fadenende damit einsprühen. Es wird steif und läßt sich
problemlos einfädeln.

Freude mit Blumen

Schnittblumen
... halten länger, wenn man etwas Zucker, Essig, ein Aspirin oder
etwas Spülmittel ins Blumenwasser gibt. Das eine nährt
(Zucker), das andere tötet Bakterien.

Blumen und Obst
... nicht nebeneinanderstellen. Blumen verwelken schneller,
wenn die Vase direkt neben der Obstschale steht. Äpfel und andere Früchte verströmen Äthylen. Das Reifegas läßt Blumen ver-
blühen.

Sind die Blumen zu kurz für die Vase?
Einfach die Stiele mit Strohhalmen verlängern und ins Wasser
stellen. Blumen können durch Strohhalme trinken! Ansonsten
hilft Klarsichtfolie. Bei durchsichtigen Glasvasen gibt es durch
die Folie obendrein einen schönen Eis- und Frosteffekt. Und die
Blumen haben einen festen Stand.

Hohe Blumenvasen
... kippen nicht so leicht um, wenn man Kieselsteine oder Sand
einfüllt. In Glasvasen sieht das sehr dekorativ aus.

Grünpflanzen
... bekommen beim Besprühen mit Wasser keine Kalkflecken,
wenn man destilliertes Wasser verwendet.

Ein gutes Düngemittel
... sind Eierschalen. Drei Wochen in Wasser legen und ziehen lassen. Dieses Wasser ist ein gutes Düngemittel.

Rosen
... bringen andere Blumen vorzeitig zum Verwelken.

Tulpen
... halten länger, wenn man sie abends in Zeitungspapier wickelt und kühlstellt.

Flieder
... kann besser Wasser aufnehmen, wenn man die Stiele faserig klopft.

Die Stiele von Alpenveilchen
... mit Nadelstichen durchlöchern oder den Stiel etwa 5 cm mit dem Messer spalten, dann halten sie länger.

Vasen reinigt man innen
... mit gesalzenem Essigwasser. Gut durchschütteln und nachspülen.

Kniffe vom Keller bis zur Küche

Speiseölflaschen
... haben schnell einen fettigen Flaschenhals. Das kann man verhindern, indem man einen Schnapsausgießer aufschraubt.

Deckel zerbrochener Einmachgläser
... sind vorzüglich als Blumentopfuntersetzer verwendbar .

Feste Schraubverschlüsse
... auf Gläsern lassen sich leichter öffnen, wenn man den Deckel mit einem Stück Schmirgelpapier umfaßt. Oder die brutale Methode: einfach mit dem Messer ein Loch in den Verschluß stoßen. Oder das Glas mit dem Deckel nach unten fest auf den

Boden klopfen, am besten auf Teppichboden (Achtung bei Parkett und empfindlichen Fliesen!); dann geht es meistens auf. Bei Flaschen kann ein Nußknacker helfen, den Drehverschluß zu lösen.

Zum Aufbewahren von Knöpfen, Ösen
... und anderen Dingen, die sich gern irgendwo verkriechen, ist eine große Sicherheitsnadel gut geeignet, auf die sie aufgefädelt werden.

Hat man keinen Korkenzieher zur Hand
... so dient als Ersatz eine große Schraube, an deren Kopf eine Schnur befestigt wird: Schraube in den Korken drehen, die Schnur um die Hand wickeln und den Korken herausziehen.

Kerzen
... die in der Sonne standen und in der Hitze krumm geworden sind, einfach in heißes Wasser tauchen und auf dem Tisch wieder geraderollen. Heißes Wasser hilft auch, um Kerzen leichter in den Leuchter zu drücken. Dazu das untere Ende eintauchen.

Kerzenwachs
... läßt sich vom Kerzenständer viel leichter ablösen, wenn man ihn gut zwei Stunden ins Gefrierfach legt. Um das Problem gar nicht erst entstehen zu lassen, kann man den Leuchter auch mit etwas Speiseöl einfetten. Das heruntergetropfte Wachs geht viel leichter ab.

Der Duft von Parfüm
... auf der Haut hält länger, wenn man etwas Vaseline auf die Stelle gibt, die man einsprühen will.

Schlechten Geruch
... vertreibt man mit einer Zitrone, die mit Gewürznelken gespickt ist. Die Zitrone fault nicht, sondern schrumpft. Der Duft hält außerdem lästige kleine Obstfliegen fern und wirkt im Kleiderschrank gegen Motten.
Auch frischgemahlenes Kaffeepulver vertreibt üble Gerüche. Ganz gleich, ob im Kühlschrank oder auf dem Klo: etwas Pul-

ver auf einem Teller hilft. Mit den Resten von aromatisiertem Tee kann man ebenfalls für gute Luft im Wohnzimmer sorgen. Einfach die Teereste verschiedener Sorten in eine Schale geben.

Bei Bienen- und Insektenstichen
... mindert ein aufgelegter Salzbrei den Schmerz und verhindert ein Anschwellen.

Beim Entfernen von Tintenflecken
... hilft Salz. Die Tinte zieht in das Salz ein.

Spritzendes Fett
... beim Braten verhindert Salz in der Pfanne.

Schlechte Luft beim Staubsaugen
... muß nicht sein. Badesalz, Pfefferminz- oder andere Aromaöle und getrocknete Kräuter im Staubsaugerbeutel sorgen für gute Luft nach dem Saugen. Man kann auch Parfümreste auf den Beutel tropfen.

Raucher
... hinterlassen oft nicht nur Duftspuren. Ein kleines Brandloch im Teppich läßt sich reparieren, wenn man Flusen auf dem Teppich zusammensammelt und mit Klebstoff im Loch fixiert. Gegen den Geruch von altem Rauch am besten ein Essigtuch auf die Heizung legen oder zwei Lorbeerblätter verbrennen, wenn nicht mehr geraucht wird.

Wie wird man die lästigen Obstfliegen im Spätsommer und Herbst los?
Offensichtlich vermehren sich die kleinen Mückchen in der Erde von Blumentöpfen. Hier helfen Streichhölzer, die mit dem Schwefelkopf nach unten in die Erde gesteckt werden. Der Schwefel vertreibt die Mücken.

Enge Blumenvasen
... oder bauchige Weinkaraffen, die oben sehr eng sind, lassen sich mit einem Spüllappen nicht reinigen. Einfach etwas Kaffeesatz mit Wasser einfüllen. Dann schütteln. Der Kaffeesatz wirkt

wie ein Reinigungspulver. Der Trick funktioniert auch mit einer Handvoll trockener Reiskörner, mit denen sich auch Kaffee- und Teekannen säubern lassen.

Druckstellen
... von Möbeln auf dem Teppichboden lassen sich leicht entfernen. Man legt einfach über Nacht ein feuchtes Tuch auf die Stelle und bügelt am nächsten Tag darüber. Danach stehen die Fasern wieder auf.

Angelaufenes Silber
... läßt sich problemlos in 15 Minuten putzen. Eine Plastikschüssel mit Stanniolpapier auslegen, viel Salz und heißes Wasser darübergießen, das Silber hineinlegen und wirken lassen. Silberschmuck am besten in Prothesenreiniger (Kukident) reinigen.

Goldsachen
... die durch langes Liegen blind geworden sind, reibt man mit dem Saft einer Zwiebel ein und läßt sie 1–2 Stunden liegen. Dann mit einem weichen Lappen abreiben.

Immer fällt der Besen um!
Das passiert nicht mehr, wenn man die Finger von alten Gummihandschuhen abschneidet und oben über den Besenstiel zieht.

Lästige Preisaufkleber
... einfach mit dem Fön anwärmen und abziehen. Den Rest des Klebers kann man mit Nagellackentferner abreiben.

Motten
... im Kleiderschrank vertreibt Lavendel. Einfach die trockenen Blüten in eine alte Socke stecken und in den Schrank legen. Wenn man nicht oft verreist, ein Säckchen mit Lavendel in den Koffer legen, um muffigen Geruch zu vermeiden.

Fliegen
... fliehen vor Lorbeeröl. Ein paar Tropfen auf einem flachen Teller aufstellen, und die Plagegeister suchen das Weite.

Eier
... die im Karton festgeklebt sind, lassen sich mühelos entfernen, wenn man die Klebestelle mit Wasser aufweicht.

Kleine Schrauben, Nadeln und Nägel
... lassen sich mit ein wenig Klebeband gut aufheben. Einfach aufkleben!

Schwarze Schuhspuren auf dem Parkettboden
... lassen sich mit Terpentin leicht entfernen.

Die Gäste stehen vor der Tür, und die Getränke sind nicht kalt Kein Problem! Kaltes Wasser, Salz und Eisstücke in einen Eimer geben. Die Mischung macht's: Schon 10 Minuten später sind die Flaschen gut gekühlt.

Ist mal was zu Bruch gegangen
Feine Glassplitter lassen sich leichter mit Watte aufnehmen.

Pakete
... kann man fester verschnüren, wenn man die Paketschnur naß macht. Sie zieht sich beim Trocknen zusammen – und hält!

Hart gewordene Farbpinsel
... wieder gebrauchsfähig machen: Man klopft die Borsten mit einem Hammer locker, reibt dann gründlich Schmierseife ein, läßt den Pinsel 24 Stunden liegen und spült ihn dann in warmem Sodawasser aus.

Wenn man sich geschnitten hat
... reinen Baumwollstoff in kochendes Wasser tauchen und auf die Wunde legen. Das Bluten hört sofort auf.

Kurioses

Nicht alles, was Oma einst nützte, macht heute Sinn. In alten Ratgebern finden sich so manche Tips, die uns heute recht kurios erscheinen. Es ist schon erstaunlich, mit welchen scheinbaren Problemen sich frühere Generationen abmühen mußten.

Ameisen
... können nicht in den Küchenschrank gelangen, wenn man dessen Füße in mit Wasser gefüllte kleine Blumentopfuntersetzer stellt.

Versand frischer Blumen
Blumen, die man verschicken will, schneidet man noch halbgeschlossen, am besten frühmorgens, wenn die Sonne sie noch nicht berührt hat. Die Stiele taucht man in geschmolzenes Wachs, so daß die Feuchtigkeit im Stiel bleibt. Dann lose in angefeuchtetes Papier wickeln. Der Empfänger muß die unteren Teile der Stiele dann abschneiden.

Gewichte
... läßt man niemals auf der Waage stehen, weil diese dadurch ungenau wird.

Kein Zentimetermaß zur Hand?
Ein Streichholz schafft Ersatz. Es ist nämlich immer 4,5 cm lang (früher 5 cm).

Die Bräunung an Geweihen und Gehörnen
... läßt sich erhalten, wenn man sie mit übermangansaurem Kali bepinselt, das in Wasser aufgelöst ist. Der meist hellere obere Teil der Gehörne und Geweihe bleibt unberührt, weil Bräunung an dieser Stelle oft die Vermutung einer Nachahmung aufkommen läßt.

Bleistiftschrift verwischt nicht
... wenn man das beschriebene Papier in abgerahmte Milch taucht.

Katzen vertreiben
Katzen sind empfindsam gegen Schreck und meiden später die Stelle. Deshalb: plötzlicher Wasserguß, Kinderpistole, Knallerbsen!

Zeit und Zeitvertreib

Es war an einem Nachmittag bei Freunden. »Was sollen wir spielen?« Fünf kleine Quälgeister können die gemütliche Runde der Erwachsenen leicht sprengen. Im Haus der Großeltern gibt es zwar einen Computer, aber keine Computerspiele. Oma nutzt »das Gerät« (wie sie ihren Computer nennt) zwar, um im Internet zu surfen und den entfernten Verwandten in Kalifornien vom schlechten Wetter in Deutschland zu berichten. Aber eine Spielekonsole gibt es nicht.

»Warum spielt ihr nicht Topfschlagen?« Die Frage sorgt nicht nur beim computergeprägten Nachwuchs für Verwirrung. Auch die Erwachsenen blicken sich gegenseitig fragend an: »Topfschlagen? Wie war das noch mal?« Die Elterngeneration erinnert sich nur schwach an längst vergessene Kindergeburtstage und ihre Spiele.

Schon holt Oma einen Topf, einen Suppenlöffel und einen Schal. Sie verbindet Anna die Augen. Patrick, Wilma, Sven und Jens stellen den Topf irgendwo im Zimmer auf, und Anna muß jetzt mit dem Löffel den Topf suchen. Ein Riesenspaß! Später findet »die Reise nach Jerusalem« statt, es wird zwischen »Himmel und Erde« gehüpft und eine »blinde Kuh« geärgert. Ein unvergeßlicher Nachmittag!

Die vergessenen Spiele aus Omas Kindheit sorgen für eine rege Diskussion unter den Erwachsenen. Was haben wir sonst noch alles vergessen?

Was sollen wir spielen?

Mühle
Zwei Spieler bekommen jeweils 9 flache Steine in Schwarz oder Weiß. Auf dem Mühlebrett sind Linien gezogen. Jeder Spieler versucht, immer drei Steine auf dem Brett so auszulegen, daß sie eine Reihe bilden (das ist dann eine »Mühle«). Dann darf er dem Gegenspieler einen Stein abnehmen. Sind alle Steine gelegt, werden die Steine auf den Linien gezogen. Jeder Mitspieler bemüht sich, Mühlen zu bilden und dem Gegner die Möglichkeiten zu verbauen. Wer nur noch drei Steine hat, darf »springen«, wer nur noch zwei Steine hat, hat verloren.

Dame
In Deutschland, Österreich und der Schweiz hat das Spielbrett 8 x 8 Felder wie ein Schachbrett (international wird auf 10 x 10 Feldern gespielt). Jeder Spieler hat 12 flache Steine in Schwarz oder Weiß. Die Spielsteine werden diagonal gezogen. Ziel ist es, auf die andere Seite des Brettes zu gelangen. Erreicht ein Stein die gegnerische Grundlinie, wird er zur »Dame« und bekommt einen zweiten Stein obendrauf gesetzt. Als Dame darf der Stein vorwärts, rückwärts und beliebig weit ziehen. Es gilt, den Gegner zu blockieren und ihm Steine abzunehmen (z. B. wenn er übersprungen wird).

Murmeln
... sind kleine Kügelchen aus Glas: Beim Grübchenspiel wird in ein kleines Loch gezielt. Bei einer anderen Spielart geht es darum, die Murmeln möglichst nah an ein Ziel zu kollern oder eine andere Murmeln zu »kicken«, d.h. zu berühren. Man bekommt die Murmel, die man angekickt hat.

Hänschen, piep mal
Einem Kind werden die Augen verbunden, die anderen sitzen auf Stühlen im Kreis. Jetzt setzt sich das »blinde« Kind bei irgend jemandem auf den Schoß und sagt: »Hänschen, piep mal.« Dann muß es den Namen des Kindes raten, das da gepiepst hat. Hat es richtig geraten, ist das »Hänschen« als nächstes dran und

bekommt die Augen verbunden. Wurde falsch geraten, muß das Kind in den Kreis zurück und weiterraten.

Blinde Kuh
Einem Kind werden die Augen verbunden. Es muß nun auf begrenztem Raum versuchen, die anderen Mitspieler zu berühren. Wer von der »blinden Kuh« berührt wird, ist an der Reihe und bekommt als nächster die Augen verbunden.

Ich sehe was, was du nicht siehst!
Wer dran ist, sucht sich im Raum irgendeinen Gegenstand aus und sagt nur die Farbe. »Ich sehe was, was du nicht siehst, und das ist blau!« Ist es das Kleid von Oma? Der Teller auf dem Tisch? Die Figur auf der Fensterbank? Wer den Gegenstand richtig rät, ist als nächster dran.

Himmel und Hölle
Für das Hüpfspiel muß man elf Kästchen mit Kreide auf den Asphalt malen. Unten ist die »Erde«, dann kommen die Kästchen eins bis acht, oben sind »Himmel« und »Hölle«. Man wirft ein Steinchen in das »Erde«-Feld und springt mit beiden Füßen ins Kästchen. Der Stein muß dabei ins nächste Feld gestoßen werden – nur in die »Hölle« darf er nicht. Wer zuerst im »Himmel« war und wieder auf die »Erde« zurückgekehrt ist, hat gewonnen.

Gummitwist
Zwei Spieler legen sich ein dickes Gummiband um die Beine und stellen sich etwa anderthalb Meter auseinander. Ein drittes Kind muß nun mit den Beinen auf die Gummiseiten springen, nach innen und nach außen hüpfen. Es gibt unterschiedliche Schweregrade (von »Erster« bis »Sechster«). Bei »Erster« liegt das Gummiband auf Knöchelhöhe der Mitspieler, dann auf den Waden, den Kniekehlen – bis es bei »Sechster« auf Pohöhe gespannt wird.

Reise nach Jerusalem
Wenn zehn Kinder mitspielen, müssen neun Stühle im Kreis aufgestellt werden. Alle Mitspieler laufen nun um die Stühle herum,

während Musik spielt. Wenn die Musik abgestellt wird, muß jeder schnell versuchen, sich auf einen Stuhl zu setzen. Der Spieler, der keinen Sitzplatz gefunden hat, scheidet aus. Es wird so lange immer ein weiterer Stuhl aus dem Spiel genommen, bis ein Spieler als Sieger übrigbleibt. Wer gewonnen hat, darf die Musik bedienen.

Topfschlagen

Irgendwo im Raum werden unter einem Topf Süßigkeiten versteckt. Dann darf der Topf nicht mehr bewegt werden. Draußen werden einem Mitspieler die Augen verbunden. Das Kind muß jetzt mit Hilfe eines Kochlöffels versuchen, den Topf zu finden. Hat es den Topf gefunden, muß es mit dem Löffel kräftig auf den Topf schlagen. Die anderen Kinder helfen mit Tips, indem sie »kalt« oder »heiß« rufen. Kalt heißt: »Du bist ganz weit weg.« Heiß bedeutet: »Ganz nah dran.« Ist der Topf gefunden, darf das Kind die Süßigkeiten behalten.

Fangen

Mit einem Abzählreim wird ausgezählt, wer der Fänger ist. Die anderen laufen weg. Wer vom Fänger berührt wird, ist der nächste Fänger.

Verstecken

Alle Kinder verstecken sich, ein Kind muß suchen. Es gibt allerdings einen Ort – vielleicht ein Baum oder eine Wand –, wo man sich »freischlagen« kann. Wer suchen muß, dreht den anderen Kindern den Rücken zu und zählt beispielsweise bis 20. Es gibt auch spezielle Abzählreime für das Versteckspiel. Dann dreht sich der Sucher um. Wenn ein Kind entdeckt wird, rennt der Suchende schnell zum Baum zurück und ruft den Namen des Kindes, das er gesehen hat: »Eins, zwei, drei – Anna!«

Sind alle Kinder gefunden, wird wieder jemand bestimmt, der suchen muß.

Teekesselchen

Ein Teekesselchen ist ein Begriff mit zwei Bedeutungen, z. B. Bank (Sitzbank) und Bank (Bankinstitut). Ein Spieler denkt sich einen Begriff aus und gibt Tips zu beiden Wörtern: »Mein Tee-

kesselchen ist aus Holz, hat ganz viel Geld ...« Wer das Teekesselchen geraten hat, ist als nächster dran.

Stille Post
Die Spieler sitzen im Kreis. Ein Kind denkt sich ein Wort aus und
flüstert es seinem Nachbarn ins Ohr. Der Mitspieler muß genau
das weitersagen, was er verstanden hat. Der letzte Spieler muß
laut sagen, was er verstanden hat.

Armer schwarzer Kater
Alle sitzen im Kreis und versuchen, so ernst wie möglich zu sein.
Ein Kind ist »schwarzer Kater« und muß jemanden aus dem Kreis
irgendwie zum Lachen zu bringen. Dabei kann es wie ein Kater
schnurren, sich wälzen oder fauchen. Wer lacht, ist der nächste
Kater.

Abnehmspiel
Man legt sich einen zusammengebundenen Faden über die Hand-
rücken und bildet mit den Fingern unterschiedliche Figuren. Ein
Mitspieler kann die Figuren vorsichtig »abnehmen«, indem er
mit den Spitzen von Daumen und Zeigefinger in die Figur greift,
ohne sie zu zerstören, und dann wiederum eine neue Figur bildet.
Die einzelnen Figuren haben Namen wie »Schlafender Bär« oder
»Matratze«. Ziel ist es, möglichst viele Figuren zu bilden.

Und so geht es: Zuerst wird der Faden um beide Handrük-
ken gelegt, die Daumen werden nicht erfaßt. Dann schlüpft man
erst mit der einen, dann mit der anderen Hand von außen unter
dem Faden durch, so daß um jede Hand eine Schlaufe gelegt
ist.

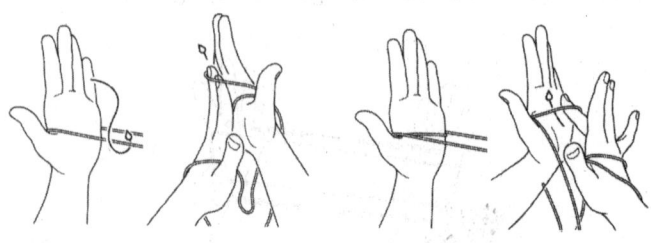

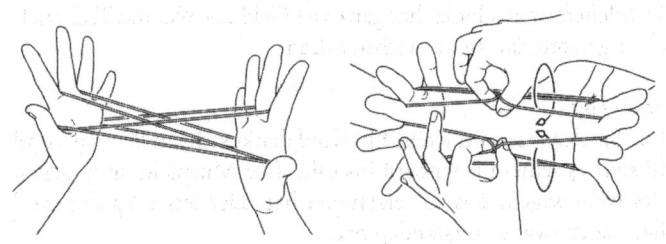

Mit den Mittelfingern holt man sich jeweils den um die Hand gewickelten Faden der gegenüberliegenden Hand.

Nun ist der zweite Spieler dran: Mit Daumen und Zeigefinger faßt er das Fadenkreuz, hebt es über die äußeren Fäden und taucht von unten in die Fadenmitte, wobei er gleichzeitig den Faden von den Händen des Mitspielers abnimmt. Das Ergebnis ist die erste Figur: die »Matratze«.

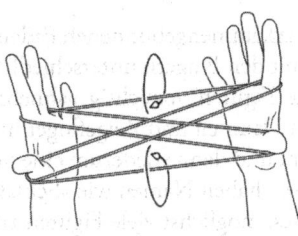

Der erste Spieler greift jetzt wieder mit Daumen und Zeigefinger je ein Fadenkreuz, zieht es nach außen und schlüpft von unten in die Mitte der Fäden, wobei er gleichzeitig den Faden von den Händen des Mitspielers abnimmt. Wenn die Fäden nun gespannt werden, ergibt sich die nächste Figur: der »Spiegel«.

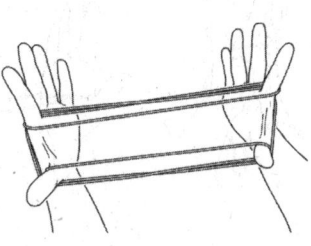

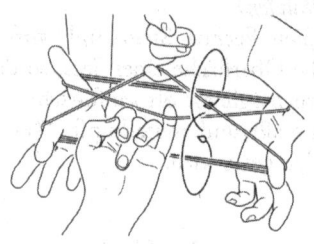

Der Mitspieler übernimmt, indem er seine kleinen Finger jeweils in einen der beiden mittleren Fäden einhakt und sie über die Außenfäden zieht, so daß sich ein Dreieck bildet. Dann greift er mit Daumen und Zeigefinger von oben in das Dreieck hinein

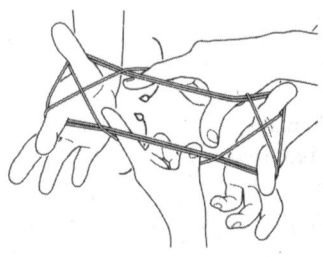

und unter den nächsten Fäden durch ins mittlere Loch. Wenn er jetzt den Zeigefinger nach oben streckt, entsteht wieder eine neue Figur: die »Wiege«.

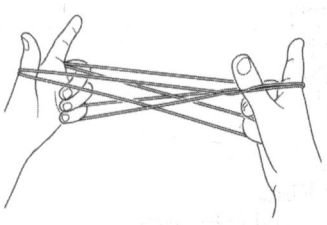

Auf diese Weise können durch wechselseitiges Abnehmen immer neue Figuren gebildet werden.

Ditschen (Steinehüpfen)

Man nimmt einen flachen Stein und wirft ihn so flach wie möglich über die Oberfläche eines Sees, so daß der Stein nicht versinkt, sondern möglichst oft »aufditscht«, also von der Wasseroberfläche abprallt und weiterhüpft. Wer die meisten »Ditscher« erreicht, hat gewonnen.

Abzählreime

Ich und du,
Müllers Kuh,
Müllers Esel,
das bist du!

Ene mene muh,
und raus bist du.

Eine kleine Mickymaus
zog sich mal die Hose aus,
zog sie wieder an,
und du bist dran!

Eins, zwei, drei, vier, fünf, sechs, sieben,
wo ist meine Frau geblieben?
Ist nicht hier, ist nicht da, ist wohl in Amerika!
Ene mene meck, und du bist weg!

Ringel rangel Rose,
Butter in die Dose,
Butter in den Speck,
und du bist weg!

Ene mene Miste,
es rappelt in der Kiste,
ene mene meck, und du bist weg!

Ene, mene muh, und raus bist du!
Raus bist du noch lange, lange nicht,
sag mir erst, wie alt du bist.
1, 2, 3, 4, 5 …

Eins, zwei, Papagei,
drei, vier, Offizier,
fünf, sechs, alte Hex,
sieben, acht, neun, zehn,
und du mußt gehn.

Abc,
die Katze lief im Schnee.
Als sie wieder rauskam,
hatt' sie weiße Stiefel an,
dann lief sie durch den Dreck,
und du bist weg.

Eichen, Buchen, Tannen,
und du mußt fangen.
Eichen, Tannen, Buchen,
und du mußt suchen.

Es war ein Männlein,
das kroch in ein Kännlein,
das kroch wieder raus,
und du bist raus.

Eins, zwei, drei, vier, fünf, sechs, sieben,
in der Schule wird geschrieben,
in der Schule wird gelacht,
bis der Lehrer pitschpatsch macht.
Eins, zwei, drei, vier, fünf, sechs, sieben,
eine alte Frau kocht Rüben.
Eine alte Frau kocht Speck,
und du bist weg.

Auf dem Berge Sinai
wohnt der Schneider Kickriki.
 Schaut mit seiner Brille raus:
Eins, zwei, drei,
und du bist raus!

Käfer, flieg ins Bäckerhaus,
hol ein' Korb mit Kuchen raus.
Mir ein', dir ein', und du sollst raus sein.

Zehn Zigaretten hüpfen in die Betten,
hüpfen wieder raus,
und du bist aus.

Eins, zwei, drei, vier, fünf,
der Storch hat keine Strümpf',
der Frosch hat kein Haus, und du mußt raus.

Eins, zwei, drei,
auf der Stiege liegt ein Ei,
wer darauf tritt,
spielt nicht mehr mit.

War 'ne feine Dame,
die kratzt sich am Arme,
die kratzt sich am Po,
such du den Floh.

Eins, zwei, drei, vier, fünf, sechs, sieben, acht,
Kaspar hat so laut gelacht,
daß im Haus der Balken kracht.
Das Haus fällt ein,
und du mußt es sein!

Fit für Abenteuer

Draußen im Wald, fern von Haus und Hof der Eltern, war Opa unser Held. Er wußte, wie man ohne Streichhölzer Feuer macht, den richtigen Lagerplatz auswählt und ein Floß baut. Opa konnte ohne Töpfe und Pfannen den selbstgeangelten Fisch an einem Stöckchen über dem Lagerfeuer grillen, während unten in der Glut die Kartoffeln garten. Wir haben mit ihm Pfeil und Bogen aus Holz geschnitzt, Messer am Wetzstahl und an Sandsteinen geschärft und gelernt, wie man Getränke ohne Kühltasche auch an heißen Sommertagen schön kalt hält. Nach Gewalttouren im Gelände hat Opa dann unsere schmerzenden Blasen an den Füßen mit einer Nadel aufgestochen. »Damit sich das Blasenwasser nicht ausdehnt«, hat er gesagt. Und wir haben tapfer die Zähne zusammengebissen und nicht gejammert.

Bei Opa durften wir richtige Abenteurer sein! Die ängstlichen Ermahnungen unserer Mutter und die guten Ratschläge, die Vater uns mit auf den Weg in den Wald gab, waren draußen schnell vergessen. Dort war wichtig, was Opa sagte. Seine Worte waren in der Wildnis Gesetz. Alles haben wir behalten, was Opa uns beigebracht hat.

Vielleicht war es gerade seine manchmal grobe, derbe Art, die uns soviel Spaß brachte. »Wenn die Schuhe drücken, pinkelt einfach rein«, hat Opa gesagt. »Das hilft!« Daraufhin haben wir alle in unsere Schuhe uriniert. Hat es gewirkt? Vielleicht. Vielleicht lag es aber auch an der Vaseline, mit der Opa vorher unsere Füße sorgsam eingerieben hat. Außerdem achtete er stets darauf, daß unsere Socken nicht naß wurden.

Hinaus in die Natur – aber gewußt, wie

Wer kennt das nicht: Da ist man fröhlich unterwegs, und plötzlich ist da eine Stelle am Fuß, die brennt und schmerzt: Es hat sich eine fiese Blase gebildet. Fußschweiß, nasse Socken und Druckstellen in zu engen oder neuen Wanderschuhen sind der perfekte Nährboden für Blasen. Sie bilden sich durch Reibung und erinnern an Verbrennungen. Wenn es ums richtige Schuhwerk (wie Opa unsere Wanderschuhe immer nannte) ging, verstand er keinen Spaß. »Der Schuh muß sitzen wie eine zweite Haut, aber das Schuhwerk darf nicht zu eng sein«, hat er gepredigt. Alte ausgelatschte Wanderschuhe waren ihm die liebsten, neue mußten eine Prozedur durchlaufen, bevor er sie angezogen hat. Sie wurden über Wasserdampf geweitet und mit Schnaps präpariert. Bei den heutigen Hochleistungswanderschuhen, die oft aus einer Kombination aus Leder und luftdurchlässigen Kunststoffen bestehen, ist das natürlich nicht mehr notwendig.

Auch die Socken wurden mit Bedacht ausgewählt: Für Opa kamen nur faltenlose Strümpfe aus Schafs- oder Baumwolle in Frage. In seinem Rucksack hatte er stets mindestens ein Ersatzpaar. »Kein Schweiß im Schuh!«, hieß sein Credo, denn trockene Füße bilden keine Blasen. »Fußschweiß muß abziehen können«, so Opa. Und er hat sich, sehr zum Ärger von Oma, manchmal sogar kleine Löcher in seine nagelneuen Wanderschuhe gebohrt.

Auch die Füße wurden für den Marsch vorbereitet: Opa rieb sie mit Hirschtalg oder Vaseline ein. Und wenn sich doch einmal Blasen gebildet hatten, wurden sie mit einer dünnen Nadel aufgestochen, damit das Blasenwasser aus der Wunde austreten konnte. Dann wurde die Blase mit glattem Pflaster abgeklebt. Abends mußten die Füße dann in ein Salzwasserbad – oder sie wurden im eigenen Urin gebadet. Wenn es um unsere Füße ging, war Pipi für Opa ein Allheilmittel.

Im Winter wurden unter die Wanderschuhe simple Brettchen oder ein Geflecht aus Ästen gebunden, und fertig war der Schneeschuh. Durch die vergrößerte Oberfläche unterm Fuß konnte man nicht so leicht einsinken. Man kann damit auch sumpfige Gebiete besser durchqueren.

Gegen Kälte und falsche Kleidung hilft das »Zwiebelprinzip«:

Man zieht mehrere Schichten Unterhemden, T-Shirts, Pullover und eine weite Jacke übereinander. Man sollte auch immer an einen Regenschutz denken. Wenn es einem zu warm wird, kann man sich ja schichtweise wieder entblättern. Die Kleidung sollte locker sitzen und am besten aus Baumwolle sein. Über nackter Haut verdunstet der Körper viel mehr Wasser, deshalb gilt: Bei Hitze nie ganz ausziehen! Durchgeschwitzte Kleidung verschafft Kühlung, denn durch das Schwitzwasser im Wind entsteht Verdunstungskühlung. Auch über den Kopf verliert der Körper viel Feuchtigkeit, deshalb immer etwas aufsetzen. Hut oder Mütze vergessen? Ein großes Blatt der Klette (Wald- und Heckenränder) oder der Pestwurz (Bäche, Flüsse) tut's auch.

Los geht's! Wie man seine Kräfte einteilt

Um Kräfte zu sparen, marschiert man am besten in gleichmäßigem Tempo und macht nach jeder Stunde eine kurze Pause. Wenn es heiß ist, kann man sich mit einem feuchten Halstuch Kühlung verschaffen. Nie den Kopf zu lange unbedeckt der Sonne aussetzen und immer einen Hut, ein Tuch oder ein Käppchen tragen. Bergauf haben sich kleine Schritte bewährt. Wanderstöcke geben Stabilität und entlasten bei längeren Märschen die Gelenke.

Essen und Trinken nicht vergessen

Frisches Obst fault, kleckert und klebt. Trockenfrüchte sind gesund und liefern schnell Energie. Auch Nüsse und Rosinen sind Kraftnahrung. Auf jeden Fall immer genug trinken, zwei Liter Wasser am Tag sind das absolute Minimum. Wenn es heiß ist, muß es mehr als doppelt soviel Wasser oder Früchtetee sein. Denn mit dem Schweiß verliert der Körper viel Flüssigkeit. Das erschöpft und macht müde.

Wo geht's lang? Orientierung in allen Himmelsrichtungen

Im Osten geht die Sonne auf, im Westen geht sie unter. Mittags steht sie im Süden und gegenüber ist Norden. Klingt eigentlich ganz einfach. Doch das gilt nur für heimische Gefilde, denn auf der Südhalbkugel (Australien, Chile etc.) ist es genau umgekehrt: Hier steht die Sonne mittags im Norden. Auf der Nordhalbkugel kann man sich jedoch darauf verlassen, daß die Sonne im Sommerhalbjahr morgens um 6 Uhr im Osten steht, um 9 Uhr im Südosten, um 12 Uhr im Süden, um 15 Uhr im Südwesten, um 18 Uhr im Westen, um dann unterzugehen. (Im Winter geht sie später auf und früher unter.) Nachts kann man sich am Polarstern orientieren: Er ist sehr hell und steht genau im Norden. Man findet ihn, wenn man den hinteren Teil des Großen Wagens (der auch Großer Bär genannt wird) nach oben hin etwa um das Fünffache verlängert.

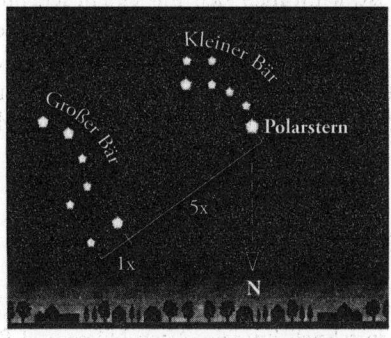

Auch Bäume erzählen, woher der Wind weht. In Deutschland etwa herrschen Nordwestwinde vor. Das ist die Wetterseite. Deshalb haben freistehende Bäume häufig eine leichte Neigung in die entgegengesetzte Südostrichtung. Auf der Wetterseite sind die Äste nicht so gut gewachsen, weil sie ständig dem Wind trotzen müssen. Sie sind an dieser Seite außerdem häufig mit Moos und Flechten bewachsen.

Wie man Feuer macht

Zunächst braucht man den richtigen Platz. Eine Feuerstelle muß achtsam ausgewählt werden, denn ein Feuer darf auf keinen Fall einen Brand auslösen! Deshalb sollte die Feuerstelle mindestens zwei Meter von Baumstämmen, Bäumen etc. entfernt sein, damit sich auch durch Funkenflug nichts entzünden kann. Der Platz wird weiträumig von allem gesäubert, was brennbar ist, denn Feuer kann sich in trockenen Blättern oder durch den Humus im Boden weiterfressen, wenn das Lagerfeuer längst aus ist. Deshalb wird die Feuerstelle mit Steinen eingegrenzt. Für die Luftzufuhr von unten wird eine kleine Mulde gegraben. Damit wir keine Spuren hinterlassen, wird dort, wo später das Feuer brennen soll, etwa 15 bis 20 Zentimeter dick Erde oder Sand (je nach Umgebung) wie ein Podest angehäufelt. Dies verhindert, daß sich das Feuer in den Boden einbrennt. Am anderen Tag, wenn das Feuer gelöscht wird, wird diese Erde mit anderer Erde der Umgebung sorgfältig vermischt und (es darf natürlich keinerlei Glut mehr drin sein) weiträumig in der Umgebung verteilt. Die Steine werden von der Feuerstelle wieder entfernt, dann etwas Laub und Äste über den Lagerplatz verteilt, so daß Natur wieder Natur sein kann.

Doch jetzt zum Feuermachen. Das Brennmaterial wird der Größe nach locker geschichtet: Unten liegt das feine, darauf das grobe Brennmaterial. Perfekt ist ein Nest aus trockenem Stroh, verdorrten Gräsern und Fallschirmsamen (von Löwenzahn oder von Weidenröschen) sowie feinsten Holzspänen. Das alles ist leicht entzündbar und wird als Zunder bezeichnet. Doch es gibt auch »richtigen« Zunder: Das ist ein Schwamm, der auf abgestorbenen Buchen und Birken wächst. Man muß die Zunderfasern weichklopfen. Auch Weidenblüten · und trockene Birkenrinde brennen sehr schnell und sind gut zum Feuermachen geeignet.

Jetzt schichtet man noch dünne Zweige und trockene Hölzer auf den Haufen. Alles muß locker aufeinanderliegen, damit von überall Luft an die Flamme kommen kann.

Wenn es nicht zu windig ist, wird das Feuer von der Windseite her entfacht. Jetzt heißt es: Funken schlagen! Fallen die Funken auf das trockene Brennmaterial, brennt es »wie Zunder«.

Feuer-Zeug aus dem Wald

Um Funken zu erzeugen, braucht man hartes Gestein wie Feuer- oder Flintsteine, mit denen man auf ein Stück Markasit oder Pyrit schlägt. Dazu nutzt man die scharfe Kante des Feuersteins und schlägt damit im schrägen Winkel auf den Pyrit, aus dem bald glühende Funken schlagen. Der Feuerstein reißt kleinste Partikelchen aus dem Pyrit, die sich durch die Reibungswärme entzünden. Fallen die Funken in das leicht brennbare Häufchen aus Zunder, trockenen Samen und Birkenrinde, breitet sich allmählich ein Gluterd aus. Man muß jetzt sanft pusten, damit die Glut wächst.

In der Steinzeit kannten die Menschen mehrere Techniken, um Feuer zu machen. Heute kann man auch moderne Hilfsmittel wie zum Beispiel die Lupe am Schweizer Armeemesser zum Feuermachen nutzen. Die Lupe wirkt wie ein Brennglas, aber das funktioniert nur, wenn die Sonne scheint. Auch Spiegel oder eine Glasscherbe kann man so nutzen: Einfach die Sonnenstrahlen bündeln, und schon brennt der Zunder an der Feuerstelle.

Durch Reibung läßt sich ebenfalls Feuer erzeugen. Es kostet jedoch große Mühe, Feuer zu bohren. Zunächst muß man das richtige Holz für Bohrbrett und Bohrer finden. Am besten eignen sich abgestorbene Äste von Weiden, Pappeln oder Lärchen. Das Holz muß sehr trocken sein, darf aber nicht morsch sein. Das Bohrbrett sollte 2 Zentimeter dick sein, flach auf dem Boden liegen und darf nicht wackeln. Der Holzbohrer selbst ist etwa 20 Zentimeter lang und wird an beiden Enden angespitzt. Aus einer Astgabel wird ein Bogen gefertigt. Mit Hilfe des Bogens wird der Bohrer auf dem Brettchen gedreht. Wenn Rauch aufsteigt, ist man auf einem guten Weg.

Wer es nicht ganz so steinzeitmäßig mag, kann sich bei Spezialausrüstern Sturmstreichhölzer kaufen. Sie haben einen speziellen Zündkopf. Es gibt sogar wasserfeste Streichhölzer, die mit einer Wachsschicht besonders vor Feuchtigkeit geschützt sind.

Für ein Lagerfeuer ohne Rauch braucht man übrigens sehr trockenes, feines Holz. Nachts sind Feuerstellen über viele Kilometer zu sehen. Wer im verborgenen am Feuer sitzen will, muß sehr geschickt sein.

Grillen ohne Grill

Opa mochte es am Lagerfeuer rustikal. Ganz gleich ob Fisch, Fleisch oder Gemüse und Kartoffeln: Alles wurde ohne Töpfe oder Pfannen zubereitet. Kartoffeln wurden einfach so ins Feuer gelegt. Wir hatten hinterher alle schwarze Hände, weil wir die Kartoffeln aus der verkohlten Schale pulen mußten. Aber sie schmeckten köstlich!

Fische oder Fleisch wurden wie bei den Cowboys im wilden Westen einfach auf angespitzte Astgabeln gespießt und vorsichtig im richtigen Abstand übers Feuer gehalten. Gemüse hat Großvater in mehrere Schichten frischer Blätter gewickelt und dann am Rand des Feuers in die Glut gelegt. Zum Nachtisch gab es Bananen, die in der eigenen Schale gegart waren. Nichts hat jemals besser geschmeckt!

Kühle Getränke gab es aus dem Blumentopf. Sie wurden unter dem Tontopf aufbewahrt, der vorher in Wasser getränkt wurde, so daß sich der Ton richtig vollsaugen konnte. Durch die Verdunstung des Wassers kam der Kühleffekt zustande. Mit einem nassen Tuch oder feuchtem Zeitungspapier konnte man die Verdunstungskälte noch verstärken. Doch macht es natürlich wenig Sinn, schwere Tontöpfe durch die Gegend zu tragen und diese als »Cooler« zu verwenden. Getränke lassen sich genausogut lagern, wenn die noch ungeöffneten oder sonst dichten Flaschen in einen Bach gelegt werden.

Wo man Wasser findet

Ist die Wasserflasche leer und der Heimweg noch weit, muß man sich etwas einfallen lassen. » Wasser ist wertvoller als Gold«, hat Opa immer gesagt. »Und Durst ist schlimmer als Heimweh. «

Mit Plastikplanen kann man Tau und Regenwasser auffangen. Um Verdunstungswasser aufzufangen, hängt man durchsichtige Plastikbeutel über Äste oder Erdlöcher. Grundwasser findet man dort, wo Gras oder Schilf wachsen. Schnee und Eis müssen immer erst geschmolzen werden, bevor man es trinken kann. Übrigens: Blaues Eis im arktischen Meer ist sehr altes Eis. Es enthält kein Salz mehr.

Man kann auch mit Pflanzensäften seinen Durst stillen, muß dabei aber sehr vorsichtig sein und sich vor giftigen Pflanzen schützen. Generell gilt: Nie milchige Säfte trinken! Birkenzweige enthalten im Frühjahr einen Saft, den man trinken kann. Dazu muß man den Stamm senkrecht anschneiden. In den Tropen findet man in einigen Lianen Trinkwasser.

Durch verschmutztes Wasser werden viele Krankheiten übertragen. Man kann Wasser reinigen, indem man es kocht oder filtert. Beim Abkochen muß es mindestens zehn Minuten lang sieden. Selbstgebaute Filter sind nicht sehr zuverlässig. Schlamm und Sand kann man leicht entfernen, indem man das Wasser durch ein Stück Stoff drückt. Aber Bakterien bleiben nicht im T-Shirt hängen. Man kann Tabletten und Tropfen kaufen, die Wasser keimfrei machen. Sie heißen zum Beispiel Micropur oder Romin.

Wie man einen Lagerplatz auswählt

Ein grünes Dach über dem Kopf hält Regen fern. Wenn man draußen überrascht wird und plötzlich ohne Zelt im Freien übernachten muß, sollte man sich ein trockenes Plätzchen im Wald suchen. Auf Freiflächen und Wiesen wird man morgens naß, wenn der Tau fällt.

Zunächst wird der Schlafplatz gegen die Bodenkälte isoliert, damit man nachts nicht so leicht friert. Tannenreisig eignet sich hervorragend als »Matratze«. Damit man weich liegt, wird auf das Reisig alles geschichtet, was man im Wald findet: Heu, Laub und Tannennadeln.

Wenn es regnet, findet man in dichtem Buschwerk Schutz. Mit Zweigen, großen Blättern und Farn kann man sich eine Art Notdach bauen. Als Bettdecke dienen große Äste mit Laub oder dichtes Strauchwerk. Tiefergelegene Plätze sollte man meiden: Wenn es regnet, sammelt sich dort das Wasser.

Hängen und schlafen

Wie Südseeinsulaner haben wir manchmal nachts in unseren Hängematten geschlafen, nachdem wir stundenlang über Indianer

und Cowboys gequasselt hatten. Bei freiem Blick auf den Nachthimmel haben wir Sternbilder betrachtet, den Großen Wagen,
den Polarstern und Sirius gesucht. Opa hat immer dafür gesorgt,
daß die Hängematte ein bißchen durchhing und nicht zu stramm
zwischen den Bäumstämmen gespannt war. So lag man bequem
und fühlte sich geborgen. Man braucht natürlich zwei passende
Bäume, die stark genug sind, um Matte und Mensch zu tragen.

Bei besonders rustikalen Ausflügen hat Opa uns »Schlafgru-
ben« mit dem Klappspaten ausheben lassen. Das Loch muß etwas
größer sein als der Schläfer. Es wird mit Laub, Tannennadeln und
Gras als Unterlage gepolstert, damit man weich liegt. So entsteht
ein kuscheliges, aber auch leicht gewöhnungsbedürftiges »Bett«.

Lebensmittel hängen sorgsam verpackt in Beuteln in den Ästen, um wilden Tieren den Futterdiebstahl zu erschweren. Wenn
es am nächsten Morgen weiterging, blieb nicht ein Fitzelchen
Müll zurück. Opa hat immer gesagt: »Kein Abfall darf verraten,
wo wir übernachtet haben.« Mit einem Klappspaten wurden sogar unsere Ausscheidungen sorgsam vergraben. Oder um Opa zu
zitieren: »Gesch... wird ins Loch!« Dann kamen Erde und Blätter
obendrauf.

Messer für große und kleine Männer

Schon in der Steinzeit haben die Menschen sehr scharfe Messer
aus Steinklingen besessen. Später nutzte man Bronze, dann Eisen
und Stahl. Grob unterscheidet man zwischen feststehenden Messern und Klappmessern. Bei ersteren sind Klinge und Griff un-
beweglich und fest verbunden, bei letzteren kann man die Klinge
zwischen den zwei Wangen des Griffs verbergen.

- *Taschenmesser:* Wohl jeder Junge hat ein Taschenmesser. Die
  meisten verfügen über eine etwa 8 Zentimeter lange Klinge,
  die man zwischen Messingbacken versenken kann. Das bekannteste Taschenmesser ist das Schweizer Taschenmesser. Es
  hat je nach Ausstattung sogar eine kleine Säge, eine Lupe, eine
  Feile, ein Fischmesser und eine Schere.
- *Springmesser* haben eine eingebaute Feder, mit der man die
  Klinge herausschleudern kann.

- *Fahrtenmesser:* Der Begriff wird für verschiedene Messer wie Jagd- und Taschenmesser benutzt.
- *Jagdmesser* werden von Jägern für das Ausnehmen von erlegtem Wild genutzt. Es sind sehr stabile Messer.
- *Macheten:* Diese großen Buschmesser sind sehr scharf und werden in Afrika und Asien bei der Feldarbeit und in den Tropenwäldern genutzt, um einen Weg durchs Dickicht zu bahnen.
- *Schiffsmesser:* An Bord von Segelschiffen ist ein gutes Messer dringend erforderlich. Man braucht es, um Taue und Tampen zu schneiden und um zu spleißen. Schiffs- oder Matrosenmesser haben nicht nur eine Klinge, sondern auch einen stumpfen Dorn. Damit kann man die Taue bearbeiten.
- *Schnitzmesser* sind extra für die Bearbeitung von Holz ausgelegt.
- *Tauchermesser:* Ein Messer gehört für Taucher zur Sicherheitsausrüstung. Sollte man irgendwo hängenbleiben oder sich verheddern, kann man sich freischneiden. Tauchermesser haben mehrere Funktionen und sind speziell für den Gebrauch im Wasser hergestellt worden.

Wie man Messer schärft

Ob Messer gegen den Strich oder mit ihm geschärft werden, wird in Männerkreisen seit jeher heiß diskutiert. Zum Schärfen braucht man entweder ein zweites Messer, einen Wetzstahl, einen Handschleifstein oder eine Feile. Arbeitet man mit einem Stein, wird die Klinge in einem Winkel von 10 bis maximal 25 Grad kreisend und mit sanftem Druck gegen den Strich über den feuchten Stein gezogen; mal von der einen, mal von der anderen Seite. Je spitzer der Winkel ist, um so schärfer wird das Messer. Rostfreie Messer lassen sich schlecht schärfen.

Wetzsteine sind flache Steine aus mineralischen Bestandteilen. Sie haben eine unterschiedliche Körnung. Oft werden sie mit Abziehsteinen verwechselt. Man macht sie mit Wasser, Öl oder Petroleum naß, bevor man sie benutzt. Schleifsteine bestehen aus Natursteinen wie Sandstein oder künstlichen Steinen (zum Beispiel aus Siliziumkarbid). Wenn das Messer bei einer Wanderung stumpf wird, kann man es also auch an Steinen (am besten geeignet sind Sandsteine) schleifen.

Wie man Fische fängt

Bevor man Fische fangen kann, muß man Würmer sammeln. Das funktioniert am besten, wenn es regnet. Auf feuchten Wiesen wird man leicht fündig. Mit einer kräftigen Astgabel kann man das Erdreich aufreißen und im Boden nach Würmern graben. Am leichtesten findet man Würmer nachts, denn dann kommen die lichtscheuen Gesellen aus der Erde, und man braucht sie nur einzusammeln.

Fische fressen auch andere Köder wie Insekten, Käse, Brot und Fleisch- oder Fischabfälle. Wichtig ist, daß der Haken vom Köder verdeckt wird. Unsichtbare Sehnen sind besser als Angelschnur geeignet als Bindfäden. Außerdem braucht man Bleikügelchen oder andere Gewichte, damit Haken und Köder absinken.

Man muß sehr leise sein und darf sich nicht zuviel bewegen, denn Fische nehmen Schatten und Geräusche am Ufer wahr und verstecken sich dann. Morgens und spätnachmittags beißen Fische häufiger als am Tag, wenn die Sonne hoch steht. Nachts kann man Fische mit Licht anlocken.

Man darf seine Angel aber nicht einfach so ins Wasser halten, man braucht einen Angelschein (Auskunft gibt die Gemeinde- oder Stadtverwaltung). Denn bei unsachgemäßem Angeln kann es passieren, daß der Haken nur in der Lippe des Fisches steckt und herausreißt, wenn man die Angel hochzieht. Das ist Tierquälerei. Obwohl oft das Gegenteil behauptet wird: Auch Fische verspüren Schmerzen! Deshalb müssen sie sofort getötet werden, wenn man sie an Land gezogen hat. Sie ersticken sonst unter Qualen.

Um einen Fisch zu töten, braucht man einen kräftigen Stock, mit dem man dem Tier von oben auf den Kopf schlägt. Dann ist der Fisch betäubt und kann mit dem Messer getötet werden. Dazu sticht man von oben in den Schädel des Tieres. Wenn der Fisch dann tot ist, schlitzt man den Bauch auf, um ihn auszuweiden. Man beginnt in der Afteröffnung und schneidet bis zum Kopf. Die Eingeweide fallen dann fast von allein heraus. Man kann sie als Fischfutter ins Wasser werfen.

Auf einem Rost direkt über der sanften Glut gegart, wird aus dem Fang eine Delikatesse. Wie Oma es zu Hause macht, ritzt man den Fisch parallel zu den Gräten leicht an und reibt ihn mit Salz und Gewürzen ein.

Heimische Fische

Bachforelle

Aal

Neunauge

Karpfen

Flußbarsch

Hecht

Stichling

Brachse

Äsche

Barbe

Wels

Erste Hilfe in der Wildnis

Auf jeden Fall sollte man sich Grundkenntnisse in Erster Hilfe aneignen, bevor man loszieht. Zur Grundausrüstung in der Wildnis gehören: Sonnenschutzmittel, Wunddesinfektion, Verbände, Pflaster, Pinzette, Nadeln und Insektenschutz.

Um im Notfall fremde Hilfe holen zu können, hatte Opa ebenfalls ein paar wirksame Tricks parat. Er hatte stets einen Spiegel in der Tasche, mit dem er Blinkzeichen geben konnte. Auch große Feuer fallen auf. Man kann drei Feuer entzünden, die im Abstand wie ein Warndreieck brennen. In allergrößter Not kann man auf freiem Feld ein SOS-Zeichen mit Steinen auslegen, das von der Luft aus gesehen werden kann. Bei kleineren Notfällen reicht es, wenn man Tücher an Stöcken wie eine Fahne befestigt und damit winkt. Um sich akustisch bemerkbar zu machen, nimmt man am besten eine Trillerpfeife mit.

Heilen mit Hilfe der Natur

- *Kamille* ist die Mutter aller Heilpflanzen. Als Tee wirkt Kamille schmerzstillend, fördert die Verdauung und heilt Magen-Darm-Probleme. Außerdem löst Kamillentee Krämpfe. Die ausgekochten Blüten heilen Entzündungen und Wunden. Einfach unter dem Verband auf die Wunde legen.
- *Spitzwegerich* ist ebenfalls ein gutes Wundheilmittel. Man zerquetscht die Blätter und legt sie auf die Wunde oder den Insektenstich. Der Saft des Spitzwegerichs hilft auch gegen Durchfall.
- *Schafgarbe* kann man ebenfalls bei Magen- und Darmbeschwerden anwenden. Stiel, Blüten und Blätter werden getrocknet und als Tee aufgebrüht. Natürlich kann man sie auch frisch aufbrühen.
- *Pfefferminze* ist wie Kamille ein altbewährtes Heilmittel. Als Tee aufgebrüht hilft Pfefferminze gegen Kopfschmerzen und Verdauungsprobleme. Der Tee löst sogar Krämpfe und wirkt bei entzündetem Zahnfleisch.
- *Holunder* lindert Erkältungskrankheiten und wirkt fiebersenkend. Man kocht aus den Blüten Tee, aus den Früchten Saft.

Heilpflanzen

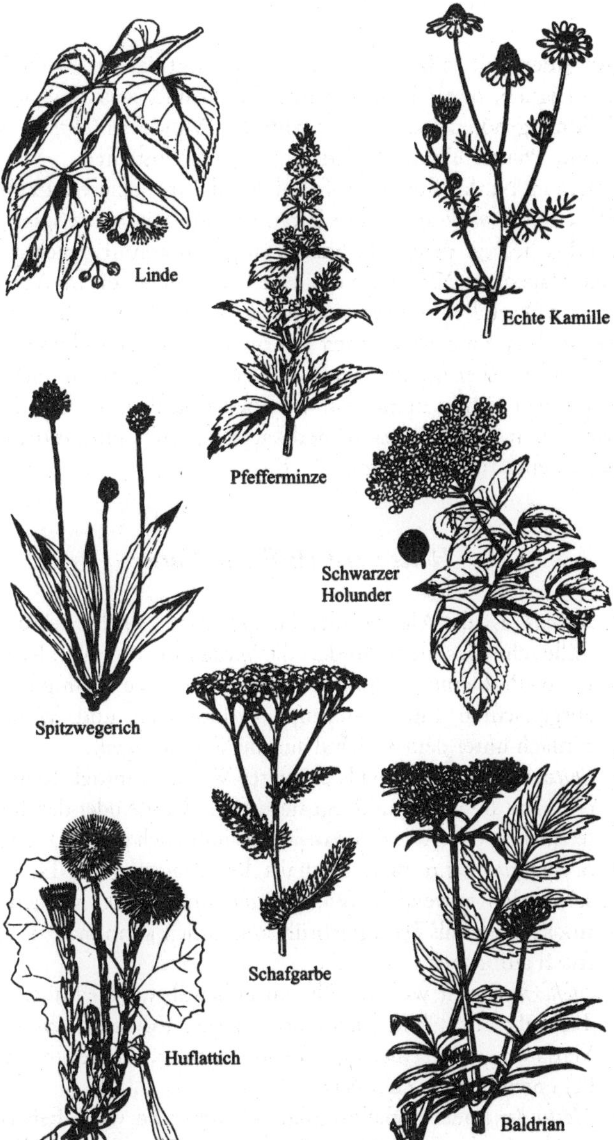

Linde

Pfefferminze

Echte Kamille

Spitzwegerich

Schwarzer Holunder

Huflattich

Schafgarbe

Baldrian

- *Huflattich* hilft gegen Geschwüre. Die Blätter werden zu Mus zerstampft und frisch auf Wickel gegeben.
- *Baldrian* wirkt beruhigend, wenn man einen Tee aus dem Saft bereitet.
- *Lindenblüten* ergeben einen gesunden Tee.

Flitzebogen, Floß und Kompaß – was man alles selber bauen kann

Wie man Pfeil und Bogen schnitzt

Für einen Bogen braucht man nichts weiter als biegsames Holz und eine Sehne. Wacholder und Esche sind ideale Hölzer, wenn man sich einen Bogen schnitzen will. Auch Ulmen, Eibenholz oder Haselnuß sind geeignet. Der dünne, etwa 1,2 Meter lange Zweig sollte astfrei sein, völlig gerade und nicht dicker als 22 Millimeter. Daraus wird der Bogen geformt. Mit der Feile oder einer Raspel werden die Enden des Stabes an einer Seite(!) dünner geschabt. Die unbearbeitete, unversehrte Seite bildet die Außenseite, wenn der Stab gebogen wird. Dann wird am äußeren Ende eine Kerbe eingefeilt. Die Sehne, mit der der Bogen gespannt wird, kann aus gedrehtem Hanf sein. Sie wird mit Hilfe einer Schlinge in die Kerbe eingespannt. Der Bogen beschreibt eine ganz leichte U-Form. Er ist gespannt.

Für die Pfeile benutzt man am besten Kiefernholz oder Ahorn. Oder man nimmt geradegewachsene Haselnußstecken. Damit man sie befestigen kann, braucht man wieder eine kleine Kerbe. Der Schaft, an dem der Pfeil mit einer Sehne angebracht wird, muß völlig gerade und vorne etwas schwerer als hinten sein. Man nutzt Federn von Hühnern oder Gänsen, damit der Pfeil gut fliegt – aber nur die Federbärte (die harten »Stiele«), die weichen Federn werden entfernt. Den Bogen hält man in der linken Hand, mit der rechten wird der Pfeil eingelegt und abgeschossen. Die Sehne wird so weit zurückgezogen, bis der Daumen den rechten Wangenknochen berührt. (Linkshänder mögen es andersherum probieren). Man muß einen Bogen immer »entspannt« aufbewahren und mit Leinöl vor Feuchtigkeit schützen.

Opa sprach immer vom »Flitzebogen«. Er erzählte, daß die Jäger in der Steinzeit schon vor über 30000 Jahren mit dieser einfachen Methode gefährliche Jagdwaffen gebaut haben. Im Mittelalter konnten Bogenschützen mit ihren Waffen dicke Eichentore durchschießen. Gefangenen Bogenschützen wurde von den Gegnern Mittel- und Zeigefinger abgehackt, um sie für immer zu »entwaffnen«.

Wesentlich einfacher, aber auch sehr effektiv sind Schleudern. Schon in der Antike haben die Menschen mit Schleudern gejagt, angegriffen oder sich verteidigt. Es ist die Waffe der armen, einfachen Leute. Die Munition liegt quasi auf der Straße. Man braucht für eine Schleuder einen langen Streifen Leder oder Stoff. In der Mitte muß eine kleine Ausbuchtung sein, die wie ein Beutel aussieht. Genau in diesen Beutel legt man den Stein. Dann nimmt man beide Enden der Schleuder in die Hand und schwingt das Leder, bis es ausreichend schnell ist. Läßt man jetzt ein Ende los, fliegt der Stein mit großer Wucht aus der Schleuder seinem Ziel entgegen. Am besten eignen sich glatt gewaschene, runde Steine, die man leicht am Strand oder im Flussbett findet.

Die Technik erfordert allerdings viel Übung. Wer ungeschickt ist, kriegt den Stein selbst auf den Kopf. Andere Schleudern werden aus einer Astgabel gebastelt. Geeignet ist hierfür etwa eine Haselnuß- oder Hainbuchenverzweigung. Das untere Ende ist der Handgriff, an den oberen beiden Enden werden dicke Gummis (solche vom Einmachglas) befestigt. Diese Gummiringe werden an ihrem jeweiligen Ende miteinander verknüpft (Schnur oder Draht). Mit einer solchen Schleuder kann man mit Steinen schon recht gut zielen. Opas primitive »Waffen« sind zwar ein beliebtes Jungenspielzeug, aber sie sind nicht ungefährlich. Gerade Pfeile und Wurfgeschosse können schnell »ins Auge gehen« – deshalb ist immer Vorsicht geboten!

Wie man ein Floß baut

Es klingt zwar witzig, ist aber wichtig: das Holz muß schwimmen! Bevor man einen Baum fällt (was ohnehin vorher sehr genau geklärt werden muß, ob es überhaupt möglich und erlaubt ist!), muß die Schwimmfähigkeit des Holzes geprüft werden. Schon ein einzelner Stamm kann ein »Floß« sein, wenn er dick genug ist und hinten eine Gabelung hat. Man kann allerdings nur darauf liegen. Auf dem Bauch, damit man sieht, wohin die Reise geht! Die Gabelung sorgt dafür, daß sich das Floß nicht ständig um sich selbst dreht und wirklich geradeaus treibt. Will man mehrere Stämme zu einem größeren Floß verbinden, muß man sich zwei dicke, stabile Stämme suchen, die die Außenseiten bilden. Dazwischen werden etwas dünnere Stämme nebeneinander aufgereiht. Jetzt muß man diese Stämme nur noch »klammern«. Dazu schlägt man in jeden Außenstamm oben und unten tiefe Kerben. Dann sucht man sich vier dünnere Stämme, die man an beiden Enden von oben und unten wie eine Klammer in die Kerben legt. Jetzt braucht man ein Seil, um diese stramm zusammenzubinden. Ein Floß ist nie schneller als die Strömung – aber auch nicht langsamer! Man kann in Fahrtrichtung mit den Händen rudern oder sich Paddel bauen. Es gilt in jedem Fall große Vorsicht: Die Gefahr zu ertrinken ist immens! Auch gute Schwimmer riskieren in reißenden Flüssen und gefährlichen Strömungen ihr Leben. Man muß den Fluß kennen, den man befährt. Die Jahreszeit ist ebenfalls zu beachten. Bei starken Regenfällen verwandeln sich winzige Bächlein plötzlich in reißende Bäche. Also aufgepaßt! Sonst endet das Abenteuer noch im Krankenhaus.

Wie man einen Kompaß bastelt

Für einen Kompaß braucht man ein Stück Eisendraht oder eine Nähnadel und vor allem einen Magneten. Man reibt Draht oder Nadel eine Weile lang immer in der gleichen Richtung an dem Magneten. Dabei wird die Nadel magnetisiert und zeigt fortan in Richtung Nord-Süd, wenn man sie an einem dünnen Bindfaden aufhängt. Übrigens: Auf Landkarten ist der Norden immer oben!

Wie man ein Baumhaus baut

Es war unser Fluchtpunkt, wenn zu Hause Ärger im Anzug war: das Baumhaus! Opa hat es auf tragfähige Äste in der Eiche im Garten gebaut. Auch große, kräftige Apfel- oder Birkenbäume sind stark genug für ein Baumhaus. Man muß auf brüchiges Holz achten, die Äste müssen ausladend genug sein, um ein Häuschen zu tragen. Wenn es kräftig weht, dürfen Äste und Zweige das Baumhaus möglichst nicht beschädigen. Je höher, desto sicherer muß das Abenteuerhäuschen sein. Es braucht eine stabile Treppe oder eine Seilleiter, ein Geländer und eventuell sogar eine Tür, die sich nach innen (!) öffnet. Unter dem Baum sorgen Laub, Reisig, Stroh oder Heu und Rindermulch für eine »weiche Landung«. Die Leiter sollte abnehmbar sein, damit niemand unbefugt hochklettern (und sich eventuell verletzen!!) kann. Denn die meisten Unfälle passieren beim Rauf- und Runterklettern. Das Häuschenholz kann mit einer Imprägnierung vor Fäulnis geschützt und mehrfach mit Lasur und Farbschichten gestrichen werden. Die Bodenplatte muß besonders stabil sein. Man kann dafür eine Euro-Palette nehmen, auf die die Fußbodenbretter genagelt werden.

Wie man ein Zelt aufbaut

Bevor auch nur ein Hering ausgepackt wurde, hat Opa den Zeltplatz gründlich inspiziert: Unebenheiten, Steine, kleinere Löcher oder gar Kiefern-, Fichten- oder Tannenzapfen wurden sorgsam entfernt. Auch die Windrichtung war wichtig. Man wollte schließlich nicht mitsamt dem Zelt abheben! Dann wurde alles ausgepackt. Die Zeltstangen wurden zusammengefügt und immer ganz durchgeschoben, die Abspannleinen wurden gespannt und befestigt. Heringe wurden vorsichtig mit einem Stück Holz oder einem Stein in den Boden geschlagen – nie mit dem Fuß getreten!

Pflanzen und Fährten -
was ein Trapper wissen muß

Pilze – eßbar oder giftig?

Steinpilz   Pfifferling

Speisemorchel   Hallimasch   Champignon

Parasolpilz

eßbar

giftig!

Krempling   Knollenblätterpilz   Fliegenpilz   Ritterling

Welche Wildpflanzen kann man essen und wie lesen alte Hasen Fährten?

Lange ist es her, daß die Menschen darauf angewiesen waren, was sie in der Natur gefunden haben. Oft können wir uns gar nicht mehr vorstellen, welche Früchte, welche Grünpflanzen gegessen werden können, welche als Tee- oder Salatpflanzen geeignet sind.

Nicht nur im Winter, wenn sich Fußspuren im Schnee finden, sondern auch im Sommer läßt sich anhand der Huf- oder Pfotenabdrücke feststellen, welches Tier da unterwegs war.

Hier die wichtigsten Wildpflanzenarten und Wildtierspuren:

Eßbare Wildpflanzen

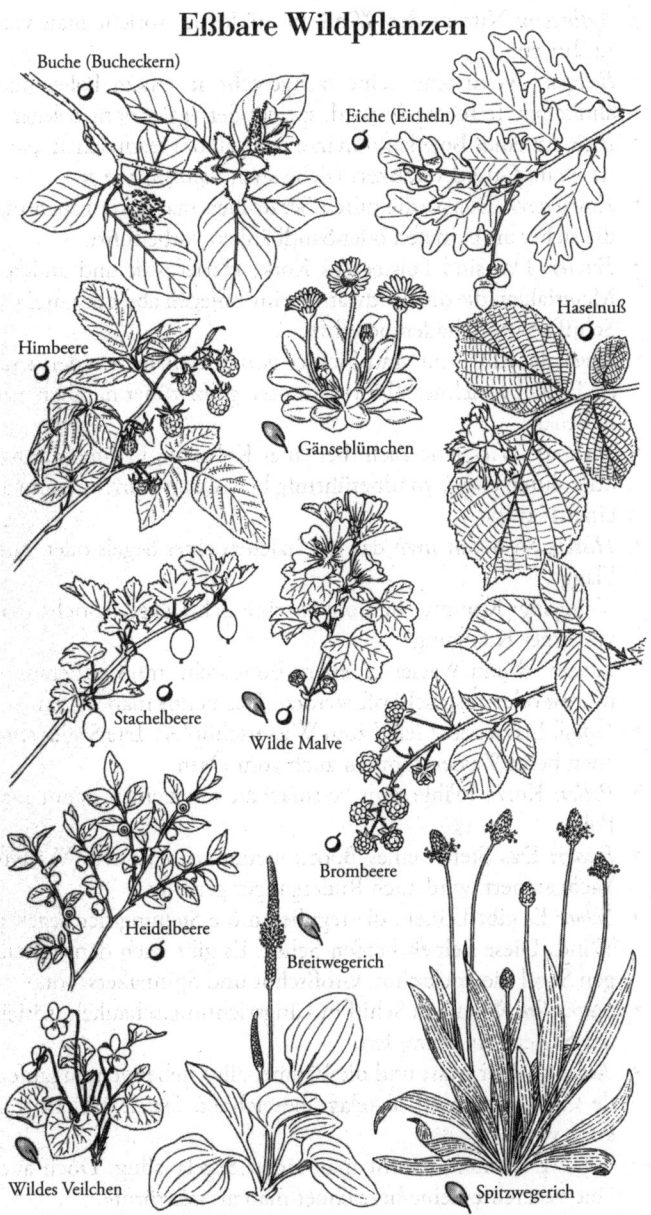

Buche (Bucheckern)

Eiche (Eicheln)

Himbeere

Haselnuß

Gänseblümchen

Stachelbeere

Wilde Malve

Heidelbeere

Brombeere

Breitwegerich

Wildes Veilchen

Spitzwegerich

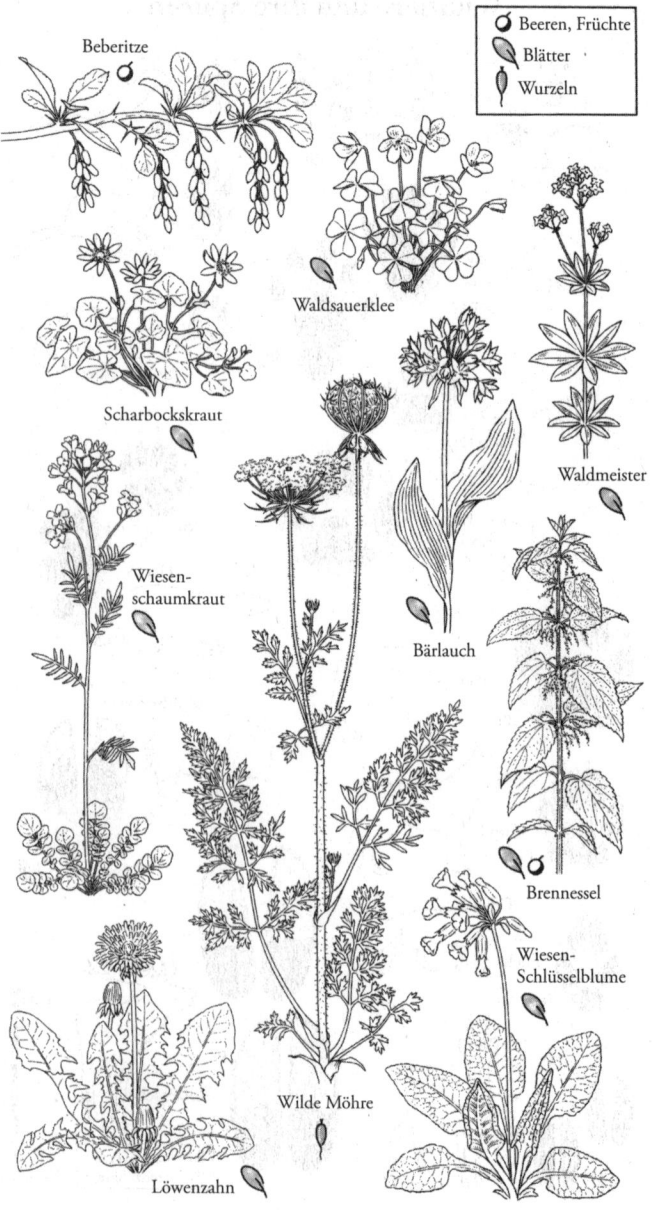

Beberitze ♂

Beeren, Früchte
Blätter
Wurzeln

Waldsauerklee

Waldmeister

Scharbockskraut

Wiesen-
schaumkraut

Bärlauch

Brennessel

Wiesen-
Schlüsselblume

Löwenzahn

Wilde Möhre

162

Wildtiere und ihre Spuren

Igel — Rv / Rh
Eichhörnchen — Rv / Rh
Iltis — Rh
Baummarder — Rv
Steinmarder — Rv
Fischotter — Rv / Rh
Wildkatze — Rv
Luchs — Rv
Dachs — Rh / Rv
Wolf — Rh
Wildschwein — Rv
Hund — Rv
Fuchs — Rv
Reh — Rv / Rh
Rothirsch — Rv / Rh

1 cm
10 cm

Rv = rechts vorne
Rh = rechts hinten

Auf dem Wasser unterwegs

Opa ist ein Bootsfreak: Wasser bedeutet für ihn Freiheit! Dabei verzichtet er gern auf Dieselmaschinen und Motorkraft. Auch Rudern ist nicht so wirklich sein Ding. Er sagt immer: »Warum soll ich mich anstrengen, wenn der Wind die Arbeit übernehmen kann ?! « Die Naturgewalten, Wind und Wellen, sind ihm der liebste Antrieb. Sich den Gewalten der Natur aussetzen, der See oder dem Meer trotzen, bedeutet für ihn »ein Mann sein«. Die Ausflüge mit dem Segelboot sind für Großvater ein Abenteuer. Und ein leichtes Kribbeln reist stets mit. Wenn Oma mit einem liebevollen Seitenblick auf Opa fragt: » Na, wann seit ihr denn zurück, Jungs? «, sagt Großvater stets: » Das ist außerhalb unserer Macht; Petrus und Neptun entscheiden ...!« Dabei weiß er genau, was er tut. Uns Jungs sagt er mit ernstem Gesichtsausdruck: »Man darf den Respekt vor den Naturgewalten, dem Meer, dem Wind und den Wellen nie verlieren – sonst riskiert man sein Leben ...!«

An Bord müssen wir wie kleine Soldaten funktionieren, denn »der Kapitän hat das Kommando« – und das ist Opa. Er hat uns die Seglersprache beigebracht und spricht von »Abhärtung «, wenn wir frieren, es regnet und der Wind ganz ungünstig steht. Doch bei der Ankunft im Hafen fühlen wir uns wie Helden und genießen den Sieg über die Elemente. Es ist immer ein Erlebnis, mit Großvater im Segelboot unterwegs zu sein.

Hier ein kleiner Einstieg für Landratten: Die wichtigsten Vokabeln, die wichtigsten Erklärungen. Willkommen an Bord!

Der Rumpf

Segelboot ist nicht gleich Segelboot: Es gibt Kielboote und Schwertboote. Doch damit nicht genug; die Form des Rumpfes ist entscheidend. Hier die Bootskörper, die auch Landratten kennen sollten:

- Die *Jolle* ist ein kleines, offenes Segelboot ohne Kajüte. Das Besondere an einer Jolle ist eine senkrechte Platte, die man

Schwert nennt. Dieses Schwert kann durch den Bootsboden ins Wasser hinabgelassen werden und verhindert, daß man beim Segeln abdriftet. Man kann das Schwert wieder hochziehen und mit der Jolle ganz leicht ein Ufer anlaufen, ohne aufzulaufen, also auf dem Grund »hängenzubleiben«. Schlechtem Wetter können Jollen nicht trotzen. Sie kippen leicht um. Das nennt man übrigens kentern.

- Der *Jollenkreuzer* hat auch ein Schwert, ist jedoch größer als die Jolle. Außerdem hat ein Jollenkreuzer eine Kajüte, die bei schlechtem Wetter vor Wind und Regen schützt. Das offene Meer kann man allerdings auch mit einem Jollenkreuzer nicht befahren.

- *Kielboote* sind kentersicher, denn sie haben ein Ballastgewicht aus Blei oder Eisen. Durch dieses Gewicht richten sie sich immer wieder auf. Auch wenn sie durch eine starke Bö aufs Wasser gedrückt werden, ploppen sie wie ein Stehaufmännchen wieder aufrecht in die Horizontale. Trotzdem kann man mit einem Kielboot untergehen. Wenn es voll Wasser läuft – das nennt man leckschlagen -, wird es in die Tiefe gezogen und geht unter.

- *Katamarane* sind Mehrrumpfboote. So hat ein Katamaran zwei gleich lange Rümpfe, ein Trimaran hat sogar drei Rümpfe. Durch eine Brücke sind die Rümpfe miteinander verbunden. Diese Bootstypen haben keinen Kiel. Sie sind trotzdem durch ihre ausladende Breite sehr stabil. Kleine Rennkatamarane haben nur ein Trampolindeck zwischen den Rümpfen, bei größeren gibt es eine Kajüte.

Mast und Segel

Eine Yacht erhält ihre Typenbezeichnung nach der Anzahl der Segel und Masten. Der Mast war früher aus Holz, heute ist er bei den meisten Segelbooten aus Aluminium. Stramm gespannte Stahldrähte halten den Mast senkrecht stehend auf dem Deck. Diese Stahldrähte bezeichnen Segler als »stehendes Gut«. Zum stehenden Gut gehören die Wanten. »Laufendes Gut « heißen im Gegensatz dazu alle Drähte und Leinen, mit denen man etwas bewegen kann – wie zum Beispiel die Segel. Zum laufenden Gut gehören zum Beispiel »Fallen« und »Schoten«. Mit den Fallen kann man Segel hissen (also hochziehen), mit den Schoten kann man sie im Wind verstellen.

- Das *Katboot* hat nur ein Großsegel. Der Mast steht ganz weit vorne. Dieses Boot ist einfach zu bedienen.
- Die *Slup* hat zwei Segel: das Großsegel und ein Vorsegel, das Fock heißt.
- Der *Kutter* ist wie die Slup ein Einmaster, doch er hat zwei Vorsegel: die Fock und davor den Klüver.
- Der *Schoner* ist ein klassischer Zweimaster. Es gibt einen Groß-mast und einen etwas kürzeren sogenannten Fockmast. Die beiden Masten sind häufig gleich lang.

Was meint der Segler?

- Der *Bug* ist der vordere Teil beim Schiff.
- Das *Heck* ist hinten.
- *Steuerbord:* Gemeint ist die rechte Seite des Schiffes, wenn man in Fahrtrichtung schaut!
- *Backbord* ist die gegenüberliegende linke Seite.
- *Querab* sagt der Segler, wenn er von der Mitte des Schiffes aus-geht: Es gibt Steuerbord querab (von der Mitte rechts) und Backbord querab (von der Mitte links).
- *Luv* ist die Seite, von der der Wind weht.
- *Lee* ist die vom Wind abgewandte Seite (kleine Eselsbrücke: Lee – nee (also kein Wind!).
- *Anluven* bedeutet mit dem Bug (also der Vorderseite des Schif-fes) näher an den Wind gehen.
- *Abfallen* ist das Gegenteil: Man dreht mit dem Bug vom Wind weg.
- *Wenden* heißt, daß man die Richtung ändert und mit dem Vor-derteil des Schiffes, also dem Bug, durch den Wind geht. Der Kapitän gibt der Mannschaft das Kommando: »Wenden – Klar zum Wenden! – Ree! Über die Segel!«
- *Halsen* ist ebenfalls eine Richtungsänderung, aber das Boot geht beim Halsen mit dem Heck (also der Hinterseite des Schiffes) durch den Wind. Dieses Manöver ist nicht ungefährlich, denn das Boot kann leicht kentern. In Gefahrensituationen ist die

»Gefahrenhalse« jedoch ideal, denn man kann abrupt stoppen und den Kurs wechseln. Das erfordert allerdings Erfahrung.

- *Kreuzen* heißt abwechselnd über Backbord- und Steuerbordbug segeln. Der Zickzackkurs ist erforderlich, da man nur so gegen den Wind segeln kann.

Achtung! Ohren auf!

Auf dem Wasser verständigt man sich mit akustischen Signalen. Dabei ist die Dauer der Signale wichtig: Ein langer Ton (–) dauert vier Sekunden, ein kurzer Ton (*) etwa eine Sekunde.

- Ein langer Ton – bedeutet: Achtung!
- Ein kurzer Ton * bedeutet: Ich bewege mich nach Steuerbord (also nach rechts).
- Zwei kurze Töne ** bedeuten: Ich bewege mich nach Backbord (also nach links).
- Drei kurze Töne *** bedeuten: Ich fahre rückwärts.
- Vier kurze Töne **** bedeuten: Ich bin manövrierunfähig.
- Ein langer und ein kurzer Ton – * bedeuten: Ich wende über Steuerbord.
- Ein langer und zwei kurze Töne – ** bedeuten: Ich wende über Backbord.
- Bleib-weg-Signal: Wenn etwa Schiffe mit giftiger oder explosiver Ladung in Schwierigkeiten sind, hört man mindestens eine Viertelstunde lang eine Folge von Tönen kurz, lang, kurz lang: * – * – * –

Segelalphabet für Landratten

- *Abdriften:* Das Boot kommt seitlich vom Kurs ab.
- *Ablandig:* Der Wind weht von Land her.
- *Abschlagen:* So nennt man das Abnehmen der Segel.
- *Abtakeln:* Bevor ein Boot zum Überwintern eingelagert wird, müssen Mast, Wanten etc. abgebaut werden. Das nennt man abtakeln.
- *Anschlagen:* Wird ein Segel befestigt, spricht man vom Anschlagen. Das Gegenteil nennt der Segler »abschlagen«.

- *Aufbrisen:* Nimmt der Wind an Stärke zu, spricht man vom Aufbrisen.
- *Belegen:* Wenn eine Leine sachgerecht an einem Poller oder ähnlichem festgemacht wird, spricht der Segler vom Belegen.
- *Boje:* An einer Boje kann man ein Segelboot festmachen, denn sie ist im Grund verankert (siehe auch *Tonnen,* S. 170).
- *Fahrwasser:* Das ist die durch Seezeichen markierte Fahrrinne, die sicher an Untiefen oder Sandbänken vorbeiführt.
- *Fender:* Das sind Polster aus Kork, Hartplastik und anderen Materialien, die die Bordwand beim Anlegen abfedern und das Schiff so vor Schäden bewahrt.
- *Feuer:* Leuchttürme und Lichter von Seezeichen werden auch als Feuer bezeichnet. (Dort brannten ganz früher nämlich echte Feuer.)
- *Havarie:* Wird eine Yacht bei einer Kollision, in einem Sturm oder durch eine Grundberührung beschädigt, spricht man von einer Havarie.
- *Hissen:* So nennt man das Hochziehen eines Segels oder einer Flagge.
- *Krängung:* Kommt ein Boot in eine Schräglage; spricht man von einer Krängung.
- *Lenzen:* Wenn Wasser in einem Boot steht, muß es herausgepumpt oder ausgeschöpft werden. Das nennt man lenzen.
- *Ösfaß:* Das ist ein Gefäß zum Wasserschöpfen. Die Segler sprechen beim Wasserschöpfen auch vom Ösen.
- *Poller:* Kurze Pfähle zum Festmachen von Leinen nennt man Poller.
- *Ruder:* Das Steuer eines Bootes nennt man Ruder. Wer eine Yacht steuert, wird auch Rudergänger genannt.
- *Schot:* Es gibt Leinen, die regulieren die Stellung der Segel im Wind. Diese Leinen heißen Schot. Es gibt nach dem jeweiligen Segel die Fockschot, Großschot und Spinnakerschot.
- *Stampfen:* Wenn ein Schiff in Längsrichtung schaukelt, spricht der Segler vom Stampfen.
- *Takelage:* Der Mast und die Bäume, alles stehende und laufende Gut, werden als Takelage bezeichnet. Heute spricht man auch vom Rigg.
- *Törn:* Darunter versteht man einen Segelausflug. Doch auch eine verdrehte Leine bezeichnet man als »vertörnt«.

- *Tonnen:* Sie werden häufig auch als Boje bezeichnet, sind jedoch Seezeichen oder Wendemarken bei einer Regatta. An Tonnen darf man auf keinen Fall festmachen.
- *Trimmen:* Alles, was ein Boot schneller macht, nennt man trimmen.
- *Tampen* sind dicke Seile zum Festmachen von Booten.

Die wichtigsten Knoten

- *Der Achterknoten:* Er gehört jeweils an das Ende eines Tampens (Seiles), damit es nicht durch Blöcke oder Ösen durchrutschen kann.
- *Der Kreuzknoten:* Wenn man zwei gleich starke Seile miteinander verbinden will, nimmt man den Kreuzknoten. Die Tampen müssen allerdings aus demselben Material sein.
- *Der Schotstek:* Mit einem Schotstek kann man zwei ungleiche Tampen verbinden. Wenn sie aus unterschiedlichem Material oder unterschiedlich dick sind, empfiehlt sich der doppelte Schotstek.
- *Der Palstek:* Er ist der wichtigste Knoten an Bord. Mit ihm kann man ein »Auge« formen, das sich nicht zusammenzieht. Man braucht den Palstek zum Festmachen des Bootes an einem Poller oder Pfahl. Im Notfall kann man auch einen Menschen damit sichern.

Die wichtigsten Knoten

Achterknoten

Schotstek

Kreuzknoten

Paltstek

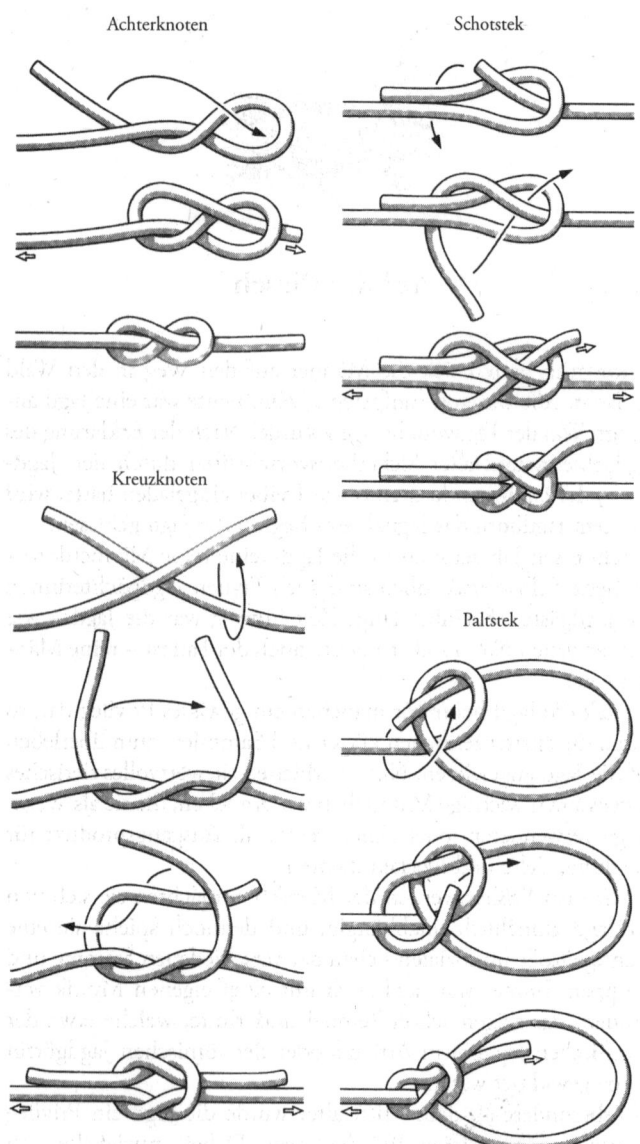

Ab in den Wald

Auf der Pirsch

Schon früh hatten sich die Männer auf den Weg in den Wald gemacht. Alle waren sie aufgeregt. Denn heute war eine Jagd angesagt. Was der Tag wohl bringen würde? Nach der Erklärung des Jagdgebietes und aller Sicherheitsvorschriften durch den Jagdherrn, der Jagdfreunde ebenso wie Treiber eingeladen hatte, wird mit dem Jagdhorn das Signal zum Beginn der Jagd geblasen.

Schon seit Jahrzehnten ist die Jagd keine reine Männerdomäne mehr. Selbstverständlich sind auch Frauen Jagdpächterinnen wie Jagdgäste, aber über lange Zeit hinweg war die Jagd – wie dies bei vielen Naturvölkern heute noch der Fall ist – reine Männersache.

Stellt die Jagd heute für manchen ein gewisses Privileg dar, so waren die altsteinzeitlichen »Jäger und Sammler« zum überleben auf die Jagd angewiesen. Nur so erhielten sie wertvolles tierisches Eiweiß sowie wichtige Materialien wie Knochen, die sie als Werkzeuge verwendeten, oder Felle, welche als Ausgangsprodukt für Kleidung, Zelte und Decken dienten.

Mit dem Seßhaftwerden der Menschen machten sie sich von der Jagd allmählich unabhängig, und dennoch spielte sie eine wichtige Rolle im sozialen Leben der verschiedenen Stämme und Gruppen. Immer war Jagd auch mit einer eigenen Mystik verbunden, das zeigen schon Tempel und Kulte, welche etwa der griechischen Jagdgöttin Artemis oder der römischen Jagdgöttin Diana gewidmet waren.

Insbesondere ab dem Mittelalter wurde die Jagd ein Privileg adliger und kirchlicher Würdenträger. Dabei entwickelte sich auch die heute noch gebräuchliche Bezeichnung Hochwild und Niederwild. Hochwild, wozu etwa der Hirsch gehört, war dem weltlichen Adel oder den Fürstbischöfen vorbehalten, während das Niederwild – also die »niedere Jagd« auf kleineres Wild wie Reh, Hase und Fasan – den »niederen Schichten« wie dem niederen Klerus zukam. Heute ist die Jagd prinzipiell allen zugänglich, die einen Jagdschein erwerben, entweder eine Jagd pachten, einen eigenen Jagdbezirk haben – also über entsprechend großes Land verfügen – oder die als Jagdgäste entweder bei Einzelbegehungen oder bei Jagden, zu denen sie eingeladen werden, eine Jagdberechtigung vom Jagdausübungsberechtigten erhalten. Egal, ob Opa selbst Jäger war, ob er früher mal als Treiber bei einer Jagd mitwirkte oder ob er nur am Stammtisch dem Jägerlatein lauschte; immer hatte das Thema Jagd eine eigene Faszination. Und irgendwie kannte Opa immer jemanden, der Zugang zu einer Jagd hatte und wenigstens einmal einen guten Rehbraten, einen Hasen oder ein Stück Wildschwein besorgen konnte. Heute haben wir es dabei einfacher: Es gibt in Wildgeschäften entsprechendes Wild zu kaufen, und viele Jäger freuen sich, wenn sie Abnehmer für ihr Wild finden (Auskünfte hierzu geben übrigens die örtlichen Jagdpächter oder Jagdgenossenschaften, deren Adresse über das jeweilige Bürgermeisteramt in den Städten und Gemeinden erfragt werden kann).

Man unterscheidet verschiedene Jagdarten:

- *Einzeljagd:* Diese wird vom Jäger entweder auf der Pirsch oder als Ansitzjagd ausgeübt.
- *Treibjagd:* Mehrere Treiber und Hunde bringen das Wild zur Flucht, damit es von den Jägern erlegt wird. Treibjagden gelten vor allem Hasen und Niederwild (außer Rehe).
- *Drückjagd:* Treiber – mit oder ohne Hunde – bewegen sich durch das Jagdgebiet, um das Wild aus seinem Unterschlupf zu locken. Ziel ist es, daß die Tiere nicht flüchten, sondern eher normal durch das bejagte Gebiet ziehen, wo es auf den gewöhnlichen Wechseln auf die wartenden Jäger zukommt. Drückjagden werden insbesondere auf Schwarzwild und Rotwild ausgeübt.
- *Bewegungsjagd:* Meist für große Reviere oder mehrere Jagdreviere zusammen. Dabei werden die Jäger weiträumiger aufge-

Jagdbare Tiere und deren Jagdzeiten

	Jan.	Feb.	März	Apr.	Mai	Jun.	Jul.	Aug.	Sep.	Okt.	Nov.	Dez.
Rothirsch												
Reh												
Gams												
Schwarzwild												
Fuchs												
Feldhase												
Wildkaninchen												
Graugans												
Rebhuhn												
Jagdfasan												
Waldschnepfe												
Ringeltaube												

■ Jagdzeit   ☐ Schonzeit

stellt und das Wild so beunruhigt, daß es nicht fluchtartig, sondern in normalen Bahnen auf die Jäger zuzieht.

- *Beizjagd:* Dies ist die Jagd, welche Falkner mit Hilfe von Greifvögeln (zum Beispiel Wanderfalke) ausüben. Hierfür sind spezielle Falknerscheine notwendig.

Viele Tierarten, die früher gejagt werden durften, sind heute gefährdet oder vom Aussterben bedroht und stehen deshalb unter Naturschutz. Andere Arten unterliegen zwar noch dem Jagdrecht, stehen aber unter ganzjähriger Schonzeit.

Was wie und wann gejagt werden darf, regeln die Jagdgesetze. In Deutschland, Österreich und der Schweiz gibt es als Rahmengesetze entsprechende Regelungen auf Bundesebene. In Deutschland und Österreich gibt es noch Jagdgesetze in den entsprechenden Ländern und in der Schweiz kantonale Jagdgesetze.

Den rechtlichen Bestimmungen zufolge gibt es in den jeweiligen Regionen im deutschsprachigen Raum unterschiedliche Jagdzeiten. Die nachstehenden Beispiele sind also nur Mittelwerte. Außerdem unterscheiden die Gesetze nicht nur nach Wildart, sondern auch etwa, ob es sich beim Rehwild um einen Rehbock, um Schmalreh (junges Reh), um Ricken (weibliches Reh) oder um Kitze (Jungtiere) handelt. Auch beim Schwarzwild wird zwischen Keilern (männliches Wildschwein), Bachen (weibliches Wildschwein), Überläufern (junges, noch nicht ausgewachsenes Wildschwein) und Frischlingen (Jungtiere) unterschieden.

- *Rothirsch:* August bis Januar
- *Rehbock:* Mai bis Oktober
- *Gams:* August bis Dezember
- *Schwarzwild* (Keiler und Bachen): Juni bis Januar (nicht während der Jungenaufzucht, in einigen Bundesländern ganzjährig)
- *Feldhase:* Oktober bis Januar
- *Wildkaninchen:* Oktober bis Februar (in einigen Bundesländern ganzjährig)
- *Fuchs:* Juni bis Februar (in einigen Bundesländern ganzjährig)
- *Graugans:* August bis Januar (in einigen Bundesländern – ebenso wie andere Gänsearten – ganzjährige Schonzeit)
- *Rebhuhn:* September bis November

- *Jagdfasan:* Oktober bis Dezember
- *Waldschnepfe:* Oktober bis Januar
- *Taube:* November bis Januar
- *Ringeltaube:* November bis Februar

(Alle Angaben zu Jagdzeiten sind nur ungefähr; Genaues regeln die Jagdgesetze und die dazu ergangenen Ausführungsbestimmungen der jeweiligen Bundesländer.)

Bäume und Sträucher in Wald und Flur

Immer mehr Menschen zieht es raus in Wald, Feld und Flur. Heute können wir es uns leisten, nur zum Vergnügen unterwegs zu sein, zu wandern oder ganz einfach nur um spazierenzulaufen. In früheren Zeiten war es jedoch überlebensnotwendig, daß die Leute rausgingen. Sie mußten in den Wald, um Bäume zu fällen, um Brennholz aufzulesen oder Bucheckern, Eicheln und andere Früchte zu sammeln. Je nach Gegend mußten die späteren Opas schon als Kinder auf Weiden und Heiden Schafe und Rinder hüten oder im Herbst am Ackerrand oder Bach Hecken auf den Stock setzen oder Kopfweiden schneiden. Eigentlich gab es rund um das Jahr immer etwas zu tun. Und so lernte Opa – wie die Opas zuvor – ganz automatisch, wie sich die einzelnen Bäume und Sträucher unterscheiden, welche Früchte sie tragen und was man aus diesen machen kann. Und sie lernten, was man am besten aus dem jeweiligen Holz fertigen kann. So mancher Wanderer kann heute gerade noch Nadel- von Laubgehölzen unterscheiden. Doch wenn es darum geht: » Was ist eine Tanne und was ist eine Fichte? «, hört es bei vielen schon auf. Und erst recht bei den Laubbäumen. Wie unterscheiden sich die verschiedenen Eichen und wo sind sie zu finden? Wo wachsen Eschen und wo Erlen?

Damit wir nicht völlig ahnungslos durch die Gegend laufen, sondern wieder mehr bei unseren Spaziergängen und Wanderungen bewußt erleben, sollten wir uns wieder das Wissen aus Opas Zeit aneignen. Es ist gar nicht so schwer, zwischen den verschiedenen Baum- und Straucharten den Durchblick zu behalten.

Den brauchen wir, damit es nicht heißt: »Vor lauter Bäumen den Wald nicht sehen.«

Die wichtigsten Bäume der Wälder

- *Stieleiche (Quercus robur):* Ein wertvoller Forstbaum, der heute auch in manchen Parks anzutreffen ist. An jedem Stiel sitzen mehrere Eicheln (an einem gemeinsamen, nur je etwa 1 Zentimeter langen Stiel). Hiervon kommt der Name. Kann bis zu 600 Jahre und älter werden. Früher wurde aus der Rinde Gerberlohe gewonnen. Außerdem wurden einst die Schweine in die Wälder getrieben, um sie mit den Eicheln zu mästen. Die Stieleiche wird zwischen 20 und 50 Meter hoch und wird auch Sommereiche genannt.
- *Traubeneiche (Quercus petraea):* Kennzeichnend sind die traubenartig beieinandersitzenden Eicheln (an einem gemeinsamen, je etwa 3 bis 8 Zentimeter langen Stiel). Wird auch Wintereiche genannt. Die Traubeneiche wird ca. 15 bis 40 Meter hoch und liefert nicht nur wie die Stieleiche wertvolles Möbel- sowie Furnierholz, sondern auch die Grundlage für Barrique- und Cognacfässer.
- *Flaumeiche (Quercus pubescens):* Der Name des bis zu 20 Meter großen Baumes geht auf die jungen Zweige und Blätter zurück, welche im Frühjahr flaumig behaart sind. Anders als bei Trauben- und Stieleiche sind die Blätter kürzer. Es handelt sich um eine mehr südliche, Wärme liebende Art, welche im Süden und Osten Europas häufiger verbreitet ist, weshalb sich das Verbreitungsareal in Folge der Klimaerwärmung vielleicht künftig stärker nach Norden ausdehnt.
- *Rotbuche (Fagus sylvatica):* Kennzeichnend sind der glatte Stamm mit der weißlich grauen Rinde. Die oft mächtigen Bäume können über 300 Jahre alt werden und wachsen bis zu einer Höhe von 40 Meter. Typischer Baum der Laubwälder in Mittel- und Westeuropa. Durch die Klimaveränderungen gefährdet, da Rotbuchen sommerfeuchtes Klima mit rund 500 Milliliter Jahresniederschlag benötigen. In früheren Zeiten wurden die Blätter in manchen Gegenden als Einstreu für die Ställe benutzt. Aus den Früchten (Bucheckern) wurde früher wertvolles Öl gewonnen.

Die wichtigsten Waldbäume

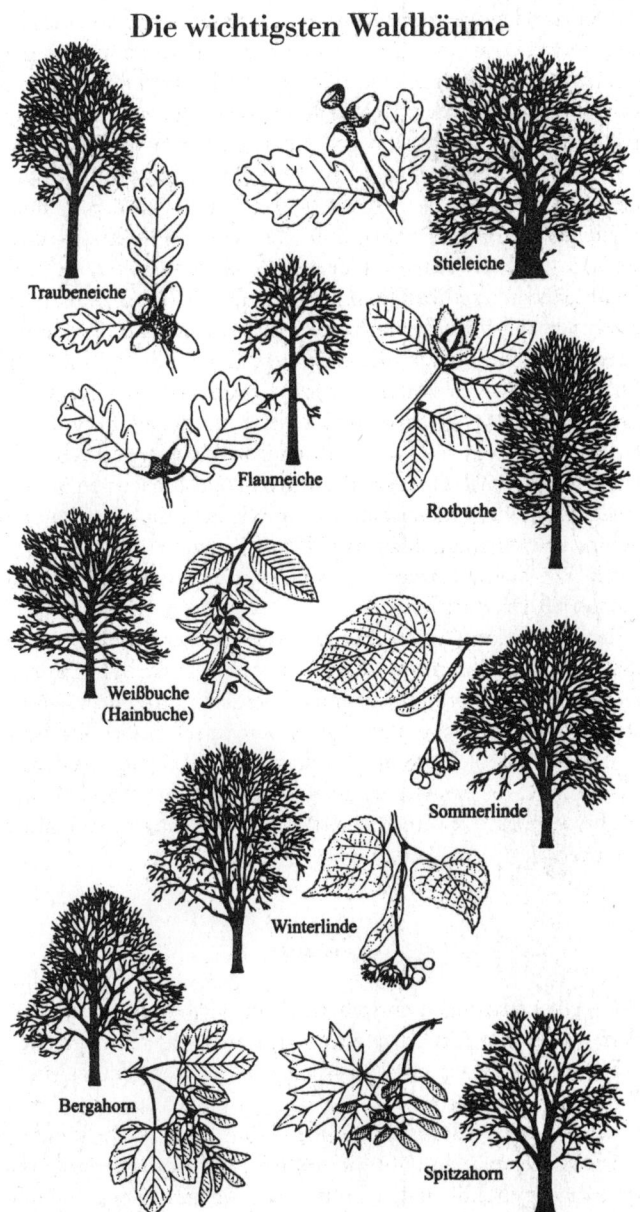

Traubeneiche

Stieleiche

Flaumeiche

Rotbuche

Weißbuche
(Hainbuche)

Sommerlinde

Winterlinde

Bergahorn

Spitzahorn

Die wichtigsten Waldbäume

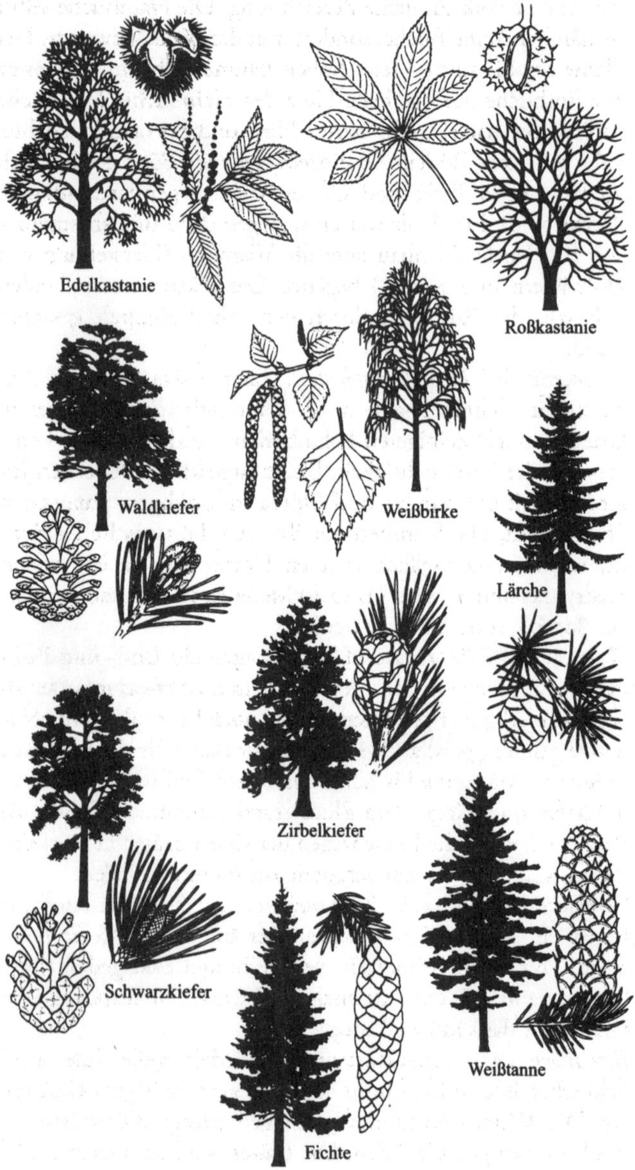

Edelkastanie

Roßkastanie

Waldkiefer

Weißbirke

Lärche

Zirbelkiefer

Schwarzkiefer

Weißtanne

Fichte

- *Weißbuche/Hainbuche (Carpinus betulus):* Das Wort Weißbuche ist eine volkstümliche Bezeichnung. Die Hainbuche selbst ist nämlich keine Buche, sondern mit der Birke verwandt. Der Name des bis zu 25 Meter hohen Baumes geht im Gegensatz zur Rotbuche auf das helle Holz der Hainbuche/Weißbuche zurück. Sie hat ein sehr hartes Holz und bevorzugt feuchte, nährstoffreiche Böden. Als einzeln stehende Bäume oder auch als Hecken in Parks und Gärten vielfach gepflanzt (diverse Zierformen). Das Holz war einst wegen der Fäulnisbeständigkeit für den Mühlenbau oder die Wagnerei (Herstellung von Holzrädern und Karren) begehrt. Die Blätter unterscheiden sich von der Rotbuche durch den scharf doppelt gesägten Rand.
- *Sommerlinde (Tilia blatyphyllos):* Eher etwas südliche Art, welche in Schluchtwäldern auf nährstoffreichem, lockerem Grund – auch steinigeren Lehmböden – gedeiht. Bedarf entsprechender Luftfeuchtigkeit. Blüht ungefähr in der ersten Junihälfte mit ca. zwei bis fünf Blüten im doldigen, hängenden Blütenstand. Die Sommerlinde ist auch die typische Dorflinde, wie man sie vielfach in alten Dorfzentren, aber auch in Stadtparks findet. Wird bis zu 40 Meter hoch und kann durchaus 800 bis 1000 Jahre alt werden.
- *Winterlinde (Tilia cordata):* Ebenfalls auch ein Dorf- und Parkbaum. Wird ungefähr 30 Meter hoch und ist etwas robuster als die Sommerlinde. Die Blüten werden noch heute als Lindenblütentee genutzt; es ist auch ein wichtiger Baum als Bienenweide. Blüht von Mitte Juni bis Juli. Meist sitzen fünf bis elf Blüten in doldigem und hängendem Blütenstand beisammen. Schon die Römer schätzten die Linde wegen der vielen Blüten als wichtige Bienenweide, und es war verboten, die Bäume zu fällen.
- *Edelkastanie/Eßkastanie (Castanea sativa):* Bekannt sind die Maronen; die eßbaren Früchte. Der bis zu 35 Meter hohe Baum wurde zur Römerzeit weit verbreitet und gedeiht insbesondere in mildem, luftfeuchtem Klima. Die ursprüngliche Heimat ist das südliche Europa.
- *Bergahorn (Acer pseudoplatanus):* Besiedelt steile Täler und Schluchtwälder und kommt auch auf geröllhaltigem Gelände vor. Die Blätter sind fünfteilig; die gelbgrünen Blüten hängen in traubenartigen Gebilden. Die Blüten sind im späten Früh-

ling zu sehen. Das Holz war einst für Drechslerarbeiten wie auch als Brennholz begehrt. Heute wird es als helles Möbelholz stark nachgefragt. Der 10 bis 30 Meter hohe Baum kann gut 100 Jahre alt und älter werden.

- *Spitzahorn (Acer platan oidis):* Das Ahornblatt ist vielen als Symbol der kanadischen Flagge bekannt. Meist ist es der bis zu 20 Meter hohe Spitzahorn, welchen man auch in Städten und Dörfern als Park- oder Alleebäume antrifft. Es gibt zahlreiche Gartenformen. Benötigt feuchte, nährstoffreiche, lockere und tiefgründige Böden. Das Holz gilt als nicht so wertvoll wie das des Bergahorns.

- *Roßkastanie (Aesculus hippocastanum):* Mehr in südlichen Gegenden in Wäldern verbreitet. Nördlich der Alpen eher selten im Wald; dafür aber häufig als Dorf-, Park- und Alleebaum bekannt. Der 15 bis 25 Meter hohe Baum stammt aus Südosteuropa und wurde im 16. Jahrhundert auch nördlich der Alpen verbreitet.

- *Weißbirke (Betula pendula):* Die 10 bis 25 Meter hohen Bäume sind in Mitteleuropa vielfach forstlich angepflanzt. Birken gedeihen zwar auf unterschiedlichen Böden, bevorzugen jedoch sandiges Substrat. Der Baum ist ziemlich frostresistent und deshalb von der natürlichen Verbreitung her mehr in nördlichen Gebieten zu finden. Es gibt noch etliche andere Birkenarten, unter anderem die Moorbirke, welche auch auf staunassen, saueren Böden gedeiht.

- *Waldkiefer (Pinus sylvestris):* Liefert wertvolles und dauerhaftes Nutzholz. Wächst auch im Bereich felsiger und sandiger Bereiche, an denen Laubbäume kaum überleben können. Recht windfest durch die tiefen Wurzeln. Wird bis zu 40 Meter hoch und 500 bis 600 Jahre alt. Das harzreiche Holz ist zwar weich, doch recht feuchteresistent. Deshalb war es früher auch als Bau- und Werkmaterial begehrt. Aus dem Holz der Waldkiefer gewann man auch Harz, Pech und Teer sowie Terpentin. Vor langer Zeit wurden die langen Nadeln zerfasert, um damit »Waldwolle« zu gewinnen. Es diente als Füll- und Isolationsmaterial, und es gab Gegenden, in denen die Fasern zu »Gesundheits-Flanell« verarbeitet wurden.

- *Lärche (Larix decidua):* Ein Nadelbaum, dessen Nadeln sich im Herbst goldgelb färben und die dann anschließend abgeworfen werden. Stammt ursprünglich aus den Alpen; ist aber heute weit verbreitet. Der bis zu 50 Meter hohe Baum benötigt Sommerwärme und eher trockene Luft. Einer der Bäume, die bei austrocknenden Böden schnell Dürreschäden zeigen. Schreiner schätzen das Holz für unterschiedliche Werkarbeiten.

- *Zirbelkiefer (Pinus cembra):* Der 10 bis 20 Meter hohe Baum wird auch Arve genannt und kommt wild im Alpenbereich Mitteleuropas vor. Besiedelt Gesteinsschuttböden und erträgt sowohl Luft- als auch teilweise Bodentrockenheit. Aufgrund der oft extremen Standorte ist der Holzzuwachs sehr langsam. Viele Zirbelkiefern entwickeln bizarre Formen und werden oft auch als »Wetterbäume« bezeichnet. Die dunkelgrünen, 7 Zentimeter langen Nadeln sind dicht bebüschelt an den Zweigen angeordnet; die Rinde des Baumes ist hell- bis schwarzgrau.

- *Schwarzkiefer (Pinus nigra):* Der 25 Meter hohe Baum ist hauptsächlich in Südeuropa und im Mittelmeerraum verbreitet. Heute oft als Parkbaum verwendet. Erträgt trockene Böden und ist wärmeliebend. Kennzeichnend für die Nadeln ist die stechende Spitze und die dunkelgrüne Farbe. Deshalb und auch wegen des schwarzgrauen Stammes wird der Baum als Schwarzkiefer bezeichnet.

- *Weißtanne/Edeltanne (Abies alba):* Ein Baum der Bergwälder. Die an der Spitze stumpfen Nadeln sind meist in zwei Reihen am Ast entlang angeordnet. Die reifen Zapfen stehen aufrecht auf dem Ast. Es gibt Tannen mit einer Höhe von 60 Meter und fast 10 Meter Stammumfang. Der Baum liefert sehr wertvolles Bau- und Werkholz. In manchen Lagen sind die Bäume durch die Klimaveränderung gefährdet; denn Weißtannen gedeihen nur an luftfeuchten Standorten.

- *Fichte/Rottanne (Picea abies):* Ein ursprünglich im Gebirge verbreiteter Baum, welcher als Nutzbaum durch die Förster weit verbreitet wurde. Wächst rasch und ist anspruchslos. Im Gegensatz zum Tannenzapfen hängen die Fichtenzapfen nach unten und werden bis zu 15 Zentimeter lang. Das Holz wird zur Papierherstellung, aber auch als Bauholz (Stangenholz) verwendet. Wird bis zu 50 Meter hoch. Im Gegensatz zur Weißtanne liefert die Fichte rötliches Holz (Name!). Früher war die Fichte der typische Weihnachtsbaum, welcher heute durch die aus Skandinavien stammenden, aber auch in Mitteleuropa angepflanzten Nordmanntannen und andere Zierarten verdrängt wurde.

Bäume und Sträucher der Hecken und Feldgehölze

- *Schlehe/Schwarzdorn (Prunus spinosa):* Der Name Spinosa geht auf die spitzen Dornen des Strauches (aufspießen) zurück. 1,50 bis 4 Meter hoher Strauch, der im März und April auffallend weiß blüht. Wichtige Bienenweide! Die Schlehe ist ein Rosengewächs und eine wilde Verwandte der Zwetschgen und Pflaumen.
- *Vogelkirsche (Prunus avium):* Die Wilde Kirsche wird zwischen 10 und 25 Meter groß und kommt in Mitteleuropa im Bereich von Hecken, Feldgehölzen aber auch an Waldrändern vor. Der Baum bevorzugt nährstoffreiche, lehmige und eher feuchte Böden. Blüht auffällig zwischen April und Mai. Kirschbäume liefern wertvolles Möbel- und Furnierholz.
- *Traubenkirsche (Prunus padus):* Die Früchte sind nur etwa 1 Zentimeter im Durchmesser und sitzen traubenförmig beieinander. Der Strauch ist zwischen 2 und 5 Meter hoch und wird auch schon mal baumförmig bis zu 10 oder 12 Meter groß. Bevorzugt nährstoffreiche, lehmige Böden.
- *Heckenrose (Rosa canina):* Die Hecken- oder Hundsrose blüht im Juni und wird bis zu 3 Meter hoch. Es gibt vielerlei Wildrosen, die oft nicht voneinander zu unterscheiden sind. Die Früchte der Heckenrose – die Hagebutten – enthalten viel Vitamin C und Provitamin A und können zu Marmelade verarbeitet werden und liefern auch in getrockneter und zermahlener Form die Basis für den »Hagebuttentee«.
- *Haselstrauch (Corylus avellana):* Wird zwischen 2 und 5 Meter hoch und ist durch die Haselnußkätzchen (Würstchen) im Frühjahr bekannt. Die Haselnußkerne sind sehr nährstoffreich und waren deshalb früher sehr begehrt. Aus den Stöcken des Haselstrauches hat man früher Wanderstöcke und Gerätestiele hergestellt. Auch hat man sie für das anschließend mit Lehm oder Mörtel verputzte Flechtwerk zwischen den Balken der Fachwerkhäuser verwendet. So mancher Wünschelrutengänger schwört auf Haselnußzweige.

Bäume und Sträucher der Hecken und Feldgehölze

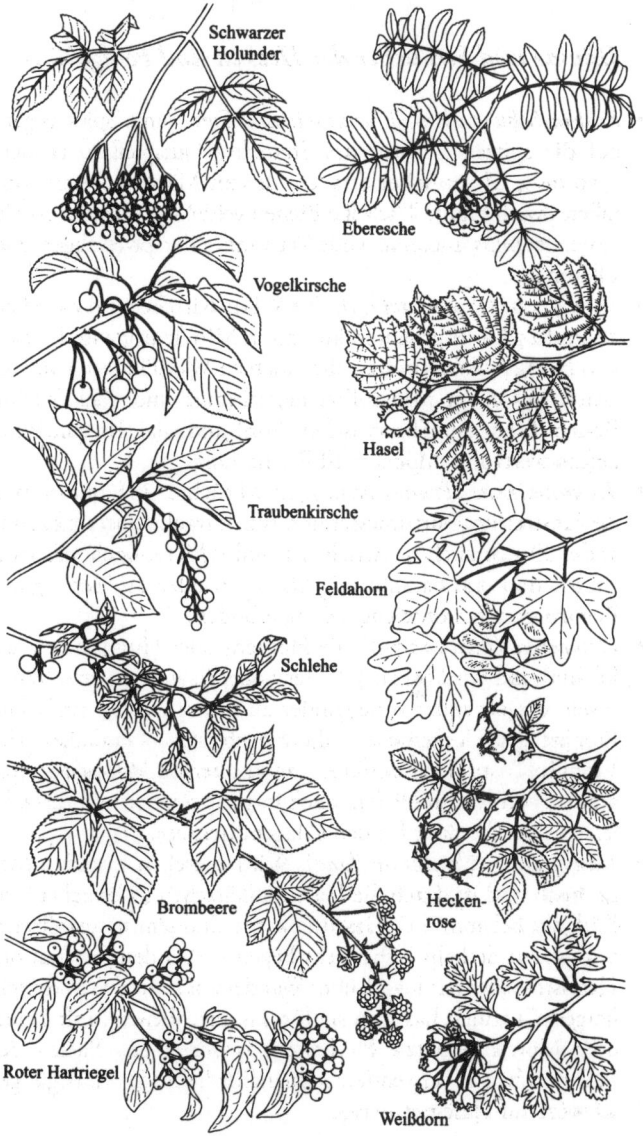

Schwarzer Holunder

Eberesche

Vogelkirsche

Hasel

Traubenkirsche

Feldahorn

Schlehe

Brombeere

Heckenrose

Roter Hartriegel

Weißdorn

- *Schwarzer Holunder (Sambucus nigra):* Mal eher Strauch, mal baumförmig und bis zu 8 Meter hoch. Blüht im Juni mit weiten stark duftenden Doldenblüten. Hieraus kann man Holunderschaumwein herstellen; auch eignen sich die Blüten für Holderküchlein, wozu diese in Pfannkuchenteig ausgebacken werden. Die kleinen schwarzen Früchte reifen von August bis Oktober und lassen sich zu Fruchtsaft ebenso verarbeiten wie zu Marmelade. In ungekochtem Zustand sind die Beeren jedoch leicht giftig. Der Name Holunder geht auf die germanische Göttin Holla zurück, deren Lieblingsbaum dieses Gewächs gewesen sein soll. Die Göttin Holla ist auch als Frau Holle durch das gleichnamige Märchen der Gebrüder Grimm bekannt.
- *Brombeere (Rubus fruticosus):* Von Brombeeren gibt es zahlreiche Sippen und Varianten. Sie sind an vielerlei Standorten wie Hecken, Waldrändern anzutreffen. Es ist eine Pionierart, die oft aufgelassenes Brachland besiedelt und in deren Schutz infolge des dornenreichen Gesträuchs sich andere Gehölze ansiedeln. Die Früchte enthalten sehr viel Vitamin C und Mineralstoffe.
- *Weißdorn (Crataegus monogyna):* Der Name ist eigentlich irreführend. Der Strauch wird als Weißdorn bezeichnet, weil die verwandte Schlehe – ebenfalls ein Rosengewächs – dunklere Dornen hat als der Weißdorn. Beide Sträucher blühen weiß. Weißdornsträucher können bis zu 5 Meter hoch werden und werden oft auch in Gärten als Teil der Hecke angepflanzt.
- *Roter Hartriegel (Cornus sanguinea):* Ein Dickicht bildender Strauch, der gut 4 Meter breit werden kann und bis zu 5 Meter hoch aufwächst. Die Zweige schimmern rötlich und erscheinen im Herbst und Winter manchmal tiefrot. Die weißen Blüten erscheinen im Mai/Juni und gedeihen in flachen Dolden, aus denen sich die schwärzlichen, etwa erbsengroßen Früchte im September entwickeln.
- *Eberesche (Sorbus aucuparia):* Der Name hat nichts mit dem männlichen Schwein, also dem Eber, zu tun. Vielmehr geht er auf »Aber« wie Aberglaube zurück. Dies bedeutet, daß es sich nicht um »das Echte«, sondern um etwas Ähnliches handelt. Aber trotz der Ähnlichkeit der Blätter ist der Baum halt keine Esche, sondern eine »Nichtesche«, eine Eberesche. Dies zeigen im Frühling deutlich die doldig rispigen Blütenstände und im

Herbst natürlich die leuchtend roten Früchte. Die Früchte des ca. 15 Meter hohen Baumes enthalten Vitamin C und Provitamin A. Der Baum gehört eher zu den Gewächsen des Hügellandes und der Berge (ca. 800 bis 1800 Meter; aber vielerorts angepflanzt).

- *Feldahorn (Acer campestre):* Gedeiht als Busch oder Baum und wird ca. 3 bis 15 Meter hoch. Die Blätter sind fast immer kleiner als 10 Zentimeter und besitzen nur drei bis fünf stumpfe Lappen. Ist gut schnittverträglich und wurde als Brennholz früher beim »Auf-den-Stock-Setzen« von Hecken gewonnen.

Bäume und Sträucher an Bächen, Flüssen, Seen und Teichen

- *Schwarzerle (Ainus glutinosa):* Der bis zu 25 Meter hohe Baum gehört zu den Birkengewächsen. Die Blüten fallen durch ihre Kätzchenform auf. Kommen meist in Niederungsgebieten an Bachrändern, Auwäldern und Mooren vor. Weil das Erlenholz relativ weich ist, ist es leicht spaltbar. Beim Aufsägen erscheint es zunächst weiß und verfärbt sich dann an der Luft braun/ rot.
- *Grauerle (Ainus incana):* Besiedelt mehr das Hügel- und Bergland, ist aber auch in der Lage, auf trockenen Böden zu gedeihen. Bindet Stickstoff aus der Luft. Auffällig sind auch hier die zapfenartigen Fruchtkätzchen. Das Birkengewächs wird bis zu 20 Meter hoch.
- *Zitterpappel (Populus tremula):* Der Name geht auf die Eigenschaft der Blätter zurück, welche schon beim kleinsten Lufthauch zitternd bewegt werden. Dies fördert die Transpiration des Baumes. Der auch Espe oder Aspe genannte Baum wird zwischen 12 und 25 Meter hoch.
- *Silberpappel (Populus alba):* Wird oft auch als »Pionierart« auf Böden angepflanzt, welche befestigt werden sollen. Dazu tragen die starken Wurzelaustriebe bei. Das Laub der bis zu 30 Meter hohen Silberpappel glänzt vor allem bei leichtem Wind silbrig, wenn die Blattunterseiten nach oben gekehrt werden. Hat wie alle Pappeln relativ weiches Holz.
- *Esche (Fraxinus excelsior):* Der bis zu 40 Meter hohe Baum kann gut 200 Jahre alt werden und liefert sehr stabiles Holz, welches

Bäume an Bächen, Flüssen und Seen

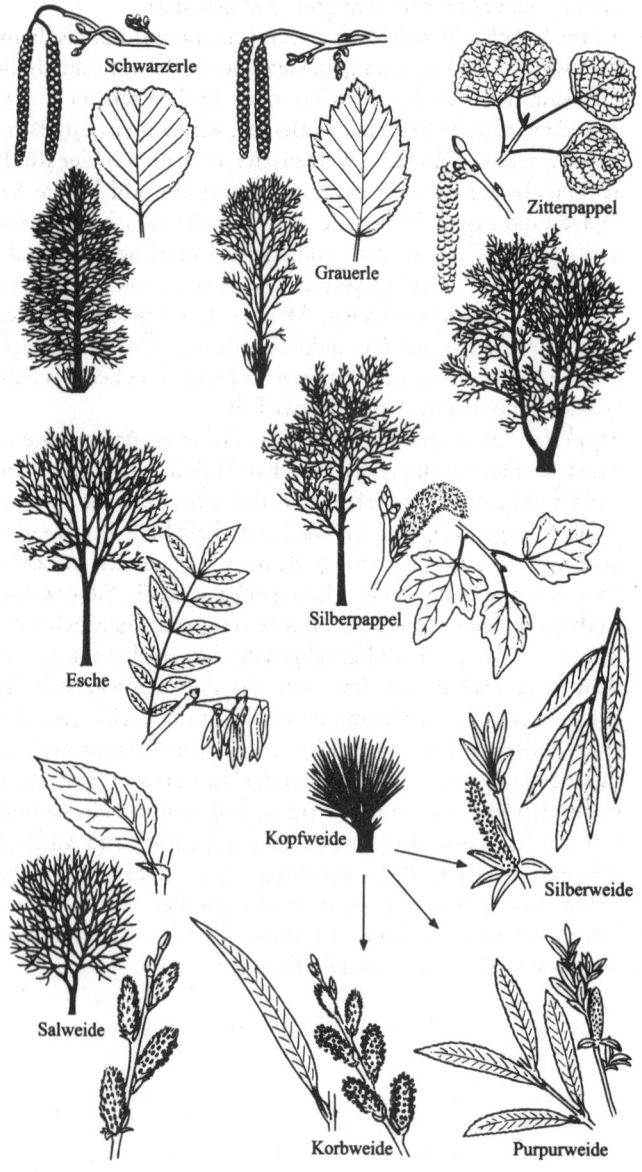

Schwarzerle

Grauerle

Zitterpappel

Esche

Silberpappel

Kopfweide

Silberweide

Salweide

Korbweide

Purpurweide

für Stiele von Schaufeln und Spaten sowie Äxten Verwendung findet. Die Blätter sind sehr groß und gefiedert.

- *Salweide (Salix caprea):* Meist als Strauch und weniger als Baum wachsend. Zwischen 2 und 10 Meter hoch. Bekannt durch die Palmkätzchen, welche im März oder April erscheinen. Der Strauch wird auch Palmweide genannt, weil er meist um Palmsonntag schon blüht. Alle Weidenarten enthalten in der Rinde als Fraßabwehr gegen Schädlinge Gerbstoffe und bittere Salizylverbindungen. Diese sind schmerzstillend, schweiß- und harntreibend. Das wußten schon unsere urzeitlichen Vorfahren. Das Wort Salizyl ist von salix abgeleitet, wie die Weiden schon bei den Römern hießen. Dieses geht wiederum auf salus zurück, was lateinisch Gesundheit bedeutet. Über das Salizyl der Weiden hat man die Ausgangsstoffe für das ebenfalls Salizylsäure enthaltende Aspirin entwickelt.

- *Kopfweide (Salix spec.):* In manchen Gebieten des norddeutschen Tieflandes, aber auch in den Flußtälern Mittel- und Süddeutschlands, Österreichs und der Schweiz sowie in Norditalien prägen Kopfweiden das Landschaftsbild. Kopfweiden sind keine eigene Pflanzenart, denn es eignen sich verschiedene Arten als Kopfweide, Dazu gehört etwa die Silberweide, Korbweide, aber auch die Purpurweide. Je nachdem wird der Stamm auf ca. 2 Meter Höhe abgesägt; dort wachsen in großer Zahl neue Triebe nach. Im Laufe der Zeit verdickt sich der oberste Abschnitt des Stammes; der Kopf der Weide entsteht. Kopfweiden müssen regelmäßig ausgesägt und damit gepflegt werden, da sie sonst unter der Last der Äste zusammenbrechen. Früher hat man die jungen Weidenzweige für die Herstellung von Flechtkörben, Kinderwiegen, Fischreusen und anderen Gebrauchsgegenständen verwendet; dickere Äste wurden und werden als Brennholz genutzt. In den Höhlen alter Kopfweiden nisten unter anderem Steinkauz, Gartenrotschwanz und verstecken sich manche andere Tierarten.

Was pfeift, singt, fliegt und flattert
am Wegesrand?

Welcher Vogel singt denn da, und welcher Schmetterling ist das auf der wilden Möhre? Viele Menschen können heute kaum mehr heimische Tier- und Pflanzenarten bestimmen. Viele Kinder kennen mehr Handy-Klingeltöne und Apps als Vogelstimmen und viele Erwachsene mehr Automarken als Wildpflanzen.

Oma und Opa kannten sich in der heimischen Fauna und Flora noch aus. Sie beobachteten viele Tierarten und kannten die Namen der verschiedenen Blumen und Gräser. »Die Natur ist eben der beste Lehrmeister«, sagten sie oft.

Heimische Schmetterlinge

Apfelwickler

Bläuling

Aurorafalter

Frostspanner

Zitronenfalter

Schachbrett

Tagpfauenauge

Distelfalter

Kleiner Fuchs

Schwalben-
schwanz

Admiral

Vögel in Garten, Feld und Wald

Feld-
sperling

Blaumeise

Kohlmeise

Buch-
fink

Mönchsgras-
mücke

Gold-
ammer

Stieglitz

Haus-
rot-
schwanz

Bunt-
specht

Garten-
rotschwanz

Amsel

Rotkelchen

Kleiber

Wendehals

Star

Neuntöter

Wacholder-
drossel

Pirol

Steinkauz

Amphibien und Reptilien

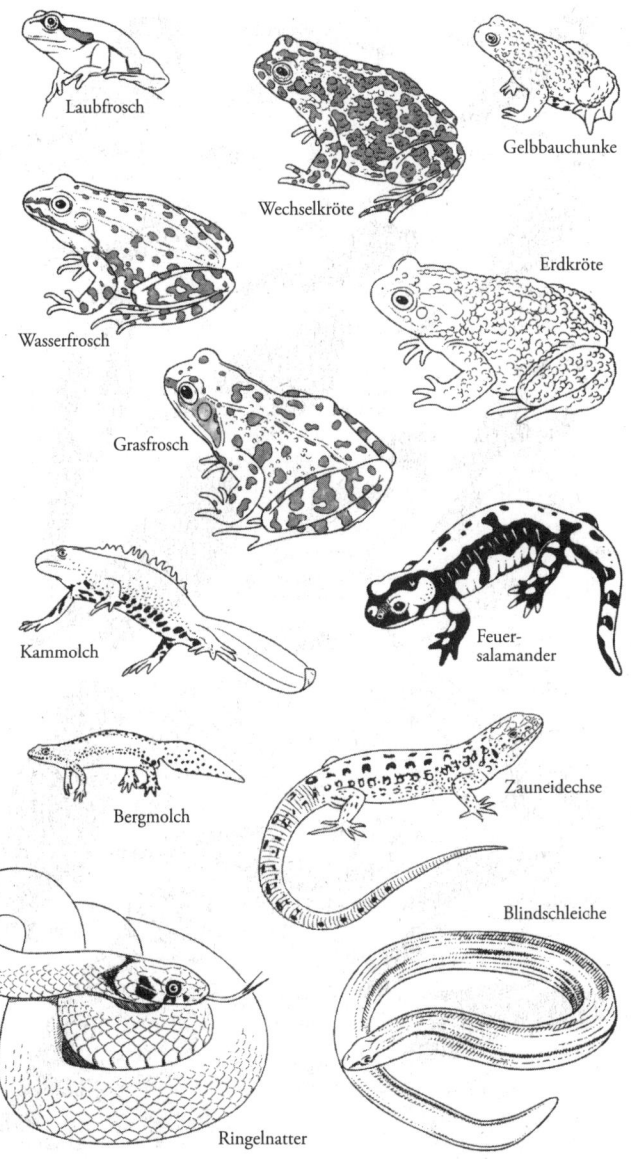

Laubfrosch

Wechselkröte

Gelbbauchunke

Wasserfrosch

Erdkröte

Grasfrosch

Kammolch

Feuer-
salamander

Bergmolch

Zauneidechse

Blindschleiche

Ringelnatter

Sonne, Wind und Regen
Opas Wetterregeln

Wann regnet es endlich? Bleibt es trocken? Diese Fragen haben sich früher viel mehr Menschen als heute gestellt. Weil nahezu jeder zum Teil auch Selbstversorger war und man für Mehl und Brot, Butter und Milch nicht einfach in den Supermarkt gehen konnte, mußte Opa genau Bescheid wissen. Zeigte sich etwa im Juni oder Juli, daß es für ein paar Tage sonnig und trocken sein würde, mußte man schon früh am Morgen hinausgehen, im frühen Morgentau mit der Sense das Gras mähen, dieses später, nachdem die Sonne Luft und Boden erwärmt hatte, mit der Heugabel wenden oder es auf Heuböcke zum Trocknen aufschichten. Dann galt es, das Heu – auf welches das Vieh den Winter über als Futter angewiesen war – trocken heimzubringen. Wehe, wenn da ein Gewitter aufzog und starker Regen die ganze Arbeit wieder zunichte machte. Heute helfen den Landwirten allerlei Maschinen, und dennoch sind sie auf das Wissen um das Wetter angewiesen. Denn sie haben mit den gleichen Nöten zu kämpfen wie damals. Allerdings können sie mit Hilfe moderner Technik schneller und gezielter arbeiten. Und so sind auch wir selbst auf Wohl und Wehe des Wetters angewiesen. Denn wenn verregnete Sommer den Bauern das Leben schwermachen und die Ernte bedrohen, dann steigen auch die Lebensmittelpreise, und jeder einzelne merkt, daß er letztlich immer noch auf die Natur angewiesen ist.

Seit Mitte der 90er Jahre wird dies durch nicht kalkulierbare Trockenperioden auf der einen Seite und Starkniederschläge mit zum Teil verheerenden Hochwässern auf der anderen Seite als Folgen des Klimawandels überdeutlich. Und so tun wir gut daran, uns wieder mehr mit Wolken und Wind, Regen und

Schnee, Hagel und Eis zu beschäftigen; zu wissen, wie das Wetter am anderen Tag sein wird. Stellen wir uns nur mal vor, daß der Motor unseres Autos in einsamer Gegend den Geist aufgibt, nirgendwo eine Menschenseele zu finden ist, die hilft, und wir für ein, zwei oder mehr Tage ganz allein auf uns gestellt sind. Kein Wetterbericht aus Radio oder Fernsehen. Das Handy vielleicht nicht aufgeladen; jeglicher Kontakt zur medialen Außenwelt abgeschnitten. Ja, und in so einem Fall liegt dummerweise auch das tragbare GPS-Gerät zu Hause, mit dem man jetzt mühelos Standort, Himmelsrichtung und den Weg zum nächsten Dorf herausfinden könnte. Da ist es gut, an den Wolken ablesen zu können, ob es schon in Kürze blitzt und donnert oder wie am anderen Morgen das Wetter sein wird. Und es ist hilfreich, an Bäumen und Büschen zu erkennen, in welcher Richtung die sogenannte Wetterseite liegt, also von woher in der Regel heftiger Wind und Regen kommen.

Die alten bäuerlichen Wetterregeln helfen da sicher wenig weiter. Sie sind jedoch kulturelles Erbe der Wetterbeobachtungen vieler Opa-Generationen. Seit Jahrtausenden sind Wettervorhersagen von zentraler Bedeutung für Aussaat und Ernte. Die Menschen haben die Natur beobachtet und wiederkehrende Wetterphänomene von Generation zu Generation weitergegeben. So entstanden die Bauernregeln. Über 4000 Bauernregeln allein im deutschsprachigen Raum gibt es. Diese Wetterregeln variieren von Gegend zu Gegend; ja in machen Regionen von Tal zu Tal. Im Kern jedoch enthalten sie alle dieselbe Botschaft: Sie erzählen von der Auseinandersetzung mit der Natur und den Wettergewalten.

Einige dieser Regeln widersprechen sich, doch die bunte Mischung aus Wissen, Beobachtungen und Aberglaube ist nicht nur Humbug. Es gibt durchaus Bauernregeln, die bei der Wettervorhersage zutreffen. So zum Beispiel: Ist der Nachthimmel voller Sterne, kommt die Kälte gerne. Geht es um die Arbeit auf dem Feld, um Aussaat und Ernte, dann haben Bauernregeln sogar eine recht hohe Trefferquote. Hier einige Beispiele:

- *Januar, hart und rauh, ist gut für den Getreidebau* (denn der Frost tötet die Schädlinge im Boden ab).
- *Was der Bauer will, ist ein nasser April* (denn der feuchte Boden ist wichtig für das Wachstum der Feldfrüchte).

- *Ist der Juni warm und naß, füllt es des Bauern Faß* (denn das sind ideale Wachstumsbedingungen).
- *Wenn die Sonne im Juli strahlt, der Roggen golden mahlt* (denn bei sonnigem Wetter im Sommer reift das Korn und ist später besser lagerfähig).

Die Eisheiligen und andere Wetterpropheten

Eiskalte Heilige, zitternde Schafe und ein kleines Säugetier, das sieben Monate schläft, gelten alle als Wetterpropheten. Sie alle sind an ein Datum gebunden. Und Opa kannte sie alle persönlich!

- *Die Eisheiligen* heißen Mamertus (11. Mai), Pankratius (12. Mai), Servatius (13. Mai) und Bonifatius (14. Mai) und werden auch die »strengen Herren« genannt. Sie waren Bischöfe und Märtyrer, die im 4. und 5. Jahrhundert lebten. Bauern hatten beobachtet, daß es an den Gedenktagen im Mai noch richtig kalt werden kann. Es kann sogar Frosttage geben. Die Kälteeinbrüche im Mai führten zu Frostschäden an der aufgegangenen Saat. Deshalb hatte Opa stets ein wachsames Auge auf die »Eisheiligen«, wenn er im Garten etwas säen oder pflanzen wollte.
- *Die Kalte Sophie* (15. Mai) zählt noch zu den Eisheiligen, wird jedoch extra erwähnt. Es heißt, erst wenn die »Kalte Sophie« vorüber ist, stabilisiert sich das Frühlingswetter. Die Märtyrerin, die im 3. Jahrhundert getötet wurde, gilt als Patronin gegen Spätfrost. Ein alte Bauernregel heißt: »Vor Bonifatius kein Sommer, nach Sophie kein Frost.« Erst nach der »Kalten Sophie« stellen umsichtige Gärtner bis heute Topfpflanzen auf den Balkon und Kübelpflanzen in den Garten.
- Die *Schafskälte* Mitte Juni läßt frisch geschorene Lämmer vor Kälte zittern. Eine kühle, feuchte Nordwestströmung bringt wechselhaftes Wetter mit Regen. Der Temperaturabfall ereignet sich um den 11. bis 15. Juni.
- Der *Siebenschläfer* am 27. Juni ist gefürchtet. Es heißt: So wie das Wetter an diesem Tag ist, so bleibt es sieben Wochen lang.

Alle kennen die alte Bauernregel. Auch die moderne Wettervorhersage kann die Volksweisheit nicht ganz von der Hand weisen. Denn Ende Juni/ Anfang Juli steht fest, ob die atlantischen Tiefausläufer im nördlichen Atlantik oder weiter unten im Süden verlaufen. Die Dauerwetterlage hängt mit der Hauptzugbahn zusammen. Liegt sie im Süden, ziehen Tiefausläufer mit Regen über Mitteleuropa, liegt sie im Norden, herrscht Hochdruckeinfluß vor. Wer die Wochen exakt zählt, wird enttäuscht: Die Zahl sieben ist lediglich Symbol für eine lange, lange Zeit. Übrigens: Der Siebenschläfer ist ein niedlicher kleiner Nager mit buschigem Schwanz und witzigen Kuscheltieröhrchen. Er lebt in Laubwäldern, Parks, Gärten und Obstgärten und bewohnt Baumhöhlen sowie Nistkästen, aber auch Unterschlupfe im Dach von Gartenhäuschen. Die Mischung zwischen Maus und Eichhörnchen hat sich ihren Namen im Schlaf verdient: Siebenschläfer halten nämlich sieben Monate Winterschlaf! So heißt es zumindest.

Mit Opas Wetterregeln durch das Jahr

Januar

Ist der Januar frostig und kalt,
lockt uns bald der grüne Wald.

Eis und Schnee im Januar
künden an ein gutes Jahr.

Wie das Wetter um Vincent
war, wird es sein das ganze
Jahr.

Lacht der Januar im Kommen
und Scheiden, bringt das Jahr
noch viele Freuden.

Reichlich Schnee im Januar,
macht Dung fürs ganze Jahr.

Januar hell und weiß,
Sommer sicher heiß.

Januar Schnee zuhauf, Bauer
halt die Säcke auf.

Fällt im Januar Schnee und
Frost, gibt der März gar wenig
Trost.

Wenn der Frost bis Januar
nicht kommen will,
so kommt er im März und im
April.

Je kälter und heller der Januar, um so voller Scheuer und Faß dies Jahr.

Im Januar viel Regen, wenig Schnee tut Acker, Wies und Bauer weh.

Ist der Januar naß und warm, wird der Bauersmann gern arm.

Im Januar viel Muckentanz, verdirbt die Futterernte ganz.

Kommt der Hase in die Gärten, der Winter sich wird noch härten.

Lieber einen Wolf im Januar sehen als die Leut in Hemdsärmeln stehen.

Wirft der Maulwurf im Januar, dauert der Winter bis in den Mai sogar.

Regen an Dreikönig, doppelte Keime, aber nur halbe Frucht in die Scheune.

Neujahrsnacht still, ein gutes Jahr es werden will.

Januar muß vor Kälte knacken, wenn die Ernte soll gut sacken.

Im Januar viel Regen, wenig Schnee tut Äckern und Bäumen weh.

Sind im Januar die Flüsse klein, gibt's im Herbst einen guten Wein.

Ist im Januar dick das Eis, gibt es im Mai ein üppig Reis.

Januar muß krachen, soll der Frühling lachen.

Februar

Was der Februar nicht will, nimmt der April.

Im Februar müssen die Stürme fackeln, daß dem Ochsen die Hörner wackeln.

Gibt's im Februar Eichhörnchen und Finken, siehst du schon den Frühling winken.

Wenn's im Februar regnerisch ist, hilft's soviel wie guter Mist.

Februar Schnee und Regen, göttlicher Segen.

Februar kalt und klar, gutes Roggenjahr.

Singt die Lerche im Februar
hell, geht's dem Bauern an das
Fell.

Im Februar viel Regen,
dem Sommer ein Segen.

Wenn es der Februar gnädig
macht, bringt der Lenz den
Frost bei Nacht.

Wenn's im Februar nicht
schneit, kommt die Kälte zur
Osterzeit.

Wenn im Februar die
Mücken schwärmen,
muß man im März die Öfen
wärmen.

Liegt im Februar die Katze im
Freien, kann sie im März vor
Kälte schreien.

Ist der Februar sehr warm,
friert man zu Ostern bis in
den Darm.

Viel Regen im Februar,
regnet's das ganze Jahr.

Februar mit Vogelsang,
macht den Bauern angst
und bang.

Wenn im Februar spielen die
Mücken, gibt's im Schafstall
große Lücken.

Wenn Lichtmeß hell und klar,
gibt's zwei Winter in diesem
Jahr.

Lieber der Wolf in den
Stall hinein als zu Lichtmeß
Sonnenschein.

März

Amsel zeitig,
Bauer freudig.

Läßt der März sich trocken an,
bringt er Brot für jedermann.

März nicht zu trocken und zu
naß, füllt dem Bauern Scheuer
und Faß.

Feuchter, fauler März des Bauern großer Schmerz.

Wenn im März viel Winde
wehen, wird der Maien warm
und schön.

Donnert es in den März
hinein, wird der Roggen gut
gedeihn.

März ohne Schnee tut den
Saaten weh.

Was der März nicht will,
holt sich der April.

Mit dem Märzen
ist nicht gut scherzen.

Wer will dicke Bohnen essen,
darf den Märzen nicht vergessen.

Märzen grün
ist bald wieder hin.

Wenn im März viele Nebel
fallen, im Sommer viel
Gewitter schallen.

Trockener März, nasser April,
kühler Mai füllen Keller und
Böden und machen Heu.

Zu früh im Märzen Saat ist
nicht gut, zu späte auch ein
Übel tut.

Trockener März und feuchter
April, das ist nach des Bauern
Will.

Sind März und April zu
trocken und licht,
so gerät das Futter nicht.

Säst du im März zu früh,
ist's oft vergebene Müh.

Braust du im März gutes Bier,
mein Bauer, es ist gesund und
wird nicht sauer.

Läßt der März sich trocken an,
bringt er Brot für jedermann.

Trockener März
erfreut des Bauern Herz.

April

Der April macht, was er will.

April und Weiber Will
ändern sich schnell und viel.

Am Palmsonntag Sonnen-
schein soll ein gutes Zeichen
sein.

Heller Mondschein im April
gibt an Obst und Wein nicht
viel.

Karfreitags Regen
soll trockenen Sommer geben.

Der April treibt sein Spiel,
der Mai hat auch noch Launen
viel.

April und Mai
rühren fürs Jahr den Brei.

Ist der April kalt und naß,
dann wächst das Gras.

Bald trüb und rauh, bald licht
und mild, dann ist der April
des Menschen Ebenbild.

Wer im April erst den Weinstock bindet, weniger Wein im
Herbste findet.

Im April
wächst das Gras ganz still.

April mehr Regen als
Sonnenschein, wird der Juni
trocken sein.

Ist der April schön und rein,
wird der Mai wilder sein.

Bläst der April mit beiden
Backen, gibt's viel zu jäten
und zu hacken.

Säen am 1. April
verdirbt den Bauern mit
Stumpf und Stiel.

Wenn im April die Maikäfer
fliegen,
so bleiben die meisten im
Schmutze liegen.

Wohl hundertmal schlägt's
Wetter um, das ist des Aprils
Privilegium.

Dürren April der Bauer nicht
haben will.

Des Aprilens Lachen
verdirbt des Landmanns
Sachen.

Bauen im April schon die
Schwalben,
gibt's viel Futter, Korn und
Kalben.

Grasmücken, die fleißig
singen,
wollen uns den Frühling
bringen.

Auf Aprilflöckchen
folgen Maiglöckchen.

Regen im April
jeder Bauer will.

Regen auf Walpurgisnacht
hat immer ein gutes Jahr
gebracht.

Mai

Maientau macht grüne Au,
Maienfröste sind unnütze
Gäste.

Die erste Liebe und der Mai,
gehen selten ohne Frost vorbei.

Mairegen bringt Segen, da
wächst jedes Kind,
da wachsen die Blätter, die
Blumen geschwind.

Mairegen auf die Saaten,
dann regnet es Dukaten.

Wer auf schlechte Weide bringt
die Kuh,
verliert die Milch und den
Mist dazu.

Nordwind im Mai
bringt Trockenheit herbei.

Macht sich der Maikäfer rar,
dann wird's kein gutes Jahr.

Grün schmücken sich Flur
und Au, fällt vom Himmel
Maientau.

Kühler Mai,
Stroh und Heu.

Riecht im Maien zart das
Gras, gibt es Milch ohne
Unterlaß.

Genug Regen im Mai
gibt dem ganzen Jahr Brot
und Heu.

Donnert es im Mai recht viel,
hat der Bauer gewonnen das
Spiel.

Ist's im Mai recht kalt und
naß, haben die Maikäfer
wenig Spaß.

Donner im Mai
bringt großen Wind herbei.

Der Mai bringt Blumen dem
Gesichte,
dem Magen aber keine Früchte.

Im Mai geschoren,
ist neu geboren.

So wie der Mai
werden Obst und Heu.

Wer Hafer sät im Mai,
der hat viel Spreu.

Blühen die Eichen im Mai,
kommt ein gutes Jahr herbei.

Mai mag kommen spät oder
früh, kommt die Kuh hinaus,
so zittert sie.

Erst Mitte Mai
ist der Winter vorbei.

Regnet's in die Hopfen-
stecken, wird das nächste Bier
nicht schmecken.

An Himmelfahrt Regen,
dem Heu ungelegen.

Steht im Mai der Wind aus
Süden, ist bald Regen
beschieden.

Aus nassem Mai
kommt trockener Juni herbei.

Den 1. Mai führt man den
Ochsen ins Heu.

Juni

Wie soll der Juni sein?
Warm mit Regen und Sonnenschein.

Kalter Juniregen
bringt Wein und Honig keinen Segen.

Juni kalt und naß
läßt leere Scheuer und Faß.

Vor Johannitag
keine Gerste man loben mag.

Soll gedeihen Korn und Wein,
muß der Juni trocken sein.

Wenn die Johannisbeeren reifen,
kannst du bald nach Kirschen greifen.

Ist der Juni kühl und trocken,
gibt's was in die Milch zu brocken.

Juni naß,
viel Boden Gras.

Viermal Juni Regen,
zwölffacher Segen.

Ist der Juni warm und naß,
gibt's viel Korn und noch mehr Gras.

Juni feucht und warm
macht den Bauern nicht arm.

Stellt der Juni mild sich ein,
wird mild auch der Dezember sein.

Wenn's im Juni viel regnet,
ist der Graswuchs gesegnet.

Wenn im Juni Nordwind geht,
kommt Gewitter oft recht spät.

Menschen-Sinn und Juni-Wind ändern sich oft sehr geschwind.

Bläst Juni ins Donnerhorn,
bläst er ins Land das gute Korn.

Wenn im Juni Nordwind weht,
das Korn zur Ernte trefflich steht.

Im Juni viel Donner,
trüber Sommer.

Ist es von Petrus bis Laurentius heiß, dann bleibt's im Winter lange weiß.

Wie's die sieben Brüder treiben, so soll's Wetter vier Wochen bleiben.

Regnet's am St.-Peters-Tag,
drohen dreißig Regentag.

Juli

Juli schön und klar,
gutes Bauernjahr.

Im Juli Sonnenbrand
gut für Leut' und Land.

Wenn im Juli die Ameisen
ungewöhnlich tragen,
wollen sie einen frühen harten
Winter aufsagen.

Hängt die Birne fest am Stiel,
bringt der Winter Kälte viel.

Was der Juli verbricht,
rettet der September nicht.

Wenn Spinnen fleißig weben
im Freien, läßt sich schön
Wetter prophezeien.

Wenn die Schwalben im Juli
ziehen, sie vor baldiger Kälte
fliehen.

Juli viel Glut
macht alles gut.

Wird der Juli trocken sein,
kann man hoffen auf guten
Wein.

Im Juli will der Bauer
schwitzen
und nicht hinter dem Ofen
sitzen.

Wenn's im Juli bei Sonnenschein regnet,
man viel giftigem Mehltau
begegnet.

Juli kühl und naß, leere Scheunen, leeres Faß.

Was Juli und August nicht
taten, läßt der September
ungebraten.

Schnappt im Juli das Weide-
vieh nach Luft,
so riecht es schon Gewitter-
duft.

Bringt der Juli heiße Glut,
gerät der September gut.

Bei Donner man im Julius
viel Regen noch erwarten muß.

Im Juli schwitzen,
im Dezember sitzen.

Juli heiß und schwül
braucht der Hände viel.

Wie die Hundstage beginnen,
so ziehen sie wieder von hin-
nen.

August

Fängt der August mit Hitze an,
bleibt sehr lang die Schlitten-
bahn.

Wie der August geht,
der September meist steht.

Ein Regen im August
ist für den Wald Erquickungs-
lust.

Der August muß Hitze haben,
sonst wird des Baums Segen
begraben.

August ohne Feuer
macht das Brot teuer.

August Ende,
Herbst Wende.

Macht der August uns heiß,
bringt der Winter uns viel Eis.

Was der August nicht
vermocht, kein September
mehr kocht.

Im August am Morgen Regen
wird vor Mittag sich nicht
legen.

Wenn der Kuckuck im
August noch schreit,
gibt's im Winter teure Zeit.

Im August viel Regenschauer
sind Verdruß für jeden Bauer.

Im August beim ersten Regen
pflegt die Hitze sich zu legen.

Fängt der August mit
Donnern an, er's bis zum End
nicht lassen kann.

Gibt's im August keine
Garben, wird man im Winter
darben.

Ist's im August recht hell
und heiß, lacht der Bauer im
vollen Schweiß.

Der August vergeht,
indem der Bauer mäht.

September

Sieht man die Vögel zeitig
zieh'n, sie vor baldiger Kälte
flieh'n.

Wenn im September viele
Spinnen kriechen,
sie einen harten Winter riechen.

Scharren die Mäuse tief sich
ein, wird ein harter Winter
sein.

Ist der September reich an Regen, gereicht das Naß der Saat
zum Segen.

Warme Nächte bringen
Herrenwein, bei kalten wird
er sauer sein.

Viel Nebel im September über
Tal und Höh' bringen im Winter tiefen Schnee.

Sitzen die Birnen fest am Stiel,
bringt der Winter Kälte viel.

Ziehen die wilden Gänse weg,
fällt der Altweibersommer in
den Dreck.

Frische Septemberluft den
Jäger zum Jagen ruft.

Donnert's im September noch,
liegt der Schnee zu Weihnachten hoch.

September Regen
nie ungelegen.

Septemberwetter warm
und klar verheißt ein gutes
nächstes Jahr.

Wenn der September noch
donnern kann, setzen die
Bäum' viel Blüten an.

September Regen
kommt der Saat gelegen.

Durch des Septembers
heitren Blick
schaut noch einmal der Mai
zurück.

Fällt im Wald das Laub recht
schnell,
ist der Winter bald zur Stell'.

Oktober

Siehst du fremde Wandervögel,
wird es kalt nach alter Regel.

Oktober im Sonnenschein
schüttet Zucker in den Wein.

Oktober Schnee
tut Pflanzen und Tieren weh.

Wie im Oktober die Regen
hausen, so im Dezember die
Stürme brausen.

Oktoberhimmel voller Stern
hat warme Öfen gern.

Durch Oktobermücken laß
dich nicht berücken.

Sitzt im Oktober das Laub
noch am Baum, fehlt ein stren-
ger Winter kaum.

Ist der Oktober warm bestallt,
so wird der Februar recht kalt.

Oktober und März
gleichen sich allerwärts.

Bleibt im Oktober
das Laub am Ast, viel
Ungeziefer du zu fürchten hast.

Sitzt im Oktober das Laub fest
an den Ästen,
kommt der Winter mit
starken Frösten.

Wenn's im Oktober friert und
schneit, bringt der Januar
milde Zeit.

Des Oktobers Ende
reicht allen Heiligen die
Hände.

Wenn die Bienen zeitig verkit-
ten, kommt ein harter Winter
geritten.

Macht der Maulwurf große
Haufen, wird der Winter kalt
verlaufen.

Kommt die Feldmaus in das
Dorf, sorge bloß für Holz und
Torf.

November

Wenn der November regnet
und frostet, dies der Saat das
Leben kostet.

Wenn's an Allerheiligen
schneit, lege deinen Pelz
bereit.

Allerheiligen klar und helle,
sitzt der Winter auf der
Schwelle.

Novemberwind
scheut Schaf und Rind.

Baumblüte spät im Jahr
noch nie ein gutes Zeichen
war.

Tummelt sich im November
die Maus, bleibt der Winter
noch lange aus.

Wenn der Rabe schreit,
ist der Regen nicht weit.

November Morgenrot,
langer Regen droht.

November Wasser auf den
Wiesen, wird im Lenz das Gras
gepriesen.

Der rechte Bauer weiß es
wohl, daß man im November
wässern soll.

Friert im November zeitig das
Wasser, dann ist der Januar um
so nasser.

November recht naß
bringt jedem was.

November hell und klar,
schlecht das ganze Jahr.

Wenn im November Donner
rollt, wird dem Getreide Lob
gezollt.

Wenn's im November blitzt
und kracht,
im nächsten Jahr der Bauer
lacht.

Sitzt im November fest das
Laub, wird der Winter hart,
das glaub.

Ist im November die Buche
fest, große Kälte erwarten läßt.

Wer später will etwas haben,
muß im November gründlich
graben.

Blüh'n im November die
Bäume neu, währt der Winter
bis zum Mai.

Um Martini haben wir ge-
nug – eine Gans in der Schüssel und Wein im Krug.

Wenn um Martini Regen fällt,
ist's mit dem Weizen schlecht
bestellt.

Martini hell,
kommt der Winter schnell.

Je mehr Schnee im November
fällt, um so fruchtbringender
wird das Feld.

Dezember

Fließt im Dezember noch Bir-
kensaft, bekommt der Winter
keine Kraft.

Dezember kalt mit Schnee,
gibt Korn in jeder Höh'.

Dezember warm,
Gott erbarm!

Es folgt allzeit und immer-
dar auf kalten Dezember ein
fruchtbar Jahr.

Bei Winternebel bringt
Ostwind Tau,
der Westwind trägt ihn aus der
Au.

Glatter Pelz beim Wilde, dann
wird der Winter milde.

Wenn der Christmond bricht,
ist der Winter ein Wicht.

Wird's am ersten Advent
erst kalt,
hält das Eis zehn Wochen bald.

Wie's wird im Advent, die
Erntesonne brennt.

Gefriert im Dezember der
Weinstock ein,
kann er härter als ein Fichten-
baum sein.

Donner im Weihnachtsquartal
bringt Kälte ohne Zahl.

Wind in St.-Silvester-Nacht hat
nie Wein und Korn gebracht.

Ist es grün zur Weihnachts-
feier, fällt der Schnee auf
Ostereier.

Sonne, Donner, Blitz und Schall

Opa rezitiert gern eine alte Volksweisheit, die den Lauf der Sonne
beschreibt: Im Osten geht die Sonne auf, im Süden nimmt sie
ihren Lauf, im Westen muß sie untergehn, im Norden ist sie nie
zu sehn.

Die Sonne

Die Sonne ist der zentrale Stern in unserer Heimatgalaxie: der
Milchstraße. Der glühende, gasförmige Ball dreht sich um die
eigene Achse, ist an der Oberfläche rund 5600 Grad heiß und
spendet nicht nur Licht und Wärme; die Sonne versorgt die Erde
mit all der Energie, die Leben überhaupt erst möglich macht.
Deshalb wurde die Sonne schon von den alten Ägyptern, den
Inkas und anderen Völkern verehrt. Sonnenstrahlen lassen unsere
Pflanzen wachsen. Die Umwandlung der Sonnenenergie in den
Pflanzen heißt Photosynthese. Dabei wird Lichtenergie in che-
mische Energie umgewandelt. Es entstehen Kohlehydrate – die
Grundbausteine unserer Ernährung. Erst der Prozeß der Photo-
synthese macht es möglich, daß Menschen und Tiere genug zu
essen haben. Und Luft, um zu atmen. Die Sonne sichert also das
Leben auf der Erde.

Unserem Zentralgestirn haben wir aber nicht nur »schönes
Wetter« zu verdanken. Auch wenn wir die Sonne nicht sehen,
steht sie am Himmel und kurbelt die Wettermaschine an: So wie
seit weit über vier Milliarden Jahren! Die Sonne ist also bei all den
Hochs und Tiefs für jedes Wetter auf der Erde mitverantwortlich.

Der strahlend gelbe Stern ist gut 109mal so groß wie die Erde und so weit von uns entfernt, daß die Strahlen immerhin ganze acht Minuten brauchen, bevor sie die Erde erreichen – nämlich zwischen 147 und 152 Millionen Kilometer. Dabei ist das Licht mit sagenhaften 300 000 Kilometern pro Sekunde unterwegs! Sonnenstrahlen bestehen aus den Farben Rot, Orange, Gelb, Grün, Blau und Violett. Jede Farbe hat unterschiedliche Wellenlängen: Rot hat die größte Wellenlänge, Violett die kleinste. Die Wellen werden durch die Moleküle in der Luft, durch Staubteilchen und Wasserdampf abgelenkt. Ist der Himmel blau, erreichen uns nur die kurzwelligen Strahlen. Bei Sonnenauf- oder -untergang treffen die Strahlen schräg auf die Lufthülle auf. Die kurzen Wellen werden zurückgeworfen, nur das langwellige Licht erreicht unsere Augen. Deshalb strahlt der Himmel rot. Es gibt ein Morgen- und ein Abendrot. Doch so mancher rote Himmel in den Ballungsgebieten und Industriezentren ist auch ein Zeichen für Luftverschmutzung mit Feinstaub und anderen Schwebeteilchen aus Haushalt, Industrie und Autoabgasen. Sie verstärken beim schrägen Eintritt der Sonnenstrahlen in die Atmosphäre den Roteffekt.

In einer Sekunde spendet die Sonne übrigens so viel Energie, daß ganz Amerika damit über 90000 Jahre auskommen könnte. Das schafft der Stern, indem er die Energie im Innern aus Wasserstoffkernen und Helium erzeugt. Atome verschmelzen: das nennt man Kernfusion. Die Sonne funktioniert quasi wie eine Wasserstoffbombe. Sie besteht zu über 78 Prozent aus Wasserstoff, zu 20 Prozent aus Helium; die restlichen zwei Prozent sind andere Elemente.

Die Luft

Wetterveränderungen entstehen, wenn der hohe Luftdruck mit dem tiefen Luftdruck aneinandergeraten. Hoch gegen Tief, Warm- gegen Kaltfront: So sehen wir es jeden Abend auf der Wetterkarte im Fernsehen.

Generell gilt: Luft wird in großen Höhen dünner. Je höher Luft aufsteigt, desto mehr kühlt sie ab. Beim Aufstieg verwandeln sich die Wassermoleküle in der Luft: Waren sie vorher noch in einem gasförmigen Zustand, verflüssigen sie sich jetzt und werden zu Regen oder Schnee. Die uns umgebende Lufthülle gliedert sich übrigens in mehrere Stockwerke: In 8 bis 17 km Höhe befindet sich die Troposphäre. Es folgen Stratosphäre und Ionosphäre.

Der Wind

Warme Luft steigt nach oben und dehnt sich aus. Die Moleküle in der Luft bewegen sich schneller. Treffen warme und kalte Luft aufeinander, entsteht Wind. Die Temperaturunterschiede bringen kräftig Bewegung ins Wetter. Tagsüber erwärmt sich das Land stärker als Wasserflächen wie Seen oder das Meer (weil diese ausgleichend wirken). Es entsteht ein Wind, der vom Meer her aufs Land weht. Denn die warme Luft vom Land steigt auf, die kühle Luft vom Wasser strömt nach. Nachts ist es genau umgekehrt: das Land kühlt schneller ab als große Wasserflächen. Es entsteht ein Wind, der jetzt vom Land aufs Meer weht. Das nennt man ablandigen Wind. Weht der Wind vom Meer aufs Land, spricht man von auflandigem Wind.

Bei Föhn ist das Wetter schön: aber die Menschen in den Alpen leiden. Es ist ein warmer Südwind, der auf der Luvseite (also der dem Wind zugewandten Seite) der Alpen kräftige Stauwolken bildet. Auf der windabgewandten Leeseite entstehen Wolkenwellen, in denen linsenförmige »Föhn-Fischchen« schwimmen. Das sind Altocumulus-Wolken, die für Wärme und Trockenheit stehen.

Ein *Tornado* entsteht, wenn feuchtheiße und kalte Luft aufeinanderprallen und sich immer schneller drehen und rotieren. Wie ein Staubsauger schlägt plötzlich der Rüssel eines Tornados auf dem Erdboden auf und saugt alles an, was sich ihm in den Weg stellt. Zurück bleibt eine Schneise der Verwüstung. Ein Tornado dreht sich mit der unvorstellbaren Geschwindigkeit von bis zu 600 Stundenkilometern. Im Innern toben Gewitter und zucken Blitze, weil dort extrem niedriger Druck herrscht. Man hat bei Tornados in den USA schon bis zu 1000 Stundenkilometer gemessen. So schnell brauste der Sturm übers Land.

Ein *Hurrikan* hat ebenfalls ungeheure Zerstörungskraft. Der Wirbelsturm entsteht über warmen, tropischen Meeren. Dort frißt sich der Hurrikan mit Meerwasser voll. Das Wasser steigt als Dampf auf und bildet die unheimliche Wolke, welche durch die Erdrotation in Drehung versetzt wird. Die Wolke wächst und wächst, zieht über dem Ozean immer mehr Wasser, bis sie schließlich zwei Milliarden Tonnen und mehr mit sich schleppt. Die Wassermassen entladen sich dann über dem Land, wo der Hurrikan irgendwann an Kraft verliert.

In Asien heißen tropische Wirbelstürme *Taifune,* in Indien spricht man vom *Zyklon.* Ein *Blizzard* tobt im Norden und Nordosten der USA, wenn Kaltlufteinbrüche an der Rückseite eines Tiefs eisige Winde, starke Schneefälle und Eisregen mitbringen.

Windstärken

Der britische Admiral Sir Francis Beaufort (1774-1857) hat die unterschiedlichen Windstärken in eine Skala eingeteilt. Seither wird der Wind in Beaufort (Bft) eingeteilt, die Windgeschwindigkeit in Stundenkilometern (km/h) gemessen.

- Bei 0 Beaufort herrscht absolute Windstille, Rauch würde gerade nach oben aufsteigen.
- 1 Beaufort ist ein sehr leichter, kaum spürbarer Windzug.
- 2 Beaufort sind leichter Wind, bei dem die Blätter sich sanft in den Zweigen wiegen.
- 3 Beaufort ist schwacher Wind, der auch die Zweige der Bäume leicht bewegt, die Windgeschwindigkeit liegt jetzt zwischen zwölf und 19 km/h.
- 4 Beaufort werden noch als mäßiger Wind bezeichnet. Die Geschwindigkeit erreicht bis zu 28 km/h, und der Wind wirbelt Staub auf. Dünne Äste geraten in Bewegung.
- 5 Beaufort sind als frischer Wind in der Skala vermerkt. Auf Binnengewässern bilden sich leichte Schaumkronen. Die Windgeschwindigkeit beträgt jetzt bis zu 38 km/h.
- 6 Beaufort gelten bei Geschwindigkeiten bis zu 49 km/h als starker Wind. Große Äste mit schwerem Laub geraten in Bewegung. Man hört ein Pfeifen, wenn der Wind um die Ecke braust.

- 7 Beaufort gelten als steifer Wind. Bei bis zu 61 km/ h geraten jetzt selbst Bäume ins Wanken. Wer im Freien unterwegs ist, spürt beim Gehen deutlichen Gegenwind.
- 8 Beaufort bezeichnet man als stürmischen Wind. Jetzt brechen Zweige ab, Laub wird aus den Bäumen gerissen. Bei bis zu 74 km/h hat man Schwierigkeiten, gegen den Wind anzugehen.
- 9 Beaufort stehen für Sturm. Die Windgeschwindigkeit erreicht jetzt bis zu 88 km/h. Die ersten Dachziegel fallen auf die Straße, dicke Äste brechen ab.
- 10 Beaufort stehen mit einer Windgeschwindigkeit bis zu 102 km/h für schweren Sturm. Jetzt werden Bäume entwurzelt, Dächer abgedeckt. Es ist gefährlich, das Haus zu verlassen. Selbst Erwachsene kommen nur schwer gegen den Sturm an.
- 11 Beaufort werden im Binnenland nur sehr selten gemessen. Auf dem Meer bilden sich bei dem orkanartigen Sturm mit Spitzengeschwindigkeiten bis zu 117 km/h hohe Wellenkämme. Überall liegt Gischt in der Luft.
- 12 Beaufort bezeichnet man als Orkan. Jetzt liegt die Windgeschwindigkeit bei bis zu 133 km/h. Für stärkere Winde auf See schließt sich die Saffir-Simpson-Hurrikan-Skala an der Beaufort-Skala an. Es wurden bei einem Hurrikan schon Windgeschwindigkeiten von 450 km/h gemessen.

Das Gewitter

Gewitter entstehen in hoch aufquellenden Haufenwolken, die bis in zehn Kilometer Höhe reichen. Sie sind unten flach und quellen immer weiter auf. Blitze entstehen durch Reibung. Bei einem Gewitter reiben sich in der Wolke durch die Auf- und Abwinde alle möglichen Moleküle, Wassertröpfchen und Eiskristalle, Staub und Graupelteilchen aneinander. Es entstehen Spannungsdifferenzen. Die Moleküle zerreißen, brechen und laden sich dabei elektrisch auf. Es kommt zu Entladungen. In Cumulonimbus-Wolken laden sich die Tröpfchen elektrisch auf. übersteigen die Spannungsdifferenzen drei Millionen Volt (durch unsere Steckdose fließen 220 Volt!) pro Meter, löst das die Entladung aus. Eine Entladung reicht, und es kommt zu einer Art Initialzündung:

Diese Kettenreaktion löst den Blitz aus. Ein Blitz ist quasi ein gigantischer Kurzschluss. Während Sie diesen Text lesen, toben über 1800 Gewitter auf der Erde, und über 44 000 Blitze zucken durch die Atmosphäre.

Blitze sind bis zu 30000 Grad heiß, bewegen sich mit 300 Kilometern pro Sekunde und dauern weniger als eine Tausendstelsekunde. Dabei wird eine Stromstärke bis zu 400 000 Ampere frei. Eine ganz normale Haussicherung fliegt schon bei 16 Ampere heraus. Die meisten Blitze bleiben in den Wolken, nur jeder zehnte erreicht die Erde.

Blitze dehnen die Luft so schnell aus, das die Schallmauer durchstoßen wird: Es donnert. Da sich Licht schneller bewegt als der Schall, sehen wir den Blitz, bevor es donnert. Der Schall des Donners braucht drei Sekunden für einen Kilometer. Hört man den Donner nach sechs Sekunden, ist das Gewitter also zwei Kilometer weit entfernt. So kann man ganz leicht berechnen, wie weit das Zentrum des Gewitters entfernt ist.

Was Wolken und Eisheilige verraten

Opa und sein Enkel Christian sitzen gerne mal zusammen auf der Bank im Garten und gucken in den Himmel. » Opa, gibt es auf dem Mond auch schlechtes Wetter?« fragt Christian.

»Der Mond hat überhaupt kein Wetter«, antwortet der Opa. »Keinen Regen, keinen Sturm, keine heißen Sommertage – einfach kein Wetter!« Der Enkel ist fasziniert. Opa weiß auch, warum der Mann im Mond keine Wettervorhersage braucht. »Der Mond hat- ganz anders als die Erde – keine Lufthülle. Die nennt man übrigens Atmosphäre. Ohne Atmosphäre gibt es keine Wolken, keine Hochs und Tiefs und auch keinen Schnee!«

Opa weiß viel übers Wetter. Er ist auf dem Land aufgewachsen und hat schon mit seinem eigenen Opa das Wetter beobachtet. Er kennt alte Bauernregeln und viele Wettergeschichten, hat Tiere und Pflanzen bei Wind und Wetter beobachtet und schlägt mit seinen Vorhersagen fast schon die Wetterfrauen und -männer im Fernsehen. Für Christian ist es immer interessant, mit Opa in den Himmel zu schauen. »Sieh die Wolken, Christian – schon bald gibt es ein Gewitter!« Und kurz darauf ist der erste Donner zu hören.

Opa weiß auch, daß die kälteste Temperatur auf der Erde mit minus 89 Grad in der Antarktis gemessen wurde und die heißeste mit plus 58 Grad in der Sahara. Er erzählt von der Reise der Wassertropfen in den Wolken und den tobenden Blitzen in verheerenden Tornados. Und wenn im Frühjahr die Tulpen im Garten plötzlich am Tag ihre Blütenblätter schließen, holt Opa den Schirm hervor und prophezeit Regen. Kurz darauf fallen die ersten Tropfen vom Himmel – die Blumen und Opa haben es vorher gewußt.

Doch am schönsten ist es, wenn es regnet und die Sonne scheint: »Schau, Christian, bald gibt es einen Regenbogen!« Wenn der Enkel dann in der falschen Richtung den Himmel absucht, lacht Opa sich kringelig. »Wir müssen die Sonne im Rücken haben, Junge! Sonst können wir keinen Regenbogen sehen, denn die Strahlen der Sonne werden in den Regentropfen wie in einem Prisma gebrochen.« Das Licht der Sonne wird aufgefächert, und die Farben Rot, Orange, Gelb, Grün, Blau, Indigo und Violett stehen im Bogen am Himmel.

»Und am Ende des Regenbogens steht ein Topf voll Gold«, sagt Opa dann immer und lächelt verschmitzt. Seine Wettergeschichten stimmen alle; nur die Geschichte mit dem Gold ist natürlich frei erfunden.

Die Wolken

Wenn die aufsteigende Luft das Wasser mit auf die Reise in den Himmel nimmt, verdunstet es. Dabei verändert das Wasser seine stoffliche Form: aus dem flüssigen Element wird ein gasförmiges.

Wasserdampf heißt bei den Meteorologen übrigens Luftfeuchtigkeit! Diese hängt wiederum von der Temperatur ab. Je wärmer es ist, desto schneller verdunstet das Wasser.

Wolken bestehen aus ganz vielen Wassertröpfchen, welche die Luft in Form von verdunstetem, also gasförmig gewordenem Wasser mit nach oben in den Himmel genommen hat. Es ist Wasser aus den Meeren, Flüssen und Seen sowie vom Boden. Ein Teil davon regnet später wieder auf die Erde nieder. Da drei Viertel der Erde vom Meer bedeckt sind, ist es kein Wunder, daß die Ozeane für unser Wetter extrem wichtige Faktoren sind. Meeresströmungen wie der Golfstrom oder der Sankt-Lorenz-Strom entscheiden, ob wir ein Land bewohnen können oder alles unter einer eisigen Schicht liegt. Meeresströmungen sind für das Klima also ganz entscheidend. Der Golfstrom bringt beispielsweise wie ein Fließband oder eine Pumpe warmes Wasser aus dem Golf von Mexiko mit und befördert es bis weit nach Norwegen. Nur deshalb sind dort hoch im Norden die Seehäfen eisfrei.

Doch zurück zu den Wolken.

Immer Ärger mit den Schafen

In 2000 bis 5000 Meter Höhe heißen die Wolken Altocumuli oder auch Schäfchenwolken. In dieser Höhe mischen sich Eiskristalle mit Regentropfen, welche die Schäfchenwolken bilden. Wenn man die »Herde« am Morgen sieht, sind Schauer gewiß. Es gibt weiße und graue Schafe, beide künden Regen an. Je grauer und dichter die Schäfchen sind, desto schlechter wird das Wetter. Rotten sich die kleinen Schäfchen gar zu einer Wolkenherde zusammen und bilden dabei eine einförmige, verdichtete Schicht, wird das Wetter immer schlechter. Fällt jetzt auch noch der Luftdruck, hält der Regen lange an. Große, sehr langgezogene, ausgewachsene Schafe sind hingegen Mischwolken, die schönes Wetter versprechen.

Wolken, die in etwa zwei Kilometer Höhe dünne Haufenschichten bilden und wie überdimensionale Walzen den Himmel bügeln, bringen gemeinhin schönes Wetter. Diese dünnen Haufenwolken heißen Stratocumulus. Wenn sie gleichförmig grau sind und dicke Schichten bilden, bringen sie Nieselregen. Sammeln sich unter dieser Stratocumulus-Decke obendrein Haufenwolken, die sich wie eine aufgeschlagene Bettdecke auch noch auftürmen, gibt es Regen.

Mächtige Cumuli sind dagegen Schönwetter-Haufenwolken, die im Sommer wie Wattebäuschchen über den Himmel fliegen und dabei gern ihre Form ändern. Wer in den Himmel schaut und seiner Phantasie keine Grenzen setzt, kann jetzt allerlei Gestalten erkennen: den Hund des Nachbarn, die böse Hexe, Gespenster und Drachen, Delphine und Zwerge. Diese Cumuli entstehen, wenn über dem warmen Boden Luftpostpäckchen aufsteigen, die sich in höheren Gefilden abkühlen. Der Wasserdampf kondensiert zu feinsten Tröpfchen. Am Abend lösen sich die Wolkengebilde auf, weil die Luft vom Boden nicht mehr warm genug aufsteigt.

Rotten sich jedoch die Cumulus-Wolken zu gigantischen Blumenkohl-Wolkengebilden zusammen, droht ein kurzer, mitunter heftiger Schauer.

Federn aus Eis bringen Regen

Sie sehen aus wie der zarte weiße Hochzeitsschleier einer Braut im Wind: die Cirrus-Wolken. Manchmal erinnern sie auch an verlorene Vogelfedern oder einen ausgefransten Stoffetzen. Sie bestehen aus Eiskristallen und befinden sich in 6000 bis 10 000 Meter Höhe. Früher hieß es: Wenn der Himmel gezupfter Wolle gleicht, regnet es gleich. Cirrus-Wolken sind Vorboten für schlechtes Wetter innerhalb der nächsten 24 bis 48 Stunden.

Cirrocumulus-Wolken sehen aus wie das Wattenmeer, wenn sich die Nordsee zurückgezogen hat: sie sind geriffelt wie ein Waschbrett und künden ein Gewitter an.

Gewitterwolken sind leicht zu erkennen: Sie stehen wie der Amboß des Schmieds drohend am Himmel. Diese Riesen heißen Cumulonimbus. Oben stoßen solche Wolken an die Troposphäre. Beim Anstoßen bildet sich die Platte des Amboß. Hängen schwarze Cumulonimbus-Wolken am Himmel, gibt es Hagelschauer und Gewitter sowie Sturmböen. Bei Gewitter herrscht wirkliches Chaos: Die Wolken erobern sich alle drei Stockwerk – Stratosphäre, Troposphäre und Ionosphäre – und bilden sowohl flockige Schäfchenwolken wie auch faserige Cirrus-Wolken und eine Schicht aus Cirrostratus-Wolken.

Liegen die Wolken wie Rauchschwaden am Himmel, kann man von Niederschlagsnebel reden. Aus diesem Hochnebel fallen keine dicken Tropfen: es nieselt, und zwar oft stundenlang. Die Wolken liegen im Stratus. Ziehen sie dicht über den Erdboden, spricht man von Nebel.

Verdunkeln Nimbostratus-Wolken den Himmel, gibt es im Sommer Dauerregen und im Winter Schnee. Scheint die Sonne

Wolken

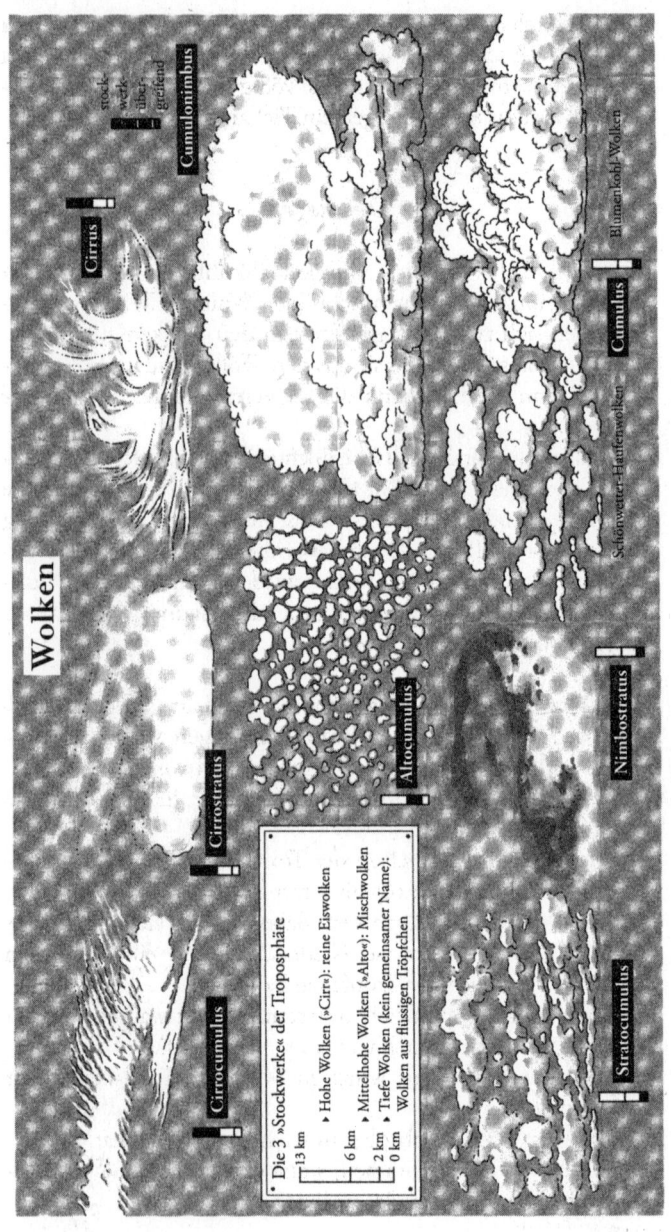

Cumulonimbus — stockwerke über greifend

Cirrus

Blumenkohl-Wolken

Cumulus — Schönwetter-Haufenwolken

Cirrostratus

Altocumulus

Nimbostratus

Cirrocumulus

Stratocumulus

Die 3 »Stockwerke« der Troposphäre

13 km
6 km
2 km
0 km

- ▶ Hohe Wolken (»Cirro«): reine Eiswolken
- ▶ Mittelhohe Wolken (»Alto«): Mischwolken
- ▶ Tiefe Wolken (kein gemeinsamer Name): Wolken aus flüssigen Tröpfchen

216

milchig durch eine leicht durchsichtige Wolke, die immer dichter wird und sich schließlich in eine graue Wand verwandelt, regnet es spätestens am nächsten Tag. Die völlig formlosen Wolken heißen Cirrostratus und kündigen ein Tief an.

Der Regen

Wenn die Luft oben im Himmel abkühlt, kondensiert der Wasserdampf zu Tropfen und bildet Wolken. Winzige Tropfen rotten sich zu immer größeren in den Wolken zusammen. Sie werden so schwer, daß sie aus den Wolken fallen. Dann regnet es: Denn die Luft kann die schweren Tropfen nicht mehr tragen.

Regentropfen sind unterschiedlich groß: Es gibt feinen Sprüh- oder Nieselregen. Bei einem Gewitterschauer hingegen sind die Tropfen fünfundzwanzigmal so groß. Auch Hagel ist am Anfang nichts weiter als Regen. Doch bevor die Tropfen die Erde erreichen, wirbelt sie der Wind immer wieder hoch in eiskalte Luftschichten. Die Tropfen gefrieren und fallen dann irgendwann als Hagelkörner auf die Erde.

- *Landregen* ist ein beliebtes Wort für dauerhafte, lang anhaltende Niederschläge. Es ist auch von Dauerregen die Rede. Im Alpen- und Voralpengebiet spricht man auch von Schnürlregen, weil es wie an einer Schnur regnet (es regnet in einem Band/es regnet Bindfäden).
- *Regen* unterscheidet sich in der Tropfengröße. Sie können einen Durchmesser von 0,5 bis 5 mm haben.
- *Schauer* dauern nur kurze Zeit; dabei kann es sich um einen » heftigen Schauer « mit viel Niederschlag oder einen »leichten Schauer « mit wenigen Tröpfchen handeln.
- *Platzregen* ist ein plötzlich auftretender, sehr starker Wolkenbruch. Man spricht auch von einem Regenguß.
- *Sprühregen* besteht aus winzigen Wassertropfen, die oft nur 0,5 mm groß sind.
- *Eisregen* ist Niederschlag bei unter null Grad. Es kann zu gefährlichem Glatteis kommen, wenn der Eisregen auf dem Asphalt zu überfrierender Nässe führt.

- *Graupel* sind kleine Eiskügelchen, die einen Durchmesser zwischen einem und 5 mm haben.
- Hagel unterscheidet sich von Graupel nur in der Größe. Die Eiskugeln können in Extremfällen größer als Tennisbälle sein. Sie sind auf jeden Fall größer als 5 mm.
- *Schnee* besteht aus einzelnen Eiskristallen, die aneinanderhaften und zwischen zwei und zehn Millimeter im Durchmesser haben.

Der Schnee

Schnee besteht aus sechsstrahligen Eiskristallen, die gern zu mehreren zusammenpappen und dabei Flocken oder Plättchen bilden. Schneeflocken sehen bei Frost aus wie winzig kleine Sterne, die vom Himmel gefallen sind. Alle Schneeflocken haben eine völlig unterschiedliche Form. Keines gleicht dem anderen. Es gibt große Flocken mit einem Durchmesser von mehreren Zentimetern und winzigen Flöckchen, die wie weißer Regen aussehen. Damit es schneit, müssen die Temperaturen in den Wolken unter dem Gefrierpunkt liegen. Lockerer Schnee hat mehr Lufteinschlüsse als fester Schnee. Sinkt das Thermometer unter zehn Grad minus, hat die Luft nur noch sehr wenig Feuchtigkeit. Dann fallen sehr feine Schneekristalle ganz langsam vom Himmel. Man nennt dies auch Polarschnee. Schnee fällt etwa mit einem Meter pro Sekunde sehr viel langsamer aus den Wolken als Regen (5 m/sec).

Die Jahreszeiten

Die Erdachse – das ist eine gedachte Linie von Pol zu Pol – ist geneigt. Deshalb wird einmal die nördliche, dann die südliche Erdhälfte von der Sonne beschienen. Dadurch entstehen die Jahreszeiten. Im Laufe eines Jahres wandert die Erde – während sie sich ständig (also einmal am Tag) um sich selbst dreht – um die Sonne. Dabei beschreibt der Erdball eine Ellipse. Die Jahreszeiten sind vom jeweiligen Neigungswinkel der Sonneneinstrahlung abhängig, der sich durch die Neigung der Erdachse verändert.

Darum gilt *meistens:* Am 21. März beginnt der Frühling, am 21. Juni der Sommer, am 23. September der Herbst und am 21. Dezember der Winter.

Frühling

Die Tage werden langsam länger, die Sonnenstrahlen gewinnen immer mehr an Kraft. Noch steht die Sonne flach am Himmel, doch der Bogen, den sie über dem Horizont beschreibt, wird von Tag zu Tag länger und höher. Es wird langsam wärmer. Die erste Blume, die quasi das Frühjahr einläutet, ist das Schneeglöckchen. Dann stecken Krokusse ihre Köpfe aus der Erde. Die Haselkätzchen blühen, Ende April die Schlehen, im Mai die Heckenrosen. Der Frühling zeichnet sich durch große Temperaturschwankungen aus: Tag und Nacht, Anfang und Ende des Frühjahrs schwanken die Temperaturen zwischen Minusgraden mit Frost und herrlichen Sonnentagen. Im Frühling sieht man häufig einen hellen Ring um Sonne und Mond. Dieser »Halo «Ring kündet schlechtes Wetter an. Der April ist für seine Launen bekannt. Aprilwetter steht für dramatischen Wechsel zwischen Sonnenschein und dunklen Schauerwolken. Kräftige Tiefdruckgebiete ziehen vom Nordatlantik herein. Ende März/ Anfang April steigen die Bodentemperaturen. Jetzt blühen Forsythien und Löwenzahn und Schlehen, das Gras wächst. Ende April stehen Kirsch-, Birn- und Apfelbäume, Roßkastanien und Flieder in voller Blüte. Jetzt wird die Natur vollständig grün. Wenn der Holunder blüht, wird es langsam Sommer. Im Mai kann das Thermometer auf 25 Grad klettern, und nach den Eisheiligen Mitte des Wonnemonats ist kaum mehr Frost zu erwarten.

Sommer

Jetzt fallen die Sonnenstrahlen fast senkrecht ein, die Tage sind lang, die Nächte kurz. Typisches Sommerwetter bringt in unseren Breiten Westwind mit kühler, feuchter Luft. Der Nordatlantik wird langsam wärmer, doch seine Tiefs bringen Regen. Im Sommer gibt es mehr Regen als in allen anderen Jahreszeiten.

Heiße Tage gibt es nur bei stabilem Hochdruck. Wenn trockene Luft aus dem Osten nach dem westlichen Mitteleuropa einwebt, wird es heiß. Die Ostlage, welche die Festlandluft zu uns bringt, ist beständig. Im Juni ist alles in vollem Wachstum. Die Sonne steht bis zur Sonnenwende am 21. Juni am höchsten über dem nördlichen Wendekreis, die Nächte sind dann am kürzesten. Im Juli gehen die Pflanzen zur Reife über. Johannis- und Stachelbeeren reifen, das Getreide wird geerntet. Die Sonnenblumen stehen jetzt in voller Blüte. Im Spätsommer gibt es Frühzwetschgen. Das Wetter ist sehr warm; bei beständigem Hochdruck steigen die Temperaturen auf über 30 Grad. Im August (und seit dem Klimawandel oft schon im Juli) beginnt die Erntezeit, die Tage werden wieder kürzer.

Herbst

Anfang September fliegen Zugvögel wie Schwalben, Stare und Störche Richtung Süden und weiter nach Afrika. Im Garten blühen die Astern, jetzt hat die Erntezeit ihren Höhepunkt erreicht: Die Weinlese beginnt, Kartoffeln, Zwetschgen und Äpfel sind reif. Der Herbst bringt sehr abwechslungsreiches Wetter. Trüber Nebel am Morgen verfliegt, die Tage sind oft sommerlich warm, und trotzdem ist es dann am Abend schon empfindlich kalt. Im Oktober findet in den Laubwäldern ein dramatisches Farbspektakel statt. Wenn es jetzt friert, verlieren die Bäume innerhalb von Stunden all ihre Blätter. Nur ein frostfreier Oktober ist ein Goldener Oktober, denn dann verfärbt sich das Laub langsam: Eichen und Buchen halten ihre Blätter besonders lange. In der ersten Septemberhälfte (und neuerdings – seit etwa 2000 – oft schon im August) sind die Birnen und der schwarze Holunder reif, dann werden Rüben geerntet und Wintergetreide ausgesät. Im Oktober fallen die Roßkastanien vom Baum. Im November kommt es zu ersten Nachtfrösten. Die Luft kühlt stark ab.

Winter

Jetzt treffen die Sonnenstrahlen ganz flach auf der Erde auf. Die Tage sind kurz, die Sonne steht niedrig. Die Wintersonnenwende ist am 21. oder 22. Dezember. Erst im Februar gewinnt die Sonne wieder an Kraft. Doch der Februar zählt mit dem Januar in unseren Breiten zu den kältesten Monaten des Jahres. Das liegt an der großen Kälte, die zu der Zeit in Nordosteuropa und im Polargebiet herrscht. Die Winter an der Küste sind milder, da Nord- und Ostsee mehr Wärme abgeben als das Land. Schnee gibt es in der Regel über 500, manchmal erst über 1000 Meter Höhe. Im März ist der Winter oft schon vorbei.

Wetterwahrheiten und Wetterlegenden

Opa hat immer gesagt: »Frösche haben von Luftdruck keine Ahnung!« Trotzdem spricht man von Wetterfröschen. Opa wußte, daß der Laubfrosch bei Sonnenschein hoch hinauf in Sträucher und Büsche klettert, bei Regen duckt er sich dagegen am Boden. Das haben die Menschen beobachtet und früher die armen Tierchen in ein Einmachglas gesteckt, um den Frosch als Wetterpropheten zu nutzen. Heute ist das zum Glück für die vielerorts gefährdeten Tiere verboten. Sein Verhalten hat aus dem Laubfrosch ein lebendes Barometer gemacht, was natürlich im Glas nichts nutzte. Doch was den Frosch auf die Bäume trieb, war nicht das Wetter, sondern der Hunger. Denn bei schönem Wetter findet er Käfer, Fliegen und Mücken in oberen Gefilden. Bei Regen futtert er im pflanzlichen Erdgeschoß. Es gibt viele Phänomene rund ums Wetter; die meisten lassen sich leicht erklären.

- Dunkle Kleidung nimmt mehr Sonnenstrahlen auf als helle Kleidung. Deshalb trägt man im Sommer gern weiß. Je heller die Farbe, desto kühler wirkt die Kleidung.
- Haben Hunde im Herbst ein dichtes Fell, wird der Winter kalt.
- Halten Blumen bei Tag ihre Blüten geschlossen, ist das Wetter feucht und kühl.

- Öffnen sich die Zapfen von Nadelbäumen, wird es warm und sonnig (dann können die Samen besser entweichen).
- Fenster beschlagen, weil Wassermoleküle an der Innenseite der Scheiben abkühlen. Die Wassermoleküle verdichten sich und bilden Tropfen: aus dem gasförmigen Zustand wird ein flüssiger. Man spricht dann von Kondensation.
- Im Auto ist man vor Blitzen sicher, weil man von einer Hülle aus leitfähigem Metall umgeben ist: dem Faradayschen Käfig. Die elektrischen Ströme können nicht ins Innere des Wagens gelangen. Der Physiker Michael Faraday (1791-1867) hat das Phänomen erstmals beobachtet. Übrigens: In einem offenen Cabrio ist man nicht sicher!
- Es gibt keine Bäume, die vor einem Blitzschlag schützen. Der Spruch »Bei Gewitter Eiche meide, Buche suche« ist also Quatsch. Hohe Bäume sind besonders gefährlich und bei Gewitter zu meiden. Genauso wie Regenschirme und Mobiltelefone!
- Bei Gewitter niemals schwimmen gehen. Im Wasser kann sich der Strom des Blitzes besonders weit ausbreiten.
- Im freien schützt man sich bei Gewitter am besten, indem man sich auf den Boden hockt. Nicht hinlegen, Beine dicht am Körper halten und nicht ausstrecken.
- Hat der Mond einen Hof, zieht ein Tief heran. Es wird kalt.
- Fliegen die Schwalben hoch, ist das Wetter schön. Die Vögel jagen winzige Insekten, die in der aufsteigenden warmen Luft in die Höhe getragen werden. Bei schlechtem Wetter halten sich Insekten unten im Schutz von Bäumen und Sträuchern auf. Sie können bei feuchtem Wetter außerdem schlechter fliegen. Und die klugen Schwalben jagen im Tiefflug.
- Ist es im hohen Norden, in Skandinavien, sehr kalt, überwintern »fremde« Vogelarten bei uns. Diese »Wandervögel« – dazu gehören etwa der Bergfink und der Seidenschwanz – gelten zu Recht als Vorboten für große Kälte.
- Fressen Vögel im Herbst besonders viel, soll ein kalter Winter oder eine lange Regenperiode vor der Tür stehen.
- An einer Kuhherde kann man die Windrichtung erkennen: Rinder stehen gern mit dem Schwanz zum Wind hin.
- An exponierten Bäumen – etwa auf Hügeln oder an Straßenalleen – kann man die vorherrschende Windrichtung erkennen: Die Äste geben dem Wind nach und wachsen leicht krumm.

- Das Laub verfärbt sich, weil das Chlorophyll, der grüne Farbstoff, abgebaut wird. Jetzt erst kommen rote und gelbe Farbstoffe, die Carotinoide und Xanthophylle, zur Geltung. Sie waren vorher *vom* Chlorophyll – dem Blattgrün – überdeckt. Werden Blätter braun, sterben sie ab. Es handelt sich um wasserlösliche Farbstoffe, die in der Zellwand gebunden waren.

Tiere rund um Haus und Hof

Wie unterscheiden sich Kuh und Rind?

Kuh oder Rind?

Kalb= junges Rind im ersten Lebensjahr
Färse, Kalbin, Quene, Starke = weibliches Rind, bevor es das
erste Junge gebracht hat
Jungstier = männliches, noch nicht geschlechtsreifes Tier
Bulle, Stier, Farren = geschlechtsreifes männliches Tier
Kuh = weibliches Rind, welches schon gekalbt hat
Ochse = männliches, kastriertes Rind

Die mitteleuropäischen Rinder – welche mit der Seßhaftwerdung
der Menschen zur Gewinnung von Milch und Fleisch, aber auch
wegen der Nutzung der Zugkraft domestiziert wurden – gehen
wohl auf den ausgestorbenen Auerochsen – und vielleicht auf
das selten gewordene Wisent, ebenfalls ein Wildrind – zurück.
Es gibt rund 450 Rinderrassen, die an die jeweiligen landschaft-
lichen Verhältnisse angepaßt waren. Man unterscheidet verschiedene Nutzungstypen.
  Dazu gehörten früher

- mittel- und großrahmige Milchrassen,
- Fleischrassen,
- Rassen mit Mehrfachnutzung (Milch und Fleisch, Zugtiere).

Durch eine lange Zeit verfehlte Agrarpolitik der Europäischen
Union wurden bevorzugt Hochleistungssorten gezüchtet, und

viele Rinderrassen sind so heute vom Aussterben bedroht. Eine der meistverbreiteten Rinderrassen ist heute das aus Norddeutschland stammende Schwarzbunte Rind. Weitverbreitet ist auch noch das vor allem in Süddeutschland vorkommende Fleckvieh. Entsprechend der Verbreitung, der Ähnlichkeit der Körperform sowie der Zuchteigenschaften können die Rinderrassen in folgende Gruppen eingeteilt werden:

- *Grauvieh Ost- und Südeuropas* (zum Beispiel Ungarisches Graurind bzw. Steppenrind u. a.)
- *Niederungsvieh* (Holländische Schläge, Ostfriesische Schläge, Oldenburger Schläge, Schleswig-Holsteinische Schläge, Belgische und Französische Schläge)
- *Schläge der großstirnigen Rasse* (Schweizer Fleckvieh, Miesbacher Schlag, Meßkirchener Schlag, Zillertaler Schlag, Pustertaler Schlag, Pinzgauer Schlag, Lavanttaler Schlag)
- *Schläge der kurzhornigen Rasse* (Schwytzer Schlag, Allgäuer Schlag, Oberinntaler Schlag)
- *Landschläge in Bayern, Thüringen, an Rhein und im Harz* (Wälder, Vogtländer, Franken, Ansbach-Triesdorfer, Bayreuther Schecken, Elbinger Schlag, Rhöner Schlag, Vogelsberger Schlag, Westerwälder Schlag, Kleiner Schlag, Harzer Schlag)
- *Württemberger Landschläge* (Schwäbisch-Limpurger Schlag, Fleckvieh, Braunvieh, Gelbvieh)
- *Landschläge Norddeutschlands* (Haderslebener Schlag, Jütischer Schlag, Angelner Schlag)
- *Landschläge Österreichs* (Pinzgauer, Ruhländer, Egerländer, Oposchner, Böhmerwald)

Vom Aussterben bedrohte Rinderrassen

Rinder der Mittelgebirgs- und Alpenregionen

- Limpurger: Grafschaft Limpurg, nordöstlich von Stuttgart bei Schwäbisch Hall
- Glanvieh: Rheinland-Pfalz, Eifel, Hunsrück

- Rotes Höhenvieh: Rotviehschläge in Hessen, Westfalen, Niedersachsen, Thüringen, Bayern
- Murnau-Werdenfelser: Werdenfelser Land, Garmisch-Partenkirchen
- Vogtländisches Rotvieh: Vogtland, Sachsen
- Hinterwälder: südlicher Schwarzwald
- Vorderwälder: mittlerer und nördlicher Schwarzwald
- Original Braunvieh: Allgäu, Bodenseeregion
- Pinzgauer: Österreich, südliches Bayern
- Gelbes Frankenvieh: Franken, Oberpfalz
- Pustertaler Schecken: Pustertal, Südtirol
- Ansbach-Triesdorfer: Mittelfranken

Rinder Nord- und Ostdeutschlands

- Deutsches Shorthorn: Schleswig-Holstein, Eiderstedt
- Original Schwarzbuntes Niederungsrind: Norddeutschland, Hessen, Brandenburg
- Angler: Halbinsel Angeln, Schleswig-Holstein, Harz

Pferde – einst unentbehrlich

Vermutlich später als Rind und Hund wurden Pferde von Menschen domestiziert und als Nutztiere gehalten. Die verschiedenen Pferderassen gehen vermutlich auf Urpferde in Ostasien (Tarpan- und Przewalskypferde) zurück. Die ersten Pferde kamen mit den Griechen und Römern nach Europa und später nach Mitteleuropa. Die verschiedenen Pferderassen können in zwei Hauptgruppen eingeteilt werden: die orientalische und die europäische. Zu den orientalischen gehören die Pferderassen Asiens und Afrikas. Die wohl bekannteste orientalische Pferderasse ist der Araber. Nahe verwandt zum Araber sind turkmenische, persische, tatarische Pferderassen sowie die Berberrassen Nordafrikas.

Bei den okzidentalischen (europäischen) Rassen sind die englischen Vollblutpferde die wichtigste Pferderasse. Heute spielen Pferde als Nutztiere (Zugpferde, Tragetiere etc.) keine Rolle mehr. Lediglich das Interesse an der Reiterei (Reit- und Renn-pferde) und die Wiederentdeckung alter Traditionen trägt mit dazu bei, daß alte Pferderassen erhalten bleiben. Auch setzen sich verschiedene Organisationen zur Erhaltung alter Pferderassen und anderer Haustierarten ein (zum Beispiel »pro specie rara «, www.prospecierara.ch).

Die Pferdezucht hat eine lange Tradition; man unterscheidet Pferde im Hinblick auf ihren Körperbau und ihr Temperament:

- *Vollblut:* Reinzucht der in Stutenbüchern registrierten, als Voll-blut anerkannten Zuchttiere (edle, rassige Tiere)
- *Halbblut:* Kreuzung aus Vollbluthengst mit Kaltblutstuten
- *Kaltblut:* schwere Landschläge, Arbeitspferde

Bei der Auswahl von Zuchttieren wird seit jeher darauf geachtet, daß die Hengste möglichst von reiner Abstammung sind, einen regelmäßigen Körperbau sowie gute Haltung aufweisen, kräftig, gewandt und ausdauernd sind sowie die entsprechende Farbe aus-weisen und ein gutes Temperament besitzen. Die Stute soll im Hinblick auf Größe und Gestalt dem Hengst ähnlich sein, ein gutgebautes Vorderteil und einen tiefen Leib aufweisen sowie ein entsprechend weites Becken und Gesundheit, Kraft und eine gute Futterverwertung zeigen. Gewöhnlicherweise werden Hengste erst nach dem vierten, Stuten nach dem dritten Lebensjahr zugelassen.

Wichtige Pferderassen

- Araber
- Anglonormanne
- Percheron
- Belgier
- Schwedisches Pony
- Ungarisches Pony
- Shetlandpony
- Yorkshire
- Oldenburger Trakehner
- Englisches Vollblut
- Camarguepferd

Es gab viele regional angepaßte Pferderassen, die heute vom Aussterben bedroht sind. Zu diesen gehören folgende Rassen:

- Rottaler (Rottal, angrenzende Gebiete Bayerns)
- Alt-Württemberger (Oberland, Schwäbische Alb, Baden-Württemberg)
- Schwarzwälder Fuchs (Schwarzwald und nähere Umgebung)
- Oldenburger/Ostfriese (Oldenburg, Sachsen)
- Schleswiger Kaltblut (Schleswig-Holstein, Niedersachsen)
- Sarvarer/Leutstettener (Gebiet westlich von München)
- Rheinisch-Deutsches Kaltblut (Rheinland-Pfalz, Hessen, Niedersachsen, Sachsen, Thüringen, Mecklenburg-Vorpommern)
- Senner (Senne, Bielefeld)
- Dülmener (Merfelder Bruck, Dülmen, Westfalen)
- Pfälzer-Ardenner (Eifel, Hunsrück)
- Arenberg-Nordkirchner (Westfalen)

Sprache rund ums Pferd

- *Schritt:* langsamste Gangart des Pferdes im Viertakt. Nach dem linken Hinterbein folgt das linke Vorderbein; dann das rechte Hinterbein und das rechte Vorderbein.
- *Trab:* Gangart in zwei Takten. Dabei wird jeweils das diagonale Beinpaar gemeinsam vorgeschwungen. Zwischen den beiden Bodenberührungen gibt es dabei eine kurze Schwebephase.
- *Galopp:* Schnellste Gangart des Pferdes. Der Galopp besteht aus drei Takten, welcher eine Phase ohne Bodenkontakt folgt. Im Galopp können die Pferde bis zu 60 Kilometer schnell rennen. Im Renngalopp können sie 90 Stundenkilometer Geschwindigkeit erreichen.
- *Hohe Schule:* Ausbildung und Dressur von Pferden. Besonders bekannt: Spanische Hofreitschule in Wien
- *Fahren:* Nutzung des Pferdes als Zugtier
- *Voltigieren:* Durchführen turnerisch-gymnastischer Übungen auf einem galoppierenden Pferd
- *Fuchsjagd:* Gejagt wird heute kein echter Fuchs mehr, sondern ein Reiter. Wettbewerb, bei dem im Gelände viele Hindernisse überwunden werden müssen.

- *Polo:* Stammt von einem indischen Sport ab und ist ein Ball-spiel, bei dem zwei Mannschaften mit jeweils vier Reitern mit einem Poloschläger um den Ball kämpfen (ursprünglich wurde dieser aus Yakhaut – Polo genannt – hergestellt).
- *Kavallerie:* berittene Truppe; früher wichtiger Teil der Armee

Schwein gehabt

Früher wurde zur Selbstversorgung in fast jedem Haus – ob es sich nun um einen Bauernhof handelte oder nicht- ein Schwein gehalten. Dies war – mit Ausnahme der Zentren in den großen Städten – noch bis Mitte des 20. Jahrhunderts so. Und Haus-schlachtungen gehörten fast in jedem Herbst oder im frühen Winter zum festen Teil des Jahresverlaufs in fast jeder Familie. Die Schweine wurden meist mit Essensabfällen sowie gekochten Kartoffeln, Maisschrot, Gerste etc. gefüttert. Ab etwa 1960 verdrängten – auch durch die Förderung der Europäischen Union – europäische »Einheits-Mastschweine« die vielen regionalen Rassen.

Entsprechend der verschiedenen Zuchtgebiete gibt es folgende Gruppen bei den traditionellen Schweinerassen:

Das Schwein des mittleren, westlichen und nördlichen Europas geht auf das schon von den jungsteinzeitlichen Siedlern domesti-zierte Wildschwein zurück. Unter anderem sind zu unterschei-den:
- Marschschwein in Schleswig-Holstein, Jütland und den däni-schen Inseln, Mecklenburg, Hannover, Oldenburg und West-falen
- Süddeutsche Schläge (z. B. Schwäbisch Hällisches Schwein, bei dem chinesische Schweine eingekreuzt wurden)
- Bayerisches Schwein
- Fränkisches Schwein
- Glanschwein
- Luzerner Schwein
- Dänisches und Mährisches Schwein Westfälisches Schwein
- Meißner Schwein

Rassen des südlichen Europas

Mangalizaschwein, Bakonyerschwein und Szalontaerschwein. Die genannten Schweineschläge sind dem indischen Wildschwein nahestehend und untereinander verwandt. Deren Zuchtgebiete waren vor allem Ungarn, Siebenbürgen, Galizien, Bosnien, Serbien und die Türkei.

Die romanischen Schweine des südlichen und südwestlichen Europas

Hierzu gehören ursprüngliche Schweinerassen in Italien, Spanien, Portugal und die meisten Schläge in Frankreich. Sie haben ebenfalls eine große Ähnlichkeit mit dem indischen Schwein, besitzen jedoch eine borstenlose, feine Haut und sind meist gescheckt.

Früher wurden Schweine noch vielfach im Freien gehalten, und Sauen wurden oft drei Jahre lang gemästet. In den Zeiten industrieller Schweinezucht ist das längst Vergangenheit; nur noch Freilichtmuseen und verschiedene Organisationen kümmern sich – ebenso wie alternative Bauernvereinigungen – um die Erhaltung alter Rassen und deren artgerechte Aufzucht.

Die Sprache rund ums Schwein

- Börge, Bätzen = männliche, kastrierte Ferkel (Milchferkel, Spanferkel, Mastferkel)
- Nonnen = weibliche Schweine bis zum ersten Wurf
- Eber, Bayer, Bär, Hauer, Kempe, Keiler= männliches Schwein
- Bache, Docke, Kasel = Mutterschwein
- Eber = männliches Zuchttier
- Läufer = Jungtiere, die von der Mutter abgesetzt werden (bei frühreifen Rassen wurden die Läufer früher fünf bis sechs Monate gemästet). Kreuzungsschläge mästete man ein Jahr lang und alte Landschläge zwei Jahre lang.

Vom Aussterben bedrohte Schweinerassen

- Buntes Bentheimer Schwein (Grafschaft Bentheim, Niedersachsen, Nordrhein-Westfalen)
- Deutsches Sattelschwein (Grafschaft Angeln, Schleswig-Holstein, Sachsen, Mecklenburg-Vorpommern)
- Schwäbisch Hällisches Schwein (Hohenlohe, Süddeutschland)

Schafe, Ziegen, Esel – auch Kleinvieh macht Mist

Viele Menschen, die keine Bauernhöfe besaßen, hielten sich früher für die Eigenversorgung Kleintiere. Dazu zählten Kaninchen, Hühner, Enten und Gänse ebenso wie Schafe und Ziegen, welche man auch als Kuh des kleinen Mannes bezeichnete. Vielfach wurde das Futter für die Tiere entlang von Wegböschungen, Waldrändern und Bahn- sowie Hochwasserdämmen und Deichen mit der Sichel oder mit der Sense gemäht. Wo solche Flächen heute nicht mehr beweidet oder zur Landschaftspflege gemäht werden, verbuschen diese allmählich. So gehen wertvolle Kleinlebensräume für eine vielfältige Flora und Fauna zunehmend verloren. Schafe wurden sowohl für die Wanderschäferei und der damit verbundenen Weidenutzung in größerer Zahl als auch in kleinen Gruppen an Haus und Hof gehalten.

Die europäischen Schafrassen gehen wohl auf das Mufflon – dem auf Korsika noch wildlebenden Wildschaf – zurück. Bei den verschiedenen Rassen unterscheidet man zwischen Wollschafen und Fleischschafen (Mastrassen). Nachdem die Wollproduktion in Europa nahezu keine Bedeutung mehr hat, sind verschiedene Schafrassen vom Aussterben bedroht:

- Waldschaf (Südbayern, Bayerischer Wald)
- Brillenschaf (Oberbayern, Alpenraum)
- Steinschaf (Alpenraum)
- Bentheimer Landschaf (Moor- und Heidegebiete im westlichen Niedersachsen)
- Rauhwolliges Pommersches Landschaf (Ostseeraum, Mecklenburg-Vorpommern)

- Skudde (Ostpreußen, östliche Bundesländer, Hessen)
- Braunes Bergschaf (oberbayerischer Alpenraum)
- Weiße Gehörnte Heidschnucke (Südoldenburg, Emsland, Schleswig-Holstein)
- Moorschnucke (Diepholzer Moor, Norddeutschland)
- Rhönschaf (Mittelgebirge in Hessen, Thüringen, Bayern)
- Coburger Fuchsschaf (Mittelgebirge in Nordbayern und Baden-Württemberg)
- Leineschaf (südl. Niedersachsen, Thüringen)

Ziegen, wer will da meckern?

Wildziegen, von denen die späteren Haustiere abstammen, sind die Bezoarziegen Vorder- und Mittelasiens, die Schraubenhornziege des Himalaja sowie der Alpensteinbock, der heute wieder die Hochgebirge in Österreich, der Schweiz, Frankreichs und Deutschlands bewohnt. Besonders bekannt sind die Haustierrassen der Kaschmirziege, welche den Rohstoff für feine Kaschmirwolle liefert, aber nur in den Bereichen des Himalaja gehalten wird. Von der Hausziege gibt es verschiedene Rassen, die ganz unterschiedliche Größen aufweisen können. Früher – und auch heute wieder vereinzelt – hatten die Wanderschäfer immer ein paar Hausziegen mit bei der Schafherde, weil diese auch dornige Sträucher wie Wacholder, Schwarzdorn (Schlehe) und Weißdorn abknabbern und damit die Weiden und Driften offenhielten. Zunehmend erfreut sich die Ziegenhaltung einer neuen Belebung durch das gewachsene Interesse an leckerem Ziegenkäse.

Gefährdete Ziegenrassen:

- Thüringer-Wald-Ziege (Thüringen, Sachsen)
- Erzgebirgsziege (Erzgebirge, Sachsen)
- Schwarzwaldziege (Schwarzwald, Württemberg)
- Frankenziege (Fichtelgebirge, Spessart, Rhön, Franken)

Nutz- und Haustiere

Huhn

Hausgans

Katze

Hausente

Kaninchen

Hund

Schaf

Esel

Ziege

Pferd

Schwein

Hausrind

Esel

Der noch vor 200 Jahren als Lasttier beliebte Esel ist heute sehr selten geworden und oft nur noch in Zoos, Tiergehegen und Freilichtmuseen zu sehen. Der Hausesel stammt vom nubischen Wildesel ab und ist mit dem Pferd kreuzbar: Beim dabei entstehenden Maultier ist die Mutter, beim Maulesel der Vater ein Pferd. Die Maultiere selbst sind nicht fortpflanzungsfähig. Der Wildesel besitzt einen dunklen Aalstrich über dem Rücken und quer dazu verlaufende Streifen über die Schultern.

Andere Hofgenossen: Kaninchen, Hühner, Gänse, Hund und Katz

Kaninchen

Kaninchen (nicht zu verwechseln mit dem Wildhasen) stammen vom Wildkaninchen ab, dessen Verbreitungsgebiet ursprünglich Nordafrika und Spanien umfaßte. Doch schon im Altertum wurden Wildkaninchen in anderen Gebieten Südeuropas eingeführt und kamen im Mittelalter mit den Menschen auch nach Mitteleuropa sowie später nach Australien und Neuseeland. Vermutlich wurden die ersten Kaninchen in Spanien domestiziert. Man unterscheidet Fleischrassen und das Angorakaninchen, welches weiche Wolle liefert.

Verschiedene Kaninchenrassen: Deutscher Riese, Angorakaninchen, Silberkaninchen und Widder

Der Hühnerhof

Selbst in ländlichen Regionen kann man heute kaum noch einen Hühnerhof antreffen. Dabei gehörten die Hühner früher zu jedem Haushalt. Sind die Tiere doch relativ einfach zu halten, liefern Eier, Suppenfleisch und Brathähnchen. Doch längst ist die Hühnerhaltung industrialisiert. Insgesamt sind 150 Zuchtrassen bei den Hühnern unterscheidbar. Als Bezugsrassen gelten sieben Rassen. Dazu gehören

- Rhodeländer: rötliches Huhn mit einfachem Kamm und gelben Läufen
- Leghorn: weißes Huhn mit einfachem Kamm und gelben Läufen
- New Hampshire: rotes, helles Huhn
- Wyandotte: weißes Huhn mit rosafarbenem Kamm und gelben Läufen
- Schwarzes Bressehuhn: schwärzliches Huhn mit einfachem Kamm und blauen Läufen
- Sussex: weißes Huhn mit einfachem Kamm und rosa Läufen
- Gâginaise: weißes Huhn mit einfachem Kamm und weißen Läufen

Egal, ob weiße oder braune Eier: die Farbe hat keinen Einfluß auf den Geschmack.

Gänse

Man sagt, daß die Wachhunde des alten Rom Gänse waren, weil sie bei Gefahr laut schnatterten. Stammart der Hausgänse ist die Graugans. Es werden weiße Hausgänse unterschieden, welche gebraten werden: Dazu gehören Bresse-Gans, Touraine-Gans, Bourbonische Gans, Elsässische Gans etc. Dann gibt es graue Gänse, welche vor allem zur Erzeugung von Gänseleber genutzt werden. Dazu gehören Toulouser Gans, Gemonder Gans.

Die wichtigsten Hunderassen

Es gibt über 300 Hunderassen auf der Welt, und alle stammen sie letztlich vom Wolf – ihrem wilden Verwandten – ab. Denn alle Hunde haben die gleiche Chromosomenzahl, die gleiche Zahnformel sowie dieselben Proteinmuster bei den Bluteiweißen wie der Wolf.

- Deutscher Schäferhund
- Pudel
- Cockerspaniel

- Labrador
- Dackel (Teckel)
- Collie
- Englischer Setter
- Boxer Dalmatiner
- Bobtail
- Basset
- Deutsche Dogge
- Bernhardiner
- Afghane
- Golden Retriver

Hauskatzen

Die verschiedenen Rassen der Hauskatzen gehen vermutlich auf die Falbkatze – eine Wildkatzenart, welche in Afrika und dem westlichen Asien verbreitet ist – zurück. Die Europäische Wildkatze gilt nicht als Urahn der Hauskatzen. Dennoch gibt es immer wieder Kreuzungen zwischen Hauskatzen und der Europäischen Wildkatze.

Die ersten Hauskatzen gelangten wohl von Ägypten aus – dort gibt es Darstellungen von domestizierten Katzen, die bis auf das Jahr 2000 v. Chr. zurückgehen – in vorchristlicher Zeit über Palästina nach Griechenland. Um 500 v. Chr. waren die Hauskatzen wohl auch im heutigen Italien eingeführt. Die Römer waren es dann auch, welche die Tiere über die Alpen nach Europa brachten, von wo aus durch den Menschen eine weite Verbreitung nach Nord- und Südamerika sowie Südostasien und Australien erfolgte.

Wichtige Rassen
- Siamkatze
- Burmakatze
- Kartäuserkatze
- Europäische Kurzhaarkatze (hierzu gehören einfarbige, marmorierte und getigerte sowie dreifarbige Katzen)
- Angorakatze
- Perserkatze
- Birmakatze

Im Garten, auf Acker und Feld

Ob vom Garten, vom Feld oder von der Streuobstwiese: Eine Vielzahl von Früchten und Gemüse bereichert unsere Küche. Je nach Gegend wurde von Opa früher fast alles selbst angebaut. Heute wissen viele Kinder nicht mehr, was man alles selbst anbauen kann, und meinen, das Essen käme aus dem Supermarkt.

Unsere wichtigsten heimischen Früchte und Gemüse

Schalenfrüchte
- Walnuß
- Haselnuß

Beerenobst
- Erdbeere
- Himbeere
- Rote Johannisbeere
- Schwarze Johannisbeere
- Stachelbeere

Kernobst
- Apfel
- Birne

Steinobst
- Süßkirsche
- Sauerkirsche

- Pflaume (Zwetschge, Eierpflaume, Reneklode, Mirabelle)
- Pfirsich
- Aprikose

Wurzel- und Knollengemüse
- Karotte/Gelbe Rübe
- Weiße Rübe
- Kohlrabi
- Rettich/Radieschen
- Schwarzwurzel
- Kartoffel
- Wurzelsellerie
- Zuckerrübe
- Futterrübe
- Rote Bete

Stengel- und Zwiebelgemüse
- Zwiebel
- Knoblauch
- Spargel

*Blattgemüse/Blatt-
stielgemüse*
- Kohl (Weißkohl, Rotkohl,
  Grünkohl, Blumenkohl,
  Rosenkohl, Brokkoli etc.)
- Salate (Kopfsalat, Endivie,
  Chicorée)
- Spinat
- Lauch
- Mangold
- Staudensellerie
- Rhabarber

Frucht-/Samengemüse
- Tomate
- Kürbis

- Gurke
- Zucchini
- Aubergine
- Gemüsepaprika

Hülsenfrüchte
- Linsen
- Erbsen
- Bohnen
- Saubohnen

Kräuter
- Petersilie
- Schnittlauch
- Salbei
- Rosmarin
- Basilikum
- Zitronenmelisse
- Knoblauch
- Kerbel
- Thymian

Paradies im kleinen: Großvaters Obstgarten

Die Krone vom Wind zerzaust und einer der Hauptäste schon
vor Jahren nach einem schweren Gewittersturm abgebrochen.
Knorrig, verwachsen steht er da am Wegesrand: der alte Birnbaum. Wie amputiert reckt sich der zersplitterte Aststummel in
den blauen Frühlingshimmel. Und doch scheint der Baumvete-
ran noch voller Leben zu stecken. Jetzt, Anfang Mai, verwandeln Abertausende von Blüten den alten Birnbaum wieder in
ein gigantisch großes, strahlend weißes Blumengebinde. Wie alt
er wohl sein mag? 120 Jahre oder noch älter? Sicherlich stammt
er noch aus der Kaiserzeit. Ja, könnte der Baumgreis erzählen,
da hätte er vieles zu berichten. Von der Zeit etwa, als Postkut-
schen vorbeiholperten und das Getreide auf dem benachbarten
Acker noch mit Sense und Sichel geschnitten wurde. Über Ge-

nerationen hinweg diente der Veteran so mancher Bauernfamilie als Vesperbaum. Unter seiner weit ausladenden Krone fanden sie in den Arbeitspausen kühlenden Schatten und genossen den aus den Birnen des Baumes gewonnenen Most. Kinder gingen hier auf Maikäferjagd, machten ihre ersten Kletterübungen und lernten so – ganz spielerisch – die Vielfalt von Natur und Kultur gleichermaßen kennen. Liebespaare saßen unter dem Baum und Jahrzehnte später ihre Enkel und Urenkel. Doch seit einigen Jahren werden die Birnen nicht mehr geerntet, sondern vergammeln im Straßengraben.

Ob als Alleebäume, als Garten- oder Hofbäume oder als weitläufige Obstgärten, wie man sie in Baden-Württemberg, Rheinland-Pfalz, Hessen, Bayern und teilweise in Thüringen sowie in Österreich und der Schweiz findet, spielten die unterschiedlichsten Obst- und Fruchtbäume über die Jahrhunderte hinweg eine wichtige Rolle zur Selbstversorgung der Menschen. Obstgärten – auch als Streuobstwiesen bezeichnet – finden sich vor allem in klimatisch begünstigten Gebieten mit mindestens 700 mm Niederschlag und durchschnittlich 7 °C im Jahresmittel.

Den Apfel als die häufigste Baumfrucht der Obstwiesen kennen die Menschen seit 7000 Jahren. Ob Evas Apfel, der als Frucht des Baumes der Erkenntnis gedeutet wird, rotbackig gefärbt war, läßt sich nicht sagen, aber daß die Früchte des Wildapfels schon zu biblischen Zeiten existierten, ist sicher: Die Zivilisation des Zweistromlandes hat Apfelbäume ebenso kultiviert wie später die alten Griechen, welche den Apfel (aber auch den im Mittelmeerraum gedeihenden Granatapfel) als Symbol der Liebe, Fruchtbarkeit und Sinnlichkeit betrachteten. Die Römer führten mediterrane Apfelsorten nach Mitteleuropa ein. Klöster und Landesherren verbesserten im Mittelalter durch Zucht Farbe, Geschmack und Wuchs der Äpfel.

Die wichtigsten Bäume der Obstgärten

Apfel
Der Apfelbaum liebt nährstoffreichen, gut durchlüfteten Boden und milde Klimalagen. Die Blüten sind weiß mit einem rötlichen Rand. Äpfel werden seit der jüngeren Steinzeit kultiviert.

Die Wildform ist der »Holzapfel« – aus ihm wurden über 20000 verschiedene Sorten gezüchtet. Äpfel enthalten viele Vitamine, Mineralstoffe und Spurenelemente. Wenn man die Kerne eines Apfels pflanzt, dann wächst nicht die gleiche Apfelsorte, sondern eine Wildform.

Birne

Der Birnbaum ist seit dem Altertum eine Kulturpflanze. Die heutige Anzahl der Sorten wird auf über 5000 geschätzt, welche sich im Geschmack, der Fruchtform und im Gerbstoffgehalt erheblich voneinander unterscheiden. Der Baum braucht einen wintermilden Standort; das Holz wird zur Herstellung von Möbeln und Musikinstrumenten verwendet. Die Früchte sind sehr gesund – sie enthalten viel Eisen, Kalium und Phosphor. Es gibt Tafelbirnen und Mostbirnen, aus denen auch Birnenschaumwein gemacht wird.

Kirsche

Seit der Römerzeit als Kulturpflanze bekannt; kommt als Sauer- und als Süßkirsche vor. Wächst auch wild an Rändern von Laub- und Mischwäldern (Vogelkirsche mit kleinen, aber sehr aromatischen Früchten). Farbe, Form und Größe der Früchte und die Konsistenz des Fruchtfleisches sind bei den vielen Sorten unterschiedlich. Man ißt sie entweder roh oder als Kompott oder verwendet sie unter anderem für Kuchen. Wächst mit Ausnahme des äußersten Nordens und Nordostens in ganz Europa bis nach Kleinasien, dem Nordiran und Kaukasus. Das Holz wird im Alter von 70 bis 90 Jahren zum Beispiel für Furniere verwendet.

Zwetschge

Es gibt viele Sorten, die sich nicht nur in der Reifezeit, sondern auch in Größe, Aroma und Form der Früchte unterscheiden. Der Anbau war den Griechen bereits im 7. Jahrhundert v. Chr. bekannt. Von dort gelangte die Zwetschge zu den Römern, und diese brachten sie nach Deutschland. Der Begriff »Zwetschge« tauchte im 15. Jahrhundert erstmals in Süddeutschland auf. Hatte im deutschsprachigen Raum früher eine große Bedeutung: Um 1900 waren 41 Prozent aller Obstbäume Pflaumen und Zwetschgen. Zu den Zwetschgen gehören auch Pflaumen und Renekloden.

Heimisches Obst

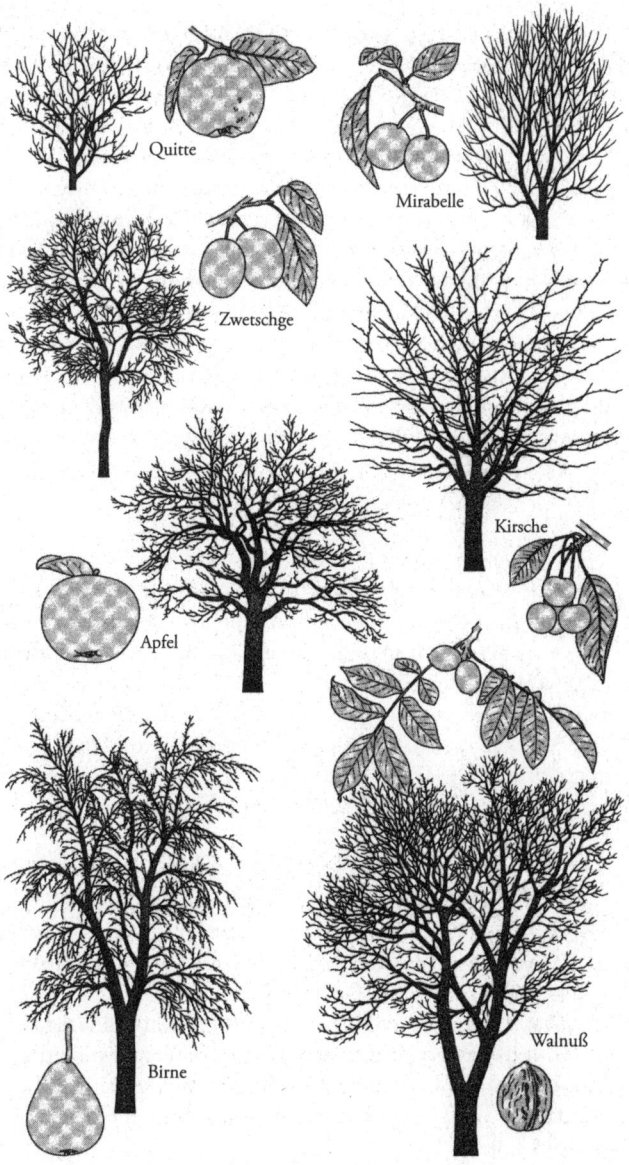

Quitte

Mirabelle

Zwetschge

Kirsche

Apfel

Birne

Walnuß

Mirabelle
Die kleinste unter den Pflaumen, orangegelb gefärbt. Die bekannteste Sorte ist die Nancy-Mirabelle, die seit dem 15. Jahrhundert um diese französische Stadt herum angebaut wird. Seit Mitte des 18. Jahrhunderts faßte sie auch in Deutschland Fuß. Sie ist reich an Kalium, B- und C-Vitaminen. Mirabellen können zu Kompott, Marmelade oder Schnaps verarbeitet werden.

Quitte
Die Urform der Quitte stammt aus Klein- und Zentralasien. Der Baum stellt an Böden keine besonderen Ansprüche; er ist jedoch frostempfindlich und braucht Sommerwärme (oft in Weinbaugebieten verbreitet). Die Quitte kommt wild nur als Strauch vor; als Kulturpflanze wird sie auch veredelt und mit einer stammbildenden Unterlage versehen. Aus ihr kann man Kompott, Gelee oder Quittensaft herstellen, für den Rohverzehr ist sie nicht geeignet, da sie sehr hart und wenig schmackhaft ist. Enthält viel Vitamin C, Kalium, Natrium und Zink.

Walnuß
Bis ins Jahr 7000 v. Chr. geht die Geschichte der heutigen Walnußbäume zurück. Aus ihrer ursprünglichen Heimat in Persien gelangten die Bäume über Zentralasien und China bis ins antike Griechenland. Später wurden sie auch ins Römische Reich gebracht. Sie liefern nicht nur wohlschmeckende Früchte, sondern auch wertvolles Nutzholz. Ein Walnußbaum kann über 25 m hoch und bis zu 100 Jahre alt werden.

Getreide: Unser täglich Brot

Wie unterscheidet sich Weizen von Dinkel, und wozu dient Hafer, wozu Roggen? Viele Menschen können diese Fragen nicht mehr beantworten, obwohl sie auf diese Nahrungspflanzen angewiesen sind. Hier die wichtigsten Fakten zu Brot- und anderem Getreide:

Weizen

Weizen wurde bereits in der mittleren Jungsteinzeit, also vor etwa 5600 Jahren, aus mehreren Süßgrasarten gezüchtet. Die ersten vom Menschen angebauten Weizensorten waren Einkorn und Emmer – ihr Herkunftsgebiet ist der Vordere Orient. Mittlerweile stellt der Weizen das Hauptnahrungsmittel in Europa dar. Die Weizenähren stehen aufrecht, und auf jedem Absatz der Ähre entwickeln sich bis zu vier Körner. Weizen wird vor allem für Brot, Brötchen, Brezeln, aber auch für Grieß und Nudeln verwendet. Eine besondere Verwendung findet er in der Bierbrauerei (Weizenbier bzw. Weißbier). Im Anbau ist der Weizen anspruchsvoll: Er benötigt humusreiche und kalkhaltige Lehmböden (zum Beispiel Lößböden). Die klimatische Nordgrenze des Weizenanbaus liegt gegenwärtig noch auf der Breitenlage Schottlands und Schwedens – vom Klimawandel beeinflußt, zeichnet sich aber eine Verschiebung nach Norden ab.

Dinkel

Die Halme sind hochwüchsig, liegen aber nach Unwettern oft am Boden. Die bei der Reife horizontal abstehenden oder geneigten Ähren wirken lang und dünn. Dinkel ist der nächste Verwandte und ein Vorläufer unseres Weizens. Er ist aber nicht nacktkörnig – muß also wie Hafer separat in speziellen Mühlen entspelzt werden. Dinkel ist relativ anspruchslos an Boden und Klima, er ist weniger frostempfindlich, wächst auch auf schlechteren Böden und hat nur wenige tierische »Feinde«. Der Dinkelanbau ging, wie der Anbau von Emmer oder Einkorn, in der Moderne stark zurück. Seit etwa 1990 wird Dinkel jedoch wieder verstärkt angebaut, unter anderem, um Mehl für Brot und Teigwaren für Weizenallergiker zu erzeugen.

Emmer

Emmer gilt als »Ur-Weizen«. Er ist zusammen mit dem Einkorn eine der ältesten kultivierten Getreidearten. Emmer wurde jedoch in der Moderne in Mitteleuropa nur noch sehr selten angebaut – er erfreut sich aber heutzutage, vor allem im ökologischen Landbau, einer bescheidenen Renaissance.

Getreide

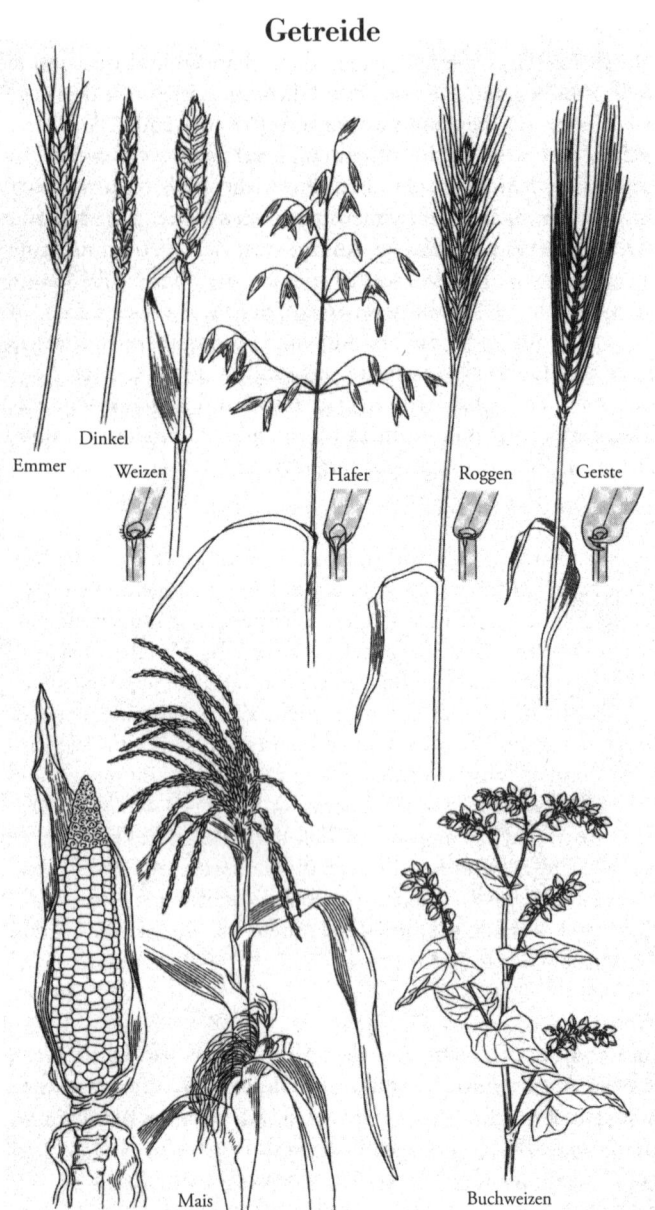

Emmer

Dinkel

Weizen

Hafer

Roggen

Gerste

Mais

Buchweizen

Gerste

Die mehrzeiligen Gersten haben dicke, hängende Ähren und jeweils drei begrannte Körner pro Glied. Sie werden in der Regel im Winter angebaut und als Futtergerste verwendet. Die zweizeilige Form hat flache Ähren, weil auf jedem Glied nur ein begranntes Korn sitzt. Sie wird überwiegend als Sommerfrucht angebaut und meist zum Bierbrauen verwendet, z. T. auch als Schweinefutter. Die Gerste kommt, wie der Weizen auch, ursprünglich aus dem Vorderen Orient – die ältesten Nachweise der Gerste lassen sich bis etwa 10 000 v. Chr. zurückdatieren. Im Mittelalter wurde Gerste in Form von Gerstenbrei oder Graupen auch als Hauptnahrungsmittel verwendet, da es ja noch keine Kartoffeln etc. gab. Gerste ist sehr anspruchslos, was Boden und Klima anbelangt: Gersteanbau ist von allen Getreidearten unter den extremsten Bedingungen möglich.

Hafer

Eine der wenigen Getreidearten in Mitteleuropa, bei der die Körner nicht in Ähren stehen, sondern in Rispen hängen. Die Haferkörner bleiben nach dem Dreschen bespelzt und müssen deshalb in besonderen Mühlen entspelzt werden. In Mitteleuropa wird Hafer vor allem zu Haferflocken verarbeitet, eine wertvolle Zutat für Müslis. In der Regel wird er nicht als Brotgetreide genutzt. In den altertümlichen Getreidefunden taucht Hafer nie in Reinform, sondern immer als Beimengung auf. Dies läßt den Schluß zu, daß Hafer zunächst als »Beigras« auf Gersten und Weizenfeldern wuchs. Er wird somit zu den sekundären Kulturpflanzen gezählt. Hafer benötigt ein gemäßigtes Klima mit ausreichend Niederschlag – sein Verbreitungsschwerpunkt liegt im nördlichen Europa (Großbritannien, Norddeutschland, Skandinavien). Wichtiges Kraftfutter für Pferde.

Roggen

Der Roggen ist ebenso wie der Weizen eine Nacktgetreideart. Roggen steht auf langen, dünnen Halmen, und die begrannten Ähren sind bei der Reife geneigt. Die Körner sind länglich und grau. Roggen dient ausschließlich als Brotgetreide – Roggenbrot ist dunkler und schwerer als Weizenbrot, es bleibt aber auch länger frisch. Roggen ist keines der klassischen Getreide der Antike.

Man vermutet seinen Ursprung »erst« vor ca. 2000-3000 Jahren als »Unkraut« in Weizenfeldern Kleinasiens, wo es im Mischanbau verbreitet wurde. Der Roggen ist, was das Klima anbelangt, deutlich anspruchsloser als der Weizen. Er ist eher unempfindlich gegenüber Kälte, Nässe und Trockenheit. Auch an den Boden stellt er kaum Ansprüche.

Buchweizen

Eigentlich gehört der Buchweizen nicht zum Getreide. Er wird nämlich der Familie der Knöterichgewächse zugeordnet und ist deshalb ein sogenanntes » Pseudogetreide «. Er ist verwandt mit Sauerampfer und Rhabarber. Der Name Buchweizen leitet sich von den kastanienbraunen dreikantigen Früchten ab, die an Bucheckern erinnern. Buchweizen wurde vermutlich zuerst in China kultiviert. Neben der Herstellung von Buchweizenmehl dient Buchweizen auch als gute Honigpflanze. Im Anbau ist Buchweizen anspruchslos und gedeiht auch auf unfruchtbaren Böden (Heide- und Moorlandschaften). Die berühmten Blini der russischen Küche werden aus Buchweizenmehl hergestellt. Auch die französische Küche verwendet Buchweizenmehl für Pfannkuchen (Galettes). Zum Brotbacken ist Buchweizen ungeeignet, da er im Gegensatz zu normalem Mehl kein Gluten (auch als » Kleber « bezeichnet) enthält. Dadurch ist er aber auch für Menschen geeignet, die kein Gluten vertragen.

Mais

Der Mais ist ein Gigant unter den Getreidearten – sowohl was die Höhe der Pflanze als auch was die Größe der Kolben anbelangt. Die Maispflanze wird ca. 2 Meter hoch und trägt an der Spitze die männlichen Blütenstände – die Kolben befinden sich in den sogenannten »Blattachseln «. Mais wird in Deutschland nahezu ausschließlich als Viehfutter angebaut, in früheren Zeiten wurde er jedoch auch zum Brotbacken verwendet. Mais ist auch Grundlage für Polenta, die aus Maisgrieß hergestellt wird. Er wurde im 15. Jahrhundert unter anderem von Kolumbus aus Amerika eingeführt – in Deutschland erlangte er aber erst nach den Kartoffelmißernten und Hungersnöten 1846/1847 Bedeutung. Zunehmend erlangt der Mais Bedeutung für die Biomasse-Erzeugung.

Unsere wichtigsten Nahrungspflanzen

Erdbeere
Es handelt sich eigentlich um keine echte Beere, sondern um eine Scheinfrucht, bei der die Früchte aus dem fleischig werdenden Blütenboden – auf dem viele kleine »Nüßchen« sitzen – gebildet wird. Verwandte der wilden Walderdbeere; wurde jedoch aus ausländischen Wilderdbeerformen gezüchtet.

Gartenerbse
Schon zur Steinzeit wurden die Erbsen wegen der nährstoffreichen Samen kultiviert. Es gibt heute vielerlei Zuchtformen. Die Frucht kann frisch als Gemüse oder die Samen gekocht als Suppe (Erbsensuppe bzw. Erbsenbrei) verzehrt werden. Sowohl Samen als auch Grünmasse sind wichtige Futterpflanzen für das Vieh.

Gelbe Rübe/Mohrrübe
Ein zweijähriges Gewächs mit tiefer Pfahlwurzel und weißen Blüten, auf denen unter anderem der Schwalbenschwanz-Schmetterling seine Eier ablegt. Die häufig angebaute Gemüse und Futterpflanze enthält reichlich Zucker und Karotin und ist wichtig für die Vitamin-A-Versorgung.

Hafer
Ein Sommergetreide, das nicht nur wichtiges Pferdefutter; sondern auch die Körner für Haferflocken (Müsli) und andere Gerichte liefert).

Kartoffel
Ursprünglich in Südamerika in vielen Arten und Varianten heimisches Nachtschattengewächs, im 16. Jahrhundert vom britischen Seefahrer Sir Francis Drake nach Europa gebracht. Neben Weizen die wichtigste Nahrungspflanze. Alle grünen Teile, auch am Licht ergrünte Früchte, sind giftig. Wegen ihres hohen Stärkegehalts der Knollen als Speise- und Futterkartoffel und zur Herstellung von Mehl und Spirituosen (Wodka) angebaut.

Nutzpflanzen

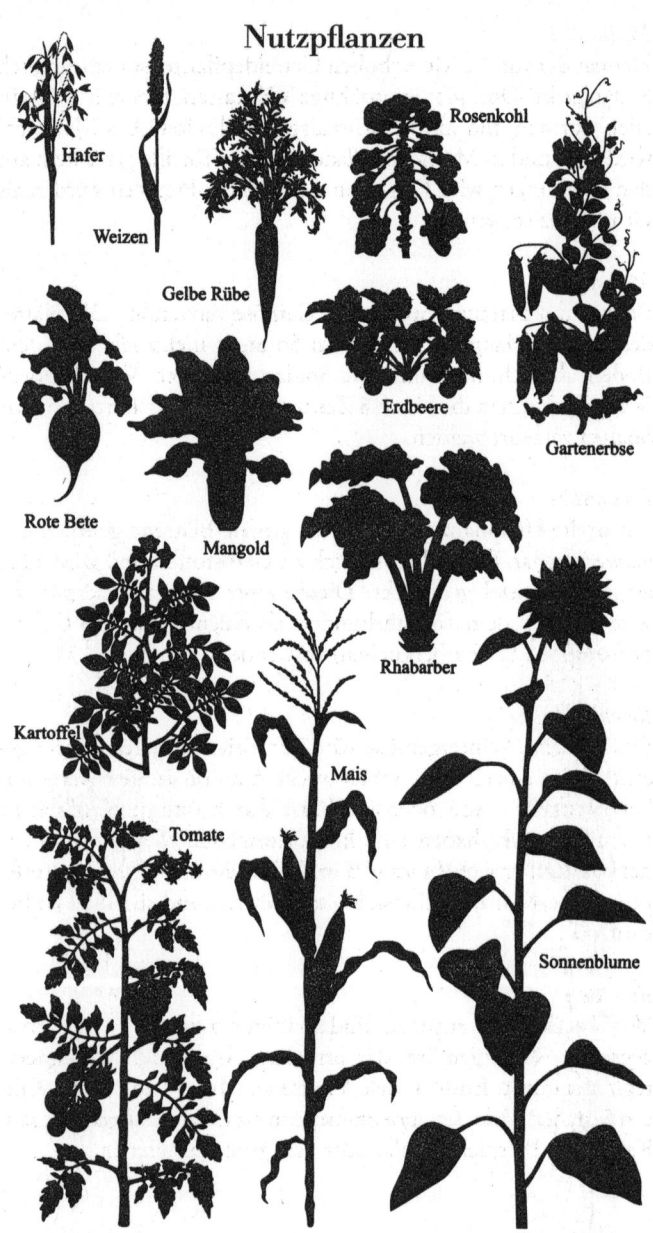

Hafer

Weizen

Gelbe Rübe

Rosenkohl

Erdbeere

Gartenerbse

Rote Bete

Mangold

Rhabarber

Kartoffel

Mais

Tomate

Sonnenblume

Mais

Heimat der rund 2 Meter hohen Getreidepflanze ist ursprünglich Südamerika. Dort gibt es unzählige Wildrassen. Heute ist Mais in allen warmen und milden Klimalagen verbreitet. Aus Maismehl wird Brot und in Mexiko die fladenförmige Tortilla gebacken, aus den Keimlingen wird Öl gewonnen. Unreife Pflanzen werden als Grünfutter verwendet.

Mangold

Blätter und Blattstiele werden als Gemüse verwendet. Die Blätter des Schnitt-Mangolds werden im Sommer mehrmals über dem Boden abgeschnitten und wie Spinat zubereitet. Vom Rippen-Mangold können die bis zu 8 Zentimeter breiten Blattrippen wie Spargel verzehrt werden.

Rhabarber

Die uralte Heilpflanze ist durch die großen Blätter eigentlich unverwechselbar. Rhabarber ist reich an Gerbstoffen und wird auch als Abführmittel gebraucht. Diente einst auch als Zierpflanze, wird erst seit dem 18. Jahrhundert als Küchenpflanze (Rhabarberkompott, Rhabarberkuchen) verwendet.

Rosenkohl

Das typische Wintergemüse wird zur Zeit der ersten Fröste geerntet. Die einzelnen Röschen wachsen an bis zu ein Meter hohen Stengeln – von oben geschützt durch üppige Kohlblätter. Die Bitterstoffe haben eine krebshemmende Wirkung; außerdem enthält er viel Vitamin B und C, Kalium und Ballaststoffe. Er soll die Konzentrationsfähigkeit fördern und die Nerven beruhigen.

Rote Bete

Wird im Sommer angebaut und ab Oktober bis zum ersten Frost geerntet; Wintergemüse, das ursprünglich aus der Mittelmeerregion stammt. Enthält viele Vitamine, Mineralstoffe und Kalium – daher wirkt sie appetitanregend und verdauungsfördernd. Kann zum Beispiel als Salat oder Saft genossen werden.

Sonnenblume

Die Zier-, Futter- und Nutzpflanze liefert einen ölreichen Samen, und aus diesem wird kaltgepreßtes, hochwertiges Speiseöl gewonnen; auch die Kerne sind sehr nahrhaft. Die Preßrückstände sind wertvolles Futtermittel; die Blüten können einen Durchmesser von bis zu 50 Zentimeter erreichen.

Tomate

Tomaten stammen wie die Kartoffeln – ebenfalls ein Nachtschattengewächs – aus Südamerika. Sie wurde im 16. Jahrhundert nach Europa gebracht. Zunächst waren Tomaten Zierpflanzen und wurden als giftig betrachtet. Erst seit dem 19. Jahrhundert werden Tomaten als Gemüsepflanzen verwendet. Die an Vitamin A, B und C sehr gehaltreiche Frucht ist, botanisch gesehen, eine Beere.

Weizen

Neben dem Reis ist der Weizen die wohl wichtigste Getreideart der Erde. Die schon in vorgeschichtlicher Zeit angebaute Kulturpflanze wird bis zu 1,4 Meter hoch und hat eine schlanke Ähre. Wichtig sind Hart- und Weichweizen. Letzterer wird am häufigsten mit zahlreichen Sorten kultiviert.

Wichtige in Deutschland, Österreich, der Schweiz und in Luxemburg angebaute Traubensorten

Weißweine	*Rotweine*
Riesling, Kerner	Schwarzriesling
Müller-Thurgau	Lemberger (Blaufränkisch)
Silvaner, Elbling	Spätburgunder, Schilcher
Grau-/Weißburgunder	Trollinger, Samtrot
Grüner Veltliner	Clevner, Dornfelder
Sauvignon blanc	Portugieser, Zweigelt
Chardonnay	Merlot, Acolon
Auxerrois, Gutedel	Cabernet, Regent
Traminer, Muskateller	Syrah (Shiraz)

Wichtige Faserpflanzen

Zu allen Zeiten brauchten die Menschen Schnüre und Seile. Diese stellten sie zu Beginn der Seßhaftwerdung aus Fasern, Gräsern und dünnen Weidenzweigen her. Später kamen andere wichtige Faserpflanzen hinzu, aus denen nicht nur Bindematerial, sondern auch Kleidung hergestellt wurde.

Echter Lein

Die Pflanze stammt ursprünglich aus dem Orient und wurde in Europa weit verbreitet. Es gibt Sorten, welche zur Ölgewinnung angeboten werden, und andere, deren Stengel nach der Röstung zu Fasern verarbeitet werden.

Hanf

Die trockenen Stiele werden geröstet und wie beim echten Lein zu Fasern verarbeitet.

Jute

Auch Kalkuttahanf genannt. Wird insbesondere in Indien und Pakistan angebaut.

Sisal

Die Faser stammt aus der Sisal-Agave und wurde ursprünglich hauptsächlich in Mexiko und Kuba angebaut. Ist mittlerweile auch im südlichen Afrika etc. verbreitet. Die Fasern werden zur Verarbeitung für Säcke, Gurte und anderes genutzt.

Manila-Hanf (Abacá)

Aus den Blattstielen einer Wildbananenstaude (Faserbanane). Ergibt mit die reißfestesten Fasern der Welt. Wurde früher vor allem für Schiffstaue verwendet; heute zum Teil auch in der Autoindustrie als Ersatz für synthetische Fasern eingesetzt.

Baumwolle

Der Strauch gehört zu den Malvengewächsen. Die Samen sind von einem dichten Wollbüschel (Baumwolle) umgeben, dessen Haare bandartig abgeflacht und bis zu 4 Zentimeter lang sind.

Wie macht man Wurst und Schinken?

Gehen wir heute in die Metzgerei – viele Metzgereien heißen nicht mehr so, sondern werden Fleischer-Fachgeschäft genannt und sind oft nur noch Verkaufsstellen -, so können wir aus einer Vielzahl von Fleisch- und Wurstwaren auswählen. Aber auch wenn es immer Metzgereien gegeben hat, haben früher viele Menschen ihre Wurst selbst gemacht. Selbst Leute, die nicht als Bauern tätig waren, hielten sich ein Schwein, und ein- oder zweimal im Jahr war Schlachttag. Dann kam ein Metzger vorbei, und hinterm Haus oder im Hof wurde das Tier ins Jenseits befördert, um daraus Räucherschinken, Brüh- und Bratwürste und Dosenwurst herzustellen.

Schlachttag, das war immer auch Festtag. Denn dann gab es Metzelsuppe. Das war die Brühe, in der Wurst und Fleisch gekocht wurden und zu der man Schweinskopf und Schweinsfüße und die ersten frisch gebrühten Leber- und Blutwürste zusammen mit Sauerkraut verspeiste. Mit solcherart gefülltem Bauch waren dann auch bei den Kindern die Tränen schnell getrocknet, welche vergossen wurden, als das »arme Tier« seine Behausung verlassen mußte, um die Speisekammer zu füllen und Platz für das nächste Borstenvieh zu machen. Weil man für die eine oder andere Wurst auch Rindfleisch benötigt, aber Handwerker und Arbeiter keine Großviehhaltung hatten, wurde dieses einfach zugekauft.

Im Grunde genommen ist es gar nicht so schwer, die Wurst selbst zu machen: Das kann heute jeder, auch wenn er kein Schwein mästet. Man kann beim örtlichen Metzger das Fleisch kaufen, durch den Fleischwolf drehen, selbst würzen und in Därme, Gläser oder Dosen füllen. Därme gibt's auch beim Metzger und Dosen in Haushaltswarenläden, beim Metzgereibedarf oder bei landwirtschaftlichen Absatzgenossenschaften. Ganz klar, daß Dosen und Gläser entsprechend im Wasserbad erhitzt werden müssen, damit die Wurst haltbar wird.

Frische Wurst kann nicht lange aufbewahrt werden, außer sie wird fachgerecht geräuchert. Dazu gab es früher in vielen Häusern einen im Kamin eingebauten Rauchfang. Heute gibt es Räucheröfen für den Garten zu kaufen, in denen sowohl Fische als auch Rauchfleisch oder Würste geräuchert werden können.

Es gibt viele Möglichkeiten, um leckere Schinken- und Wurstspezialitäten herzustellen:

Einsalzen/Pökeln

Das ist eine der ältesten Methoden, um Fleisch haltbar zu machen. Das Pökeln ist dem Einsalzen ähnlich; dabei wird jedoch nicht nur reines Kochsalz verwendet, sondern sogenanntes Nitritpökelsalz. Dem normalen Salz wird Salpeterkaliumnitrat zugesetzt, damit die rosa Färbung des Fleisches erhalten bleibt und dieses nicht grau wird. Außerdem wird so der Geschmack verbessert. Heute ist die Verwendung von Nitritpökelsalz bei manchen Ernährungsexperten umstritten.

Lufttrocknen

Früher wurden Hartwürste und Schinken oftmals an der Küchendecke oder auf dem Speicher luftgetrocknet. Heute geschieht dies bei der industrialisierten Wurstherstellung in großen, temperatur- und feuchtigkeitsgesteuerten Trocknungsräumen.

Räuchern

Rauch enthält Bestandteile, die bakterienhemmend sind. War das Räuchern einst eine Überlebensfrage, weil die Leute sonst im Winter – insbesondere in abgelegenen Gegenden, etwa in den Bergen – nichts zu essen gehabt hätten, so wird heute Rauchfleisch und Rauchwurst vor allem wegen des rauchigen Geschmacks hergestellt. Zum Räuchern verwendet man Sägespäne oder Holzchips. Es wird nicht nur Rauchfleisch und Salami geräuchert, sondern auch in unterschiedlicher Intensität Bratwurst (geräuchte Bratwürste), Blutwurst und Frankfurter/Wiener/Saiten-Würstchen. Die Metzger rauchten früher, als die Leute noch nicht mit Kühlschränken ausgestattet waren, vor allem auch im Sommer Frischwurst, damit diese ein paar Tage länger haltbar blieb.

Kochen

Im Grunde genommen ist das Kochen von Wurst nichts anderes als ein Garen in ständig bei 100 °C siedendem Wasser.

Wo die Wurst reinkommt

Viele Würste werden heute in sogenannte Kunstdärme abgefüllt. Diese werden aus dem Collagen, welches aus Rinderhäuten stammt, hergestellt und sind somit eßbar. Dann gibt es noch Kunstdärme (Pellen), die nicht eßbar sind und entfernt werden müssen. Und noch immer – dort, wo traditionell geschlachtet wird – gibt es Naturdärme. Dickdärme werden für Bratwürste verwendet, Dünndärme für andere Würste. Auch Schafsdärme kommen zum Einsatz. Wurst kann man außerdem in spezielle Dosen aus Weißblech abfüllen und einkochen, oder man gibt sie als Terrine in Gläser, wo sie im Herd oder im Backofen bei Temperaturen von 100 bis 200 °C gekocht werden.

Fleisch- und Wurstprodukte

Blutwurst/Rotwurst
Besteht aus Blut, Speck und fettgewebereichem Schweinefleisch. Mitunter wird auch Herz, Lunge und Niere verwendet.

Bratwurst
Aus Schweine- und Kalbfleisch.

Brühwurst
Besteht aus frischen Rind-, Kalb- oder Schweinefleisch (und gemischt). Dazu gehören Wiener Würstchen, Frankfurter Würstchen, Schwäbische Saitenwurst, Lyoner, Bierwurst, Mortadella, Knoblauchwurst, Münchner Weißwurst.

Dauerwurst
Als »Dauerwurst« bezeichnet man zum Beispiel Salami; sie entsteht durch sorgfältige Trocknung, teilweise auch durch Räucherung.

Gelbwurst
Wurst, für welche kein Nitritpökelsalz verwendet wurde.

Kochwurst
Hierzu gehört Leberwurst und Blutwurst/Rotwurst, Sülze, Schwartenmagen; die Würste werden zunächst im siedenden Wasser und anschließend bei rund 80 °C gekocht und nach dem Abkühlen geräuchert.

Pasteten/Rillettes
Schweinepasteten bestehen aus fein zerkleinertem Fleisch und Speck; oftmals vermischt mit Schweineleber.

Fleischpasteten bestehen aus Fleischstücken, die in ihrem eigenen Fett gekocht werden. Landpasteten bestehen aus einem Mix von fettem und magerem Fleisch, von Leber, Herz und Nieren des Schweins.

Gelierte Fleischpasteten werden aus mageren Fleischstücken mit einer Füllung aus Kalb-, Rind- und Schweinefleisch hergestellt.

Rillettes sind ein französischer Brotaufstrich aus im eigenen Fett und Saft gekochtem und konserviertem Fleisch. Bei den traditionellen Rillettes finden Schweinefleisch, Gänse- oder Entenbrust Verwendung.

Frische Rohwurst
Dazu gehören frische Mettwurst und streichfähige Rohwurst (Teewurst).

Gekochter Schinken
Reift durch zwei- bis dreiwöchige Lagerung in einer Salzlake.
Anschließend erfolgt die Räucherung; dann wird das Fleisch ge-
kocht .

Roher Schinken
Durch Salz haltbar gemacht und durch entsprechende Lagerung
gereift. Manche Schinken werden geräuchert, andere nur luftgetrocknet.

Schweineschmalz
Entsteht durch das Schmelzen des Fettgewebes vom Schwein
(Rückenfett, Bauchfett).

Speck
Aus dem Fettgewebe des Schweins. Frisch nur begrenzt haltbar,
meist geräuchert oder gepökelt.

Oma, Opa und das ganze Universum

»Wir alle sind Sternenkinder: du, deine Schwester, Oma und auch Mama und Papa!« Was haben wir damals gestaunt: Wir sollen Außerirdische sein? Aus Sternenstaub gemacht?

Oma und Opa interessierten sich nicht nur für Ackerbau, Viehzucht, Mechanik, Küche, Keller, Garten und die alten Griechen, sondern beschäftigten sich auch mit dem, was über uns am Himmel so vor sich geht. Sie sagten: »Wir schauen in die Vergangenheit, wenn wir in den Nachthimmel sehen.« Erst später war klar, was sie gemeint haben: Das Licht braucht auf der Reise durchs All seine Zeit, bis es die Erde und damit unsere Augen erreicht. Was wir sehen, existiert vielleicht schon längst nicht mehr. Denn das Licht all der Sonnen war lange im All unterwegs. »Und wenn ein Außerirdischer von ferne unsere Erde betrachten würde, sieht er nicht uns, sondern vielleicht die Dinosaurier, wie sie über unseren Planeten laufen.« Mit solchen Sätzen haben Oma und Opa uns alle für das Weltall interessiert.

Oft haben wir Sternschnuppen am Nachthimmel gesucht. Weil wir von Oma und Opa erfahren haben, daß täglich über 100 Tonnen Sternenstaub auf die Erde fallen. Winzig kleine Teilchen; nur wenige groß genug, daß wir sie als Sternschnuppe sehen können, wenn sie in der Atmosphäre verglühen. Und dann muß man die Augen schließen und darf sich was wünschen. So soll auch das Leben auf die Erde gefallen sein: wie die Sternschnuppen aus dem All. Dann sind aus Kohlenstoffverbindungen vor Jahrmillionen die ersten Lebewesen entstanden; Sternenkinder wie wir.

Sonne, Mond und Sterne

Alle Sterne, die man sieht, sind Sonnen. Mit bloßem Auge können wir über 6000 Sterne sehen. Die Erde ist kein Stern, sondern ein Planet. Sie kann ebenso wie andere Planeten nicht selbst
leuchten, sondern wird von der Sonne angestrahlt.

Es gibt weit draußen im Weltall viele Sterne, die sind zigtau-
sendmal größer als unsere Sonne und im Kern millionenmal heißer. Die kleineren Sterne werden von den Astronomen als Zwerge
bezeichnet. Sonnen beziehungsweise Sterne entstehen aus einer
riesigen Gaswolke, die sich irgendwann durch die Schwerkraft
zusammenzieht, bis sie eine glühende Gaskugel ohne feste Oberfläche bildet.

Das Licht der Sonne braucht acht Minuten, um zur Erde zu
gelangen. Könnte jemand die Sonne abschalten, würden wir es
auf der Erde also erst nach acht Minuten merken. Das Licht reist
mit einer Geschwindigkeit von 300 000 km pro Sekunde.

Die Erde umläuft in einem Jahr die Sonne (genauer in 365 ¼
Tagen) und dreht sich in 24 Stunden einmal um die eigene Achse.
Die Sonne ist etwa hundertmal so groß wie die Erde, ihr Radius
beträgt 696 000 km und sie ist etwa fünf Milliarden Jahre alt.
Im Innern der Sonne herrschen Temperaturen von 15 Millionen
Grad. Pro Sekunde gibt die Sonne soviel Energie ab, wie die USA
in 90000 Jahren verbrauchen würden. Die Energie entsteht, wenn
im Innern der Sonne Wasserstoffatome zu Helium verschmelzen.
Astronomen schätzen, daß die Sonne noch weitere fünf Milliarden Jahre existiert. Dann wird sie sich zu einem »roten Riesen-
stern« aufblähen und die Erde verschlingen. Doch das Leben auf
der Erde ist zu diesem Zeitpunkt schon lange verschwunden.

Die Milchstraße

Die alten Griechen glaubten, daß die Göttergattin Hera Mutter-
milch am Himmel verspritzt hat. Deshalb nannten sie » unsere«
Galaxie Milchstraße. Die Milchstraße enthält etwa 100 Milliarden Sterne. Großvater sagte immer:»Selbst wenn du jede Sekunde einen Stern zählst, brauchst du über 3000 Jahre, bis du alle
Sterne in der Milchstraße gezählt hast!« Astronomen schätzen,

daß der Urknall – die Geburtsstunde des Universums – vor 20 Milliarden Jahren stattgefunden hat.

Unsere Sonne ist 26 000 Lichtjahre vom Zentrum der Milchstraße entfernt und steht ziemlich am Rande des Geschehens. Von »oben« betrachtet, sieht die Milchstraße aus wie eine Spirale, von der Seite dagegen wie eine Scheibe. Von einem Ende der Galaxie zum anderen braucht das Licht etwa 100 000 Jahre.

Alle anderen Galaxien im Weltall bewegen sich von uns weg, denn das All breitet sich immer weiter aus. Unsere nächste Nachbar-Galaxie ist der Andromedanebel. Wissenschaftler schätzen, daß es über 100 Millionen Galaxien im Weltall gibt.

Die Erde

Sie ist nicht ganz kugelförmig, sondern an den Polen leicht abgeplattet. Der Durchmesser am Äquator beträgt 12 756 km, der Polardurchmesser dagegen nur 12 715 km. Die ältesten Steine auf der Erde sind über vier Milliarden Jahre alt, die ältesten Fossilien etwa zwei Milliarden Jahre alt.

Der Mond

Wenn von einer Sonnenfinsternis die Rede ist, verdunkelt der Mond den Tag, und Dunkelheit senkt sich über die Erde. Wenn der Mond zwischen Erde und Sonne tritt, kommt es zu einer Sonnenfinsternis.

Sonne und Mond sehen am Himmel zwar ungefähr gleich groß aus, doch in Wahrheit ist der Mond wesentlich kleiner als die Sonne. Nur weil die Sonne so weit von der Erde entfernt ist, erscheint sie uns so klein.

Der Mond wandert um die Erde. Dabei fällt das Sonnenlicht in verschiedenen Winkeln auf den Mond: Deshalb sehen wir den Mond mal als Sichel, dann als Halb- oder Vollmond, entweder zu- oder abnehmend. Dabei blicken wir von der Erde aus immer auf dieselbe Seite des Mondes.

Eine Mondfinsternis entsteht, wenn bei Vollmond die Erde zwischen dem Mond und der Sonne steht. Der Mond wandert quasi durch den Schatten der Erde. Eine Mondfinsternis kann bis zu dreieinhalb Stunden dauern.

Der italienische Mathematiker und Astronom Galileo Galilei (1564-1642) sah auf dem Mond Landschaften, die ihn an Ozeane erinnerten. Damals sprach man von Mare (lateinisch für Meer) für bestimmte Strukturen auf dem Mond. Galileo erkannte auch Landschaften mit Bergen und tiefen Tälern. Was er nicht wußte: Diese Krater sind durch Meteoriteneinschläge entstanden.

Der Mond hat keine Atmosphäre und kann deshalb keine Wärme speichern. Nachts liegen die Temperaturen auf dem Mond bei minus 163 Grad, tagsüber bei plus 117 Grad.

Der Mond ist für Ebbe und Flut auf der Erde verantwortlich. Das Wasser steigt und fällt im Rhythmus von zwölf Stunden und 24 Minuten. Dieser Prozeß hängt mit der Anziehungskraft des Mondes und der Fliehkraft der Erde zusammen.

Die Planeten

Sie bewegen sich auf einer eigenen Bahn um die Sonne. In unserem Sonnensystem ist die Erde der einzige Planet, auf dem sich Leben entwickelt hat. Der Mars ist zu kalt und zu trocken, die Venus zu heiß. Der größte Planet im Sonnensystem ist Jupiter. Er ist etwa zehnmal so groß wie die Erde. Es gibt erdähnliche Planeten mit felsigem, festem Untergrund und gasförmige Planeten. Die erdähnlichen heißen Merkur, Venus und Mars. Jupiter, Saturn, Uranus und Neptun sind Gas-Planeten, die wie aufgeblasene Ballons ihre Bahnen ziehen.

Früher wurde noch Pluto zu den Planeten gezählt, doch er hat seinen Planetenstatus verloren und wurde von den Astronomen 2006 zum Zwergplanet degradiert. Wie Pluto gibt es auch Jupiter-Monde (Io und Europa) und Eismonde (Ganymed, Kallisto, Titan und Triton), die ebenfalls erdähnlich aufgebaut sind und nicht als Planeten bezeichnet werden.

Sie schweben wie Ballons im All: Gas-Planeten

Jupiter

... ist der größte Planet in unserem Sonnensystem. Er hat eine Atmosphäre aus Wasserstoff, Helium und in geringeren Anteilen Methan, Äthan, Acetylen, Phosphor und Schwefelverbindungen. Sein Durchmesser beträgt rund 143 000 km. Berühmt ist sein großer roter Fleck. Das ist ein gewaltiger Wirbelsturm, der um den Äquator tobt. Jupiter hat wie der Saturn ein beeindruckendes Ringsystem, das 1979 von der Raumsonde Voyager 1 zum ersten Mal fotografiert wurde. Außerdem gibt es mindestens 16 Jupiter-Monde. Jupiter ist so groß, daß er mit bloßem Auge am Nachthimmel zu erkennen ist. Der Planet ist nach dem Gottvater der Römer benannt, der mit dem griechischen Gott Zeus vergleichbar ist.

Saturn

... ist mit gut 120000 km Durchmesser der zweitgrößte Planet unseres Sonnensystems und berühmt für sein faszinierendes Ringsystem. Seine Atmosphäre besteht zu 90 Prozent aus Wasserstoff und 9 Prozent aus Helium. Er ist ebenfalls von Monden umgeben. Der bekannteste ist Titan. Mit 5150 km Durchmesser kann man Titan mit dem Fernrohr von der Erde aus sehen. Saturn ist in der römischen Mythologie der Gott des Ackerbaus.

Uranus

... ist mit einem Durchmesser von 51 118 km der drittgrößte (uns bekannte) Planet. Er wurde nach dem griechischen Himmelsgott Uranos benannt und besteht zu 80 Prozent aus Wasserstoff, gefolgt von Helium, Ammoniak und Methan. Uranus erscheint als blau-grüne Kugel. Auch er ist von Minimonden (Miranda, Ariel, Umbriel, Titania und Oberon) und einer Vielzahl kleinerer Moonlets umgeben. Ihr Durchmesser liegt zwischen zehn und 1600 km.

Saturn, Uranus und Neptun sind im Vergleich zur Erde riesig.

Wie die Erde aus Gestein

Mars

... wird auch der Rote Planet genannt. Trotz einer Entfernung von mindestens 55,4 Millionen Kilometern und maximal 399,4 Millionen Kilometern ist er ein direkter Nachbar der Erde und nach dem römischen Kriegsgott benannt. Eisenoxidstaub verleiht ihm seine rote Farbe. Der Planet hat einen Durchmesser von 6794 Kilometern und besitzt eine dünne Atmosphäre aus 95 Prozent Kohlendioxid, 2,7 Prozent Stickstoff, Argon und geringen Anteilen Sauerstoff und Kohlenmonoxid. An den vereisten Polkappen wurde Wasser entdeckt. Der Mensch hat den Mars bereits mit Sonden erkundet (Opportunity, Pathfinder). Der Mars sieht ein bißchen so aus, als ob jemand einen Stöpsel aus dem Planeten gezogen hat und alles Wasser abgelaufen ist. Es gibt ausgetrocknete »Flußtäler« und »Meere«. Der Rote Planet hat die Phantasie der Menschen seit jeher angeregt: Von grünen Mars-Männchen war die Rede. Ob es dort einst wirklich Lebewesen gegeben hat? Noch kennt niemand die Antwort.

Neptun

... ist nach dem römischen Gott des Meeres benannt und hat einen Durchmesser von 49 532 Kilometern. Von seinen dreizehn Monden ist Triton der bekannteste.

Merkur

... ist der kleinste Gesteinsplanet in unserem Sonnensystem. Er hat nur einen Durchmesser von 4878 Kilometern und ist der Sonne am nächsten. Die Temperaturen steigen auf 467 Grad und fallen nachts auf minus 183 Grad. Die Oberfläche von Merkur ist der des Mondes nicht unähnlich. Sie besteht aus porösem Gestein und zahlreichen Kratern. Merkur war in der römischen Mythologie der Götterbote.

Venus

... hat einen Durchmesser von 12 103 Kilometern und ist nach der römischen Göttin der Liebe benannt. Die Venus wird auch als Morgen- und Abendstern bezeichnet (obwohl Venus kein »Stern« ist! Denn der Planet »leuchtet« nicht selbst; das Licht kommt (wie beim Mond) von der Sonne, da sie von der Erde aus morgens und abends am besten zu sehen ist. Die Venus ist der Erde sehr ähnlich. Sie hat fast den gleichen Durchmesser und eine ähnliche chemische Zusammensetzung. Die Atmosphäre besteht hauptsächlich aus Kohlendioxid.

Pluto

... ist ein Zwergplanet, der nach dem römischen Gott der Unterwelt benannt wurde. Bis zum Jahre 2006 galt er als der neunte Planet, der am weitesten von der Sonne entfernt ist. Doch dann wurde Pluto von der Internationalen Astronomischen Union (IAU) aus dem illustren Kreis der Planeten verstoßen. Er gilt heute wegen seines geringen Durchmessers von nur 2390 Kilometern als Kleinplanet mit der Nummer 134 340. Pluto besteht zu 70 Prozent aus Gestein und 30 Prozent aus Eis. Seine dünne Atmosphäre besteht aus Stickstoff, Methan und Kohlenmonoxid. Sein Mond Charon ist mit einem Durchmesser von 1207 Kilometern nicht wesentlich kleiner als Pluto. Deshalb sprach man früher auch von »Doppelplaneten«.

Kometen

... haben durch ihr plötzliches Auftauchen am Himmel früher für Angst und Aufregung gesorgt. Sie galten als Unglücksbringer aus dem All. Dabei handelt es sich lediglich um einen Klumpen aus Eis und Staub. Kometen werden auch als »kosmische Schneebälle« bezeichnet. Kommt ein Komet der Sonne zu nahe, schmilzt ein Teil des Eises, und ein Schweif entsteht.

Sternschnuppen oder Meteoriten

... sind nichts weiter als Staubteilchen oder winzige Gesteinsbrocken, die aus dem interplanetaren Raum stammen und beim Eintritt in die Erdatmosphäre verglühen. Man spricht von einem *Meteorit,* wenn er nicht verglüht, sondern als Stein auf die Erde fällt. Ein Meteorit besteht häufig aus Eisen-Nickel-Verbindungen und Silikatmineralien.

Asteroiden

... werden auch als Planetoid, also planetenähnliches Objekt, bezeichnet. Sie sind nicht kreisrund, sondern sehen einer Kartoffel ziemlich ähnlich. Ein Asteroideneinschlag auf der Erde kann schlimme Folgen haben. So soll die Vernichtung der Dinosaurier auf einen Asteroideneinschlag zurückgehen. Im All schwirren viele Millionen Asteroiden herum, gut 338 000 sind bekannt. Die meisten bewegen sich innerhalb der Umlaufbahn von Mars und Jupiter und sind Teil des Asteroiden-Gürtels. Es gibt kleine Planetoide und große mit einem Durchmesser von über 100 Kilometern. Je größer sie sind, um so gefährlicher können Asteroiden der Erde werden.

Die weite Welt – ein Überblick

Heute ist es schon für viele Jungen und Mädchen selbstverständlich, daß sie mit ihren Eltern auch Urlaubsreisen in weit entfernte Länder unternehmen, daß Kinder im Rahmen eines Schüleraustausches fremde Länder besuchen oder daß sie gar für ein halbes oder ein ganzes Jahr in den USA, in Australien oder anderswo weiterführende Schulen besuchen. Andere Länder oder gar Kontinente zu bereisen ist also für viele Opas von morgen heute ganz selbstverständlich.

In früheren Zeiten war dies viel komplizierter. So gab es erst ab Mitte des 20. Jahrhunderts Fernsehapparate, und die konnten sich nur wenige Leute leisten. Und so kam so mancher Junge vor allem durch Bücher wie *Lederstrumpf* von John F. Cooper oder durch Karl-May-Bücher wie *Winnetou, Durch das wilde Kurdistan* und andere mit fremden Ländern und Erdteilen in Kontakt. Auch Schulbücher, die zwar das eine oder andere vermittelten, waren längst nicht so interessant ausgestattet wie heute. Kein Wunder, daß mancher Opa Fernweh hatte und daß dies in manchen Zeiten auch schändlich mißbraucht wurde. Denn so mancher junge Mann zog im Ersten und Zweiten Weltkrieg sogar freiwillig in die Ferne, weil es die einzige Möglichkeit war, mal von zu Hause wegzukommen, und viele sich keine Vorstellung davon machten (Fernsehbilder gab es ja nicht und in den Wochenschauen wurden nur verklärende Aufnahmen gezeigt), welchen Schrecken des Krieges auf sie zukommen würden.

Heute ist dies zum Glück anders, und es gibt vielfache Möglichkeiten, uns über andere Länder und Kontinente zu informieren. Erschreckend ist, daß trotz aller Möglichkeiten in Zeitungen, Zeitschriften, Büchern, im Fernsehen, im Rundfunk und im Internet viele Kinder und Jugendliche nur wenig geographische Kenntnisse haben. So mancher Opa von heute denkt sich: »Hätte ich doch diese Möglichkeiten gehabt, wie sie die jungen Leute heute haben, ich hätte alle Chancen genutzt!«

Die sechs Kontinente

- *Europa* ist 10,5 Millionen Quadratkilometer groß und hat 732 Millionen Einwohner.
- *Asien* ist mit 44,4 Millionen Quadratkilometern die größte zusammenhängende Landmasse. Dort leben mit knapp vier Milliarden Menschen auch die meisten Einwohner.
- *Afrika* ist mit 30,3 Millionen Quadratkilometern der zweitgrößte Kontinent und hat etwa 925 Millionen Menschen.
- *Amerika mit Nord- und Südamerika:*
- *Nordamerika* hat 24,8 Millionen Quadratkilometer Land und etwa 520 Millionen Einwohner.
- *Südamerika* ist mit 17,8 Millionen Quadratkilometern Land kleiner als Nordamerika und hat 378 Millionen Einwohner.
- *Australien/Ozeanien* sind etwa 8,5 Millionen Quadratmeter groß, dort leben jedoch nur 20 Millionen Menschen.
- Die *Antarktis* ist 13,2 Millionen Quadratkilometer groß, hat aber nur 4000 Einwohner. Sie alle können nicht dauerhaft dort leben.

Woher kommen die Namen der Kontinente?

- *Europa:* Der Name stammt aus der griechischen Mythologie. Dort war »Europa« eine Jungfrau, die von Zeus in einen Stier verwandelt und entführt wurde. Eine andere Erklärung leitet sich aus dem griechischen Wort für »dunkel « (Erebos) ab, was für »Abendland « steht.
- *Asien:* Das Volk der Assyrer sprach vom Land, wo die Sonne aufgeht: »Im Osten «, und Osten heißt »Assu«. Daraus wurde später Asien.

- *Afrika:* Die Römer tauften den Kontinent nach dem Stamm der »Afri«, die damals um Karthago herum lebten, einfach Afrika. Damals war damit allerdings nur der Norden des gigantischen Kontinents gemeint.
- *Amerika:* Der Weltumsegler Amerigo Vespucci war Namensgeber für den Doppelkontinent, ohne daß er es wußte. Er segelte nach Christoph Kolumbus die amerikanische Ostküste entlang. Weil ein Kartograph namens Waldseemüller meinte, Amerigo Vespucci hätte das neue Land in Übersee entdeckt, trug er in seiner Karte den Namen Amerika ein, wodurch der Kontinent seine Bezeichnung erhielt.
- *Australien:* Es bedeutet »Südland« (Terra Australis), das die alten Seefahrer immer »dort unten« im Süden vermutet haben.
- *Antarktika:* Das Wort bedeutet »der Arktis gegenüber«. Der Südpol der Erde liegt dem Nordpol (der Arktis) gegenüber.

Es gibt auch Experten, die von nur fünf Kontinenten reden. Fünf Kontinente ergeben sich, wenn man Europa und Asien als »Eurasien« betrachtet oder wenn man die Antarktis nicht als Kontinent sieht. Das Wort »Kontinent« kommt aus dem Lateinischen und bedeutet »Zusammenhängendes« (continens). Früher sprach man von terra continens, also vom zusammenhängenden Land. Alle Kontinente machen nur 29 Prozent der Erdoberfläche aus – der gigantische Rest ist Wasser.

Fünf Ozeane oder sieben Weltmeere?

71 Prozent der Erde sind von Meeren bedeckt. Es gibt fünf Ozeane: das Nordpolarmeer, den Atlantik, den Indischen Ozean, den Pazifik (der auch Stiller Ozean genannt wird) und das Südpolarmeer. Früher sprach man von den sieben Weltmeeren: Dazu gehörten die Nordsee, das Mittelmeer, das Gelbe Meer, das Karibische Meer, Indischer Ozean, Atlantik und Pazifik.

Seen und Flüsse

Die bedeutendsten Seen Deutschlands, Österreichs und der Schweiz

- Genfer See (Schweiz, Frankreich): 581 km²
- Bodensee (Deutschland, Österreich, Schweiz): 539 km²
- Neusiedler See (Österreich): ca. 300 km²
- Müritz (Deutschland): 117 km²
- Vierwaldstätter See (Schweiz): 115 km²
- Chiemsee (Deutschland): 79,9 km²
- Großer Plöner See (Deutschland): 30 km²
- Steinhuder Meer (Deutschland): 29 km²
- Wörther See (Österreich): 19 km²

Die größten Seen der Erde

- Kaspisches Meer (Osteuropa/Westasien): 386 400²
- Oberer See (Nordamerika): 82 414 km²
- Victoriasee (Afrika): 68 000 km²
- Aralsee (Rußland): einst rund 64 000 km²; durch Wasserentnahme erheblich geschrumpft
- Huronsee (Nordamerika): 59 595 km²
- Michigansee (USA): 58 016 km²
- Tanganjikasee (Afrika): 33 000 km²
- Baikalsee (Russland): 31 500 km²

Bedeutende Flüsse in Deutschland, Österreich und der Schweiz

- Donau (Deutschland, Österreich, Slowakei, Ungarn, Kroatien, Serbien, Rumänien, Bulgarien, Moldawien, Ukraine): 2845 km
- Rhein (Schweiz, Liechtenstein, Österreich, Deutschland, Frankreich, Niederlande): 1250 km
- Elbe (Tschechien, Deutschland): 1101 km

- Oder (Deutschland, Polen): 860 km
- Mosel (Frankreich, Luxemburg, Deutschland): 544 km
- Inn (Schweiz, Österreich): 510 km

Die längsten Flüsse der Erde

- Nil (Afrika): 6700 km
- Amazonas (Südamerika): 6520 km
- Mississippi/Missouri (USA): 6215 km
- Jangtsekiang (Tibet, China): 5980 km
- Hwangho (Tibet, China): 4845 km
- Kongo (Afrika): 4700 km
- Mackenzie (Nordamerika): 4600 km
- Amur (China, Russland): 4440 km
- Ob (Russland): 4345 km
- Mekong (Tibet, China, Vietnam, Kambodscha): 4200 km
- Niger (Afrika): 4200 km
- Wolga (Russland): 3690 km
- Jenissei (Russland): 3354 km
- Ganges (Indien, Bangladesch): 3090 km
- Rio Grande (Südamerika): 3060 km
- Brahmaputra (China, Indien, Bangladesch): 2900 km
- Donau (Europa): 2845 km
- *zum Vergleich:* Rhein: 1324 km

Handwerk und alte Berufe

So manches, das die Opas von früher wußten, gerät allmählich in Vergessenheit, stirbt aus. Das gilt in hohem Maße für Berufe, die man heute ganz einfach nicht mehr braucht. Für manche früher handwerklich hergestellten Produkte gibt es heute eine maschinelle und damit günstigere Fertigung, und für so manche handwerklich hergestellten Gegenstände, die einst unentbehrlich waren, gibt es heute Ersatz aus modernen, industriell hergestellten Werkstoffen. Man denke nur an die Holzfässer, die nicht nur für Wein, Bier und Most, sondern auch für viele andere Flüssigkeiten die einzigen Lager- und Transportgefäße waren. Ob ganz früher als Wäschezuber, Güllefaß oder kleines Essigfäßchen: über Jahrhunderte hinweg war ein Leben ohne Holzbehältnisse nicht denkbar.

Heute wird der Wein in großen Edelstahltanks ausgebaut, und nur Spitzengewächse kommen zur Verfeinerung ein paar Monate in ein Barrique-Faß aus Eichenholz. Auch Apfel- und Birnenmost werden heute fast durchweg in Kunststoffäßchen gelagert. So braucht man kaum noch Küfer, die es beherrschen, aus Eichenholz runde oder ovale Fässer und Bottiche zusammenzufügen. Es sind nur noch wenige spezialisierte Betriebe, welche diese alte Handwerkskunst beherrschen und dank der stärkeren Nachfrage nach Barrique-Rotweinen dieses Handwerk auch fortführen.

Ähnlich ist es auch mit den Korbflechtern. Längst werden viele Körbe aus billigem Kunststoff und anderen Materialien angeboten; echte Weidenkörbe werden billig vom Balkan oder aus Asien eingeführt. Oft sind es nur ein paar Idealisten, welche die Kunst solcher alter Berufe wie die Korbflechterei oder das Seilemachen als nostalgisches Hobby weiterführen. Auf Jahrmärkten oder Nostalgiemessen führen sie ihre Kunst vor und halten die Erinnerung an alte Berufe ebenso lebendig wie Freilichtmuseen.

Hier einige der alten, vom Aussterben bedrohten Berufe:

- *Besenbinder:* Herstellung von Reisigbesen aus Weiden- oder Haselruten mit Stielen aus Eschenholz.
- *Böttcher:* Stellen Holzfässer in allen Größen her.
- *Drechsler:* Verarbeitet Holz an der Drehbank zu Schalen, Löffeln.
- *Gerber:* Fertigung von Leder aus Tierfellen.
- *Hufschmied:* Fertigen von Hufeisen und beschlagen von Pferden sowie Fertigen von Klingen und Werkzeugen.
- *Kesselflicker:* Reparaturen von Kannen und Kesseln mit Metallblech.
- *Korbflechter:* Flechten verschiedenster Körbe aus Weidenruten.
- *Kunstschmied:* Schmiedet verschnörkelte schmiedeeiserne Gitter, Zäune und Tore, Wetterhähne für den Kirchturm und Beschläge.
- *Sattler:* Fertigung eines Sattels, Herstellung der Polsterung und des Gurtwerks.
- *Segelmacher:* Nähen von Segeln aus Leinen oder Segeltuch.
- *Seilmacher:* Herstellung von Tauen und Seilen, zum Beispiel aus Hanf, Sisal oder Garn.
- *Torfstecher:* Mit Schäleisen und Torfspaten wurde in den Mooren Torf gestochen, gestapelt und getrocknet.
- *Wagner:* Fertigung von Holzrädern, Kutschen, Holzschubkarren, Stiele für Werkzeuge wie Spaten, Schaufeln, Äxte.

Basteln, Werken und Bauen

Heute sind die meisten Gegenstände des täglichen Gebrauchs aus Kunststoff: funktional, einheitlich, billig. Massenprodukte eben! Großvater hingegen schätzte gute Handwerksarbeiten. Er besaß Liebhaberstücke aus Holz und Leder, Ton, Hanf und Wolle. »Naturmaterialien haben alle einen ganz bestimmten Charakter«, sagte er immer. Sie fordern das Wissen und die Geschicklichkeit des Handwerkers heraus. So müssen Schreiner, Drechsler und Bootsbauer genau wissen, wie das Holz beschaffen ist, das sie verwenden. Nicht jeder Baum eignet sich für jede Arbeit. Auch wann und wie ein Baum gefällt wird, spielte eine große Rolle für die Qualität des Holzes.

Heute sind alte Handwerkskünste wieder mehr gefragt. Die Arbeiten haben ihren Preis. Sie haben Seltenheitswert und sind entsprechend teuer. Weil kaum mehr jemand die Stundenlöhne für gutes Handwerk zahlen will oder kann, geraten die Künste der alten Meister mehr und mehr in Vergessenheit. Großvater hat gesagt: »Ein guter Handwerker liebt seine Arbeit. Er erfreut sich an dem individuellen Stück und dem Entstehen des Gebrauchs- gegenstandes in seinen Händen. Das macht den Mann zu einem glücklichen Menschen.« Ehrliche, wertvolle Arbeit sei eine große Freude, so betonte Großvater. Oft werkeln alte Handwerker noch bis ins hohe Alter in ihren Schuppen oder Hobbykellern.

Großvater hat auch mit über 80 Jahren noch kleine Kunststük- ke aus Holz geschnitzt. Er hat Spazierstöcke selbst gefertigt und wußte, daß das Holz des Haselnußstrauches, das er dazu nahm, mindestens fünf Jahre alt sein muß. Gatter und Zäune baute er aus Eschenholz, Hopfenpfähle aus Edelkastanie und als Bauholz nahm er stets Eiche, Lärche, Esche oder Edelkastanie. Die Stie- le der Gartengeräte (wie zum Beispiel des Rechens) waren aus dem Holz einer gerade gewachsenen Esche. »Auch Heugabeln wachsen im Eschenbäumchen«, hat er immer gesagt. Mit großer Geduld hat Großvater sich sogar einmal einen Löffel geschnitzt. »Für einen 25 Zentimeter langen Löffel mußt du 30 Zentimeter lange Klötze sägen und mit der Axt in die nötige Stärke spalten«, hat er uns erklärt. Dann wurde der Rohling mit einem kleinen Beil bearbeitet. Die Höhlung des Löffels wurde mit einem ge- bogenen Messer herausgeschält. Zum Schluß wurde der Löffel mit Schleifpapier poliert. Mit den Jahren wurde das Stück immer schöner. Heute ist der alte Löffel uns eine liebevolle Erinnerung an unseren Großvater geworden.

Wie man Holz fällt

Ist der Baum schräg gewachsen, muß man ihn zur Neigungs-Richtung hin fällen. An der Seite, in die der Baum fallen soll, schlägt man mit der Axt eine V-förmige Kerbe. Schneller geht's natürlich mit einer Motorsäge. Die Tiefe der Kerbe entspricht etwa einem Drittel der Dicke des Stammes. Dann wird auf der gegenüberliegenden Seite eine zweite Kerbe eingeschlagen. Sie muß etwa eine Handbreit über der anderen Kerbe liegen. Hier knickt der Stamm ab. Beim Fällen unbedingt auf umstehende Bäume achten, damit der gefällte Baum nicht in den Ästen hängenbleibt. Niemand darf in Fallrichtung stehen, sondern immer seitlich. Das Holz eines frisch gefällten Baumes kann man nicht sofort verarbeiten. Es muß mindestens ein Jahr lagern. Damit sich keine Insekten (vor allem Borkenkäfer) einnisten können, sollte die Rinde entfernt werden (bei Eiche nicht erforderlich).

Wann wird gefällt?

Es klingt ein wenig ungewöhnlich, aber alte Holzfäller glauben ganz fest daran: Der Stand des Mondes spielt eine große Rolle beim Fällen eines Baumes! Jedenfalls hielten sich die Holzfäller früher an feste Mondzeiten, damit die Qualität des Holzes stimmt. Generell gilt »Winter-Holz«, das im Dezember und Januar gefällt wird, als gutes Bau- und Werkzeugholz. Es hat darum weniger Feuchtigkeit in sich, weil der Stoffwechsel des Baums in dieser Zeit ruht. Es soll möglichst nach Neumond gefällt werden.

- Feuerbeständiges Lärchenholz soll am 1. März oder 21. Dezember gefällt werden.
- Nicht faulendes Holz fällt man im Januar.
- Brennholz fällt man nach der Wintersonnenwende, bei abnehmendem Mond.
- Pfahlholz für Bootsstege wird an warmen Sommertagen bei zunehmendem Mond gefällt. Man muß es sofort verbauen.
- Möbelholz und Schnitzholz am besten am 24. Juni um die Mittagszeit schlagen, am 25. März oder Ende Dezember und Anfang Januar.

Das Werkzeug

Um Holz zu bearbeiten, braucht man das richtige Handwerkszeug. Dazu gehören Spaltwerkzeuge wie ein Spalteisen, ein Spaltblock, ein Schlegel und Keile in unterschiedlicher Größe. Wer Holz spalten will, muß daran denken, daß es quer zur Faserung reißen und splittern kann.

Wer viel mit Holz arbeitet, braucht eine Hobelbank, Zahneisen und Ziehmesser zum Entfernen der Rinde. Gebogene Messer, kleine Schnitzmesser und eine Drechsel sind genauso wichtig wie Sägen und Stechbeitel zum Schneiden von Zapfenlöchern. Natürlich gehören auch unterschiedliche Nägel, Hammer und Bohrer sowie ein einfacher Handbohrer in den Werkzeugkasten. Holz kann man biegen, indem man es etwa zwei Stunden über Dampf erhitzt und dann einige Tage in die gewünschte Form zwingt.

Was gut brennt

- *Weißbuche/Hainbuche* ist vorzügliches Brennholz mit einer sehr guten Glut.
- *Rotbuche* hat einen hohen Heizwert und eignet sich hervorragend für ein Kochfeuer. Es bildet eine gute Glut.
- *Sommerlinde* ist zwar leicht entflammbar, hat aber einen schlechten Heizwert.
- *Spitzahorn* bildet eine gute Glut.
- *Tannenholz* bildet zwar nur eine mittlere Glut, dafür aber wenig Rauch.
- *Winterlinde* hat nur einen mittleren Heizwert und bildet wenig Glut.
- *Apfelbaumholz* bildet eine gute Glut.
- *Lärche* verbrennt mit einem angenehmen Duft, hat aber nur eine mittlere Heizkraft.
- *Roßkastanie* wird gern als Brennholz genommen, hat aber nur einen mittleren Heizwert, es entstehen leicht Funken.
- *Pappel* ist zwar leicht entflammbar, bildet aber wenig Glut und hat nur einen geringen Heizwert.
- *Fichte* verbrennt mit viel Rauch, bildet nur wenig Glut und hat nur eine mittlere Heizkraft.

- *Walnußbaumholz* hat einen sehr hohen Heizwert und bildet eine gute Glut.
- *Birke* gilt als ideales Brennholz.

Heimische Hölzer

Ahorn (Bergahorn):

Ist hartes Holz, das sich problemlos bearbeiten läßt: Schnitzen, Drechseln, Beizen und Polieren sind leicht und sauber durchzuführen. Vorbohren für Nägel und Schrauben ist geraten. Der Baum wird bis zu 25 Meter hoch, seine Stämme sind bei einer Länge von 10 Metern astfrei. Das Holz ist mittel- bis feinporig und fast weiß. Es eignet sich nicht nur für Möbel, sondern auch für Küchengeräte und Musikinstrumente.

Birke:

Sie läßt sich gut drechseln, schälen und mit Schnitzmessern bearbeiten, kann beim Trocknen allerdings leicht reißen. Die Stämme sind bis zu 15 Meter Höhe astfrei. Das Holz hat eine gelblich bis rötliche Farbe, die Poren sind fein bis mittelgroß. Birke wird als Möbel- und Drechslerholz verwendet.

Birnbaum:

Das Holz ist hart, läßt sich aber leicht drechseln, schnitzen und polieren. Wenn es trocknet, neigt es allerdings zu Verwerfungen. Die Stämme sind – wenn es sich um einen Hochstamm handelt – bis zu 6 Meter astfrei. Die Farbe ist rötlich-braun. Es ist feinporig – und ist vielseitig verwendbar. Birnbaum ist gutes Holz zum Bau von Flöten, Werkzeugen und Zeichengeräten, aber auch für Möbel und Vertäfelungen geeignet.

Eiche:

Eichenholz ist mit allen Werkzeugen perfekt und sauber zu verarbeiten. Es läßt sich gut spalten, schnitzen, drechseln und polieren. Beim Hobeln muß man allerdings aufpassen, weil Eiche sehr grobfaserig ist. Der Nachteil: Eichenholz neigt zu Rissen und muß deshalb langsam trocknen. Die Stämme sind mitunter auf einer Länge von 10 Metern astfrei. Das Holz ist graubraun bis rötlich-braun und dunkelt mit der Zeit nach. Eiche ist perfekt für den Bau von Booten, Fässern (Barrique-Weinfässer, Whiskeyfässer) und Parkett geeignet und ist außerdem beliebtes Möbelholz.

Eibe:

Das Holz ist sehr fest, hart und außerdem elastisch. Deshalb ist es nicht leicht zu bearbeiten. Es läßt sich schlecht schnitzen und drechseln. Die Eibe wird etwa 15 Meter hoch, die Stämme sind bis zu 6 Meter Länge astfrei. Das Holz ist rötlich und dunkelt sehr stark nach. Wildwachsende Eiben stehen unter Schutz, weil sie vom Aussterben bedroht sind. Das Holz eignet sich perfekt zur Herstellung von Musikgeräten, Drechsel- und Kunsttischlerarbeiten und hochwertige Meßwerkzeuge.

Esche:

Beim Hobeln kann das Holz reißen, läßt sich jedoch mit allen Werkzeugen gut bearbeiten. Außerdem läßt Eschenholz sich gut trocknen. Der Baum wird bis zu 35 Meter hoch, die Stämme sind bis auf zwölf Meter astfrei. Das Holz ist grobporig, die Farbe leicht grau bis oliv. Esche ist perfektes Konstruktionsholz für Boote, Flugzeuge, Sportgeräte, aber auch für Werkzeugstiele (Schaufeln, Spaten, Äxte) und Fässer sowie für Möbel und den Innenausbau.

Erle:

Das Holz ist einfach zu trocknen, läßt sich gut drechseln und schnitzen und ist perfektes Möbelholz. Die Stämme sind nahezu astfrei. Das Holz ist grobporig, die Farbe ist rötlich-gelb und wird später bräunlich. Erle eignet sich gut als Modellbauholz, für Möbel, Musikinstrumente, aber auch als Schälholz für Sperrplatten.

Fichte:

Das weiche Holz läßt sich gut sägen, hobeln, bohren und mit Messern bearbeiten. Fichte ist leicht zu spalten, zu nageln und zu schrauben . Das Holz läßt sich gut beizen und anstreichen, aber nur schlecht imprägnieren. Die Stämme sind meist nur bis zu 20 Meter Länge astfrei. Das Holz ist fast weiß bis rötlich-gelb, aber häufig von Harzkanälen durchzogen. Fichte wird für den Innenausbau (Balken, Dachstühle und Dielen) häufig genommen, läßt sich aber auch zur Täfelung und als Furnierholz verwenden. Aus dem Schälholz werden auch Paletten und Kisten gefertigt.

Kiefer:
Das Holz ist mit allen Werkzeugen sehr gut zu bearbeiten, läßt sich problemlos sägen, hobeln, fräsen, drechseln und mit Messern schnitzen: Die Stämme sind bis zu 18 Meter lang astfrei. Das Holz ist rötlich und dunkelt braunrot nach. Kiefernholz wurde früher häufig als Grubenholz verwandt. Heute dient es dem Innenausbau für Fensterrahmen, Fußböden usw.

Kirschbaum:
Das relativ harte Holz trocknet zwar schnell, neigt jedoch zu Verwerfungen. Dafür läßst es sich mit allen Werkzeugen leicht bearbeiten: Man kann es drechseln, gut hobeln, spalten, schnitzen und leicht nageln und schrauben. Der kultivierte Kirschbaum ist am Stamm auf einer Länge von bis zu 8 Metern astfrei. Das Holz ist feinporig und zunächst blassgelb, später rötlichbraun. Es eignet sich gut für Möbel, Vertäfelungen und Furniere.

Lärche:
Das widerstandsfähige Holz läßt sich gut schnitzen, schälen und sägen, sollte jedoch zum Nageln und Schrauben vorgebohrt werden. Es ist leicht zu trocknen. Der Stamm ist bis zu 20 Meter Länge astfrei. Das Holz ist rötlich-braun und dunkelt später nach. Es hat allerdings wie die Fichte Harzkanäle. Die Lärche gilt als gutes Konstruktionsholz für den Innen- und Außenbau (Tore, Treppen) und Decken.

Linde:
Das Holz ist von alters her bei Schnitzern wegen seiner Weichheit beliebt und läßt sich sehr gut verarbeiten. Es ist feinporig, die Farbe ist weißlich-gelb und dunkelt später nach. Lindenholz ist als gutes Schnitzholz seit Jahrhunderten bekannt. Berühmte Bildhauer und Holzschnitzer haben Altäre (zum Beispiel Tilman Riemenschneider) und Heiligenfiguren gefertigt. Doch Lindenholz wurde auch für die Herstellung von Besteck., Tellern und Schüsseln verwandt. Außerdem wird Lindenholz als Tonholz im E-Gitarren-Bau verwandt.

Rotbuche:

Das Holz muß sehr langsam trocknen, denn es reißt leicht und neigt zu Verwerfungen. Dafür läßst es sich leicht mit allen Werkzeugen bearbeiten und perfekt schnitzen, schälen, drechseln und polieren. Der Stamm ist meist auf einer Länge von 15 Metern astfrei. Das Holz ist feinporig und neigt zu Rissen. Die Farbe liegt zwischen hellgrau bis rötlich-braun. Es dunkelt nach. Aus dem Holz hat man früher Fässer gefertigt, heute wird es häufig für Fußböden (Parkett) und Treppen verwandt, aber auch für Werkbänke, Werkzeugteile, Möbel sowie Kinderspielsachen.

Ulme:

Das Holz ist elastisch und nicht sehr hart Es muß langsam trocknen, weil es sonst reißt. Die Stämme sind bis zu 10 Meter Länge astfrei. Die Farbe liegt zwischen grau bis rotbraun. Es wird unter anderem für Furniere und zu Sitzmöbeln verarbeitet.

Wie baut man eine Trockenmauer?

Ganz früher, als die Menschen noch keinen Mörtel und Beton kannten, war es ganz selbstverständlich, daß zur Terrassierung von Gelände oder zur Abgrenzung von Grundstücken Trockenmauern errichtet wurden. Das sind Mauern unter Verwendung der Steine, welche es in der jeweiligen Umgebung gibt und die ohne Mörtel – also einfach trocken aufeinandergesetzt – vermauert werden überall auf der Welt finden sich große und kleine Beispiele des Trockenmauerbaus. Dazu gehören auch gigantische Anlagen wie die Inka-Ruinen von Machu Picchu in Peru, die Trockenmauer-Terrassenweinberge entlang von Rhein, Mosel, Nahe und Neckar. Manche entdecken jetzt wieder die Vorzüge einer Trockenmauer, etwa im eigenen Garten. Solch eine Trockenmauer sieht nicht nur schöner aus als nackter Beton oder die meist hässlichen Formsteine aus dem Baumarkt. Zwischen den Fugen und Ritzen können allerlei trockenheitsliebende Pflänzchen gedeihen, und so manches Tier – ob Weinbergschnecke oder Eidechse – findet einen Unterschlupf.

Doch wie macht man eine Trockenmauer? Ganz wichtig ist, daß nur Gesteinsmaterial verwendet wird, das für die jeweilige Gegend auch typisch ist. Im Rheinischen Schiefergebirge ist dies eben das dort vorkommende Schiefergestein, im Südschwarzwald Granit, in anderen Gegenden je nach Gesteinsuntergrund Muschelkalk oder Sandstein oder im norddeutschen Tiefland Kieselbatzen oder auch Backsteine, die sich im übrigen ebenfalls trocken vermauern lassen.

Grundlage der Trockenmauer ist das Fundament, das man möglichst auf »gewachsenem« Boden, also unterhalb der Humuszone anlegt. Am Hang, den die Mauer ja schützen soll, wird das nicht allzu tief sein. Ist man gezwungen (etwa bei aufgefülltem Boden), teilweise oder ganz auf »mulmigen« Grund zu bauen, so wird entsprechend tief ausgehoben. 50, 60 Zentimeter und mehr, je nach der Höhe der Mauer, und so breit, daß das »Hintergemäuer« nachher nicht versacken kann. Das »Hintergemäuer« schützt die vorderen Lagen vor dem Druck des Hanges und dient der Wasserableitung. Dann wird der Grund gestampft und verdichtet und der Graben mit Steinbrocken gefüllt; die dicksten vorne, die ebenfalls gestampft werden (kann bei gewachsenem Boden entfallen).

Aufbau einer Trockenmauer

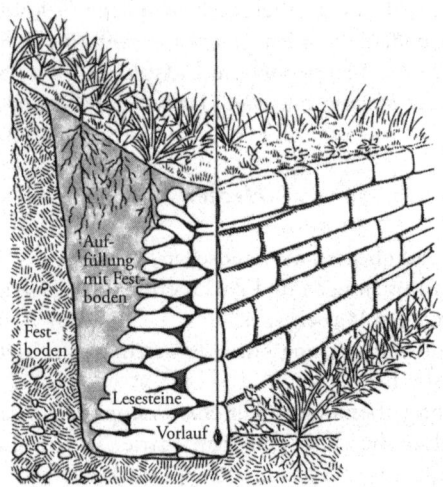

Auf diesem Grund, der nach hinten hängen muß (mit der Wasserwaage prüfen), kann nun mit den größten und schwersten Steinen (besonders die Ecksteine) die erste Schicht gesetzt werden. Kleinere Unterschiede in der Höhe der Steine lassen sich ohne Nacharbeit durch Höher- oder Tieferlegen ausgleichen. Nun wird darauf geachtet, daß auch beim Hintergemäuer (es können ruhig größere Hohlräume für Eidechsen und Kleingetier vorhanden sein) Stein auf Stein sitzt (nicht auf Erde). Jede Schicht muß nach hinten hängen. Auf jeden Meter Höhe etwa 3 Zentimeter »Anlauf« geben. Diese Mauer, mag sie 2 Meter hoch sein oder mehr, wird in sich stabil sein, selbst wenn sie sich setzen sollte.

Wie pflegt man eine Feldhecke?

Jede Gegend hat ihre eigenen Feldhecken. Sie sind entstanden entlang von Böschungen und Feldwegen oder entlang von Grundstücksgrenzen. Im Grunde genommen sind sie nichts anderes als Waldränder im Kleinformat. Je nach Höhenlage, Bodenbeschaffenheit und Witterungsverhältnissen sind Hecken unterschiedlich zusammengesetzt. Mal sind es mehr trockenheitsliebende Sträucher und Bäume, mal wieder feuchtigkeitsliebende Arten. Dann gibt es auch feldheckenähnliche Gehölze, die ganz bewußt angepflanzt wurden; so etwa die oft langen Reihen von Kopfweiden, wie man sie im norddeutschen Tiefland oder in den Flußtälern der Mittelgebirgslandschaften vielerorts noch findet.

Hecken

- beleben und gliedern die Landschaft,
- bieten an Böschungen und Bachufern Erosionsschutz,
- Regulieren den Wasserhaushalt,
- tragen zur Verringerung oder Vermeidung von Stoffeinträgen in Gewässer bei,
- sind wichtige Bestandteile für eine Biotopvernetzung,
- bieten zahlreichen Tier- und Pflanzenarten idealen Lebensraum,
- wirken klimaregulierend und als Windschutz,

Insekten in Garten, Feld, Wald und Flur

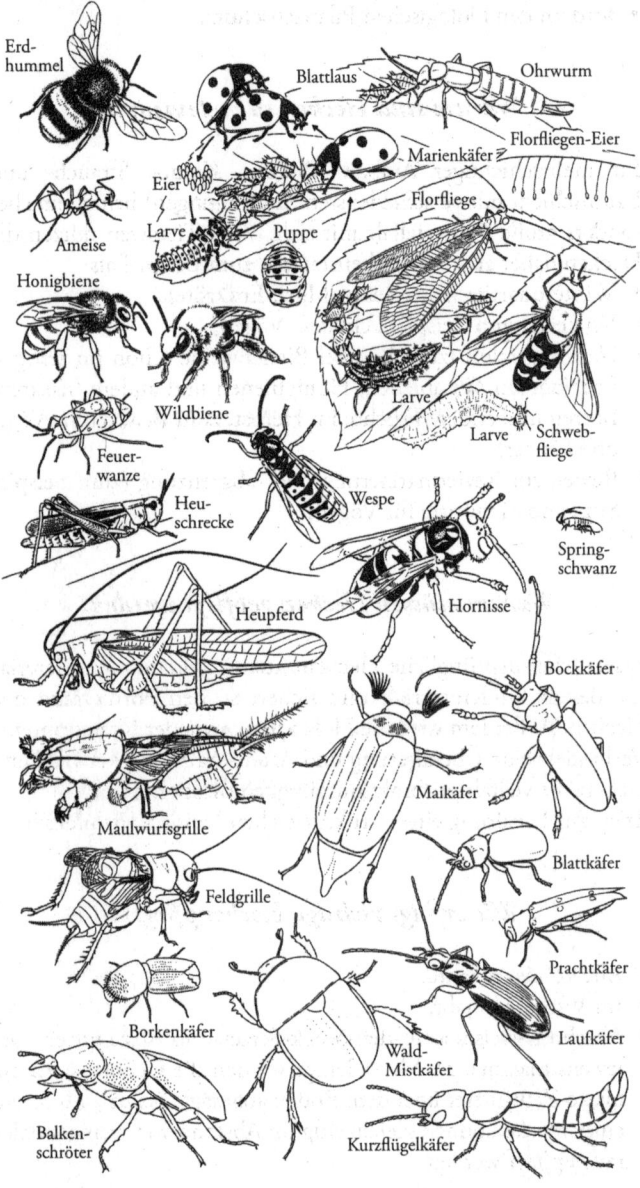

Erd-hummel

Blattlaus

Ohrwurm

Marienkäfer

Florfliegen-Eier

Eier

Florfliege

Ameise

Larve

Puppe

Honigbiene

Wildbiene

Larve

Larve

Schweb-fliege

Feuer-wanze

Heu-schrecke

Wespe

Spring-schwanz

Heupferd

Hornisse

Bockkäfer

Maikäfer

Maulwurfsgrille

Blattkäfer

Feldgrille

Prachtkäfer

Borkenkäfer

Wald-Mistkäfer

Laufkäfer

Balken-schröter

Kurzflügelkäfer

- bieten Sichtschutz,
- fördern den biologischen Pflanzenschutz.

Warum sind Hecken so bedeutsam?

Ihr mehrschichtiger Aufbau (Boden-, Kraut-, Strauch- und Baumschicht mit verschiedensten Ausprägungen) bringt eine besonders große Artenvielfalt mit sich. Viele Tierarten nutzen die Hecken daher als (Teil-)Lebensräume, zum Beispiel als
- Winterquartier (zum Beispiel Igel, Erdkröte),
- Versteck (zum Beispiel Feldhase, Vögel),
- Nahrungsraum (zum Beispiel Bienenweide schon im zeitigen Frühjahr für Wildbienen, Honigbienen und andere Insekten; Beeren und andere Früchte im Herbst, zum Beispiel für Vögel und Säuger),
- Revier, zur Reviermarkierung und -abgrenzung (zum Beispiel Sitz- und Singwarte für Vögel).

Warum müssen Hecken gepflegt werden?

Ersetzt die ursprüngliche Heckennutzung (Brennholz, Material für Besen, Bindematerial) und sichert so den Fortbestand der Hecken. Außerdem wird die Holznutzung wieder interessanter.
Verhindert eine Überalterung und Artenverarmung der Hecken.
Sichert die vielfältige Funktionsfähigkeit dieser Biotope.
Trägt zur Erhaltung eines strukturreichen Landschaftsbildes bei.

Wie erfolgt richtige Heckenpflege?

- Alle 10 bis 25 Jahre.
- Im Winterhalbjahr.
- Abschnittsweises »Auf-den-Stock-Setzen«: in Abschnitten von jeweils maximal 20 Meter Länge werden die Gehölze etwa 20 bis 40 Zentimeter über dem Boden abgesägt. Bis zu 20 Prozent einer Hecke können gleichzeitig im Abstand von wenigen Jahren gepflegt werden.

- Bei besonders kurzen Hecken kann das »Auf-den-Stock-Setzen« durch ein Auslichten (einzelbuschweise) ersetzt werden, damit die Hecke trotz Pflegeeingriff ihre ökologische Funktion behält.
- Als »Überhälter« werden einzelne, reizvolle Bäume und Sträucher wie Eiche, Kirsche, Feldahorn oder Walnuß stehengelassen. Dies gilt insbesondere für Gehölze der Baumschicht, die nur ein geringes Potential zum Wiederaustrieb besitzen (zum Beispiel Eiche).
- Stellenweise abgestorbene Stämme als Totholz belassen (zum Beispiel Nistgelegenheit für Wildbienen und Lebensraum für zahlreiche Käfer).
- Größere Fehlstellen in den Hecken ggf. durch Bepflanzung mit heimischen Baum- und Straucharten schließen.

Setzen eines Baumes

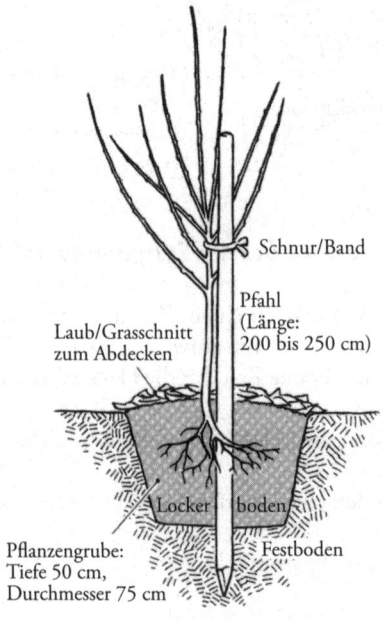

Schnur/Band

Pfahl
(Länge:
200 bis 250 cm)

Laub/Grasschnitt
zum Abdecken

Lockerboden

Pflanzengrube:
Tiefe 50 cm,
Durchmesser 75 cm

Festboden

Wohin mit dem Schnittgut?

- Zum Häckselplatz bringen.
- In den Kompost (nach dem Häckseln) einbringen.
- Einer öffentlichen Kompostanlage zuführen.
- Das Verbrennen des Materials sollte nach Möglichkeit vermieden werden.

Aufbau eines Komposthaufens

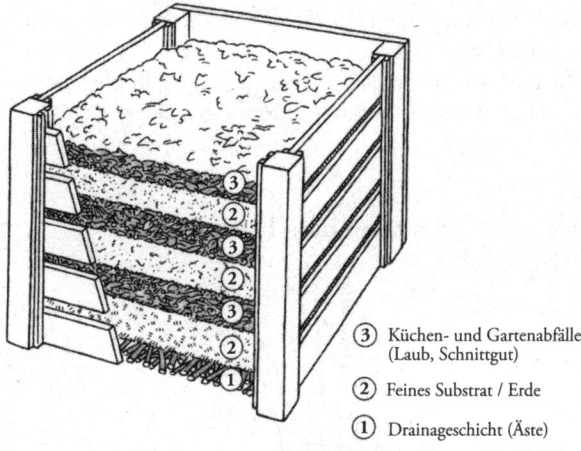

③ Küchen- und Gartenabfälle (Laub, Schnittgut)

② Feines Substrat / Erde

① Drainageschicht (Äste)

Auf was sollte man bei der Pflege noch achten?

- Nicht die gesamte Hecke in einem Zug auf den Stock setzen. Die Tiere verlieren sonst auf einen Schlag ihren Rückzugsraum, und es dauert einige Zeit, bis die Hecke ihre volle Funktion zurückgewinnt.
- Kein »Zurechtstutzen« oder nur seitlicher Rückschnitt der Hecke.
- Das Abbrennen der Hecken oder von -abschnitten ist zu unterlassen.
- Kein Ausreißen der Wurzelstöcke.

Lebensraum Hecke

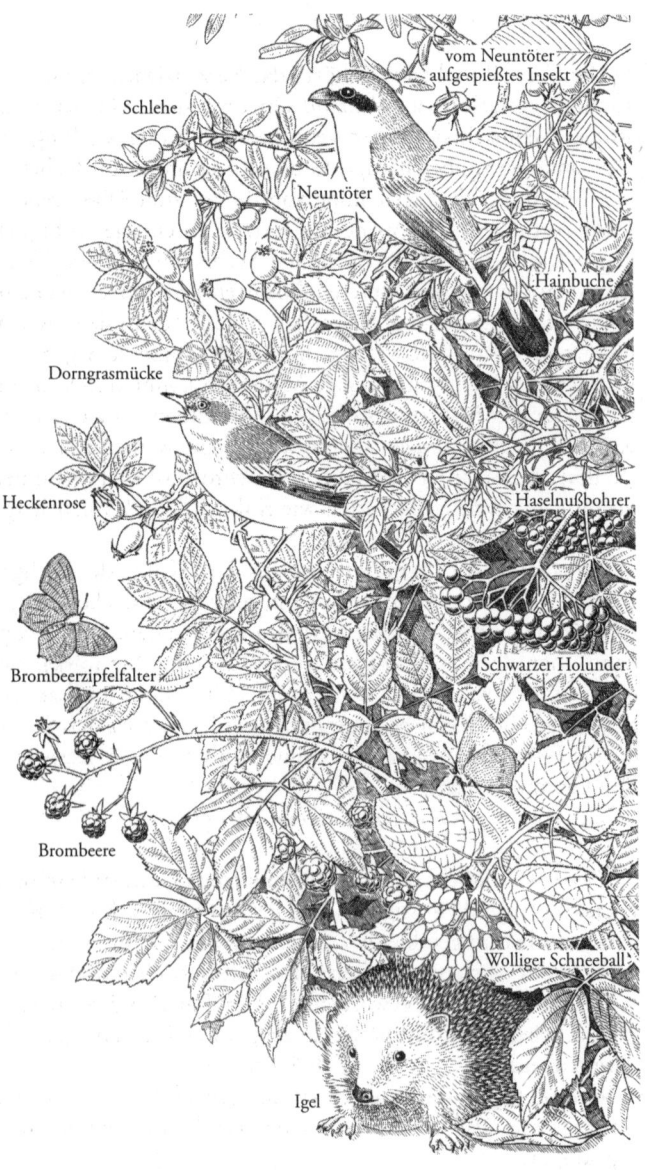

vom Neuntöter aufgespießtes Insekt

Schlehe

Neuntöter

Hainbuche

Dorngrasmücke

Heckenrose

Haselnußbohrer

Brombeerzipfelfalter

Schwarzer Holunder

Brombeere

Wolliger Schneeball

Igel

Wie man Kerzen macht

In der Vorweihnachtszeit gehörte das Kerzenziehen in manchen Familien einfach dazu. Während Oma mit den Mädchen in der Küche Weihnachtsplätzchen gebacken hat, waren wir Jungs mit Opa anderweitig beschäftigt. Großvater erzählte von früher, einer Zeit, in der die Herstellung von Kerzen zum Alltag gehörte. Denn wer Abend für Abend auf Kerzen als einzige Lichtquelle angewiesen war, hatte einen hohen Verbrauch. » Diese Kerzen hatten nur wenig mit unseren hochwertigen Kerzen gemein«, klärte Großvater uns auf. Sie rochen schlecht, denn sie waren aus geschmolzenem Tierfett (Talg) hergestellt. Außerdem gaben sie kein schönes Licht. Nur wenige Menschen konnten sich im Alltag Kerzen aus Bienenwachs leisten. Sie wurden vor allem in der Kirche und an Feiertagen angezündet. Heute werden Kerzen aus Paraffin oder Stearin gefertigt. Paraffin wird aus Erdöl gewonnen, Stearin aus pflanzlichen Fetten wie Kokos- oder Palmfett hergestellt und mit Rindertalg angereichert.

Den Docht machte man früher aus der »Wolle« des Wollgrases, das auf moorigen Böden wächst, oder aus einfachen Schnüren, die aus gebleichtem Baumwollgarn bestanden. Später dann nahm man flach geflochtene Baumwolldochte. Sie rollten sich beim Verbrennen nach unten hin ein. Ein Docht muß äußerst saugfähig sein. Wenn er angezündet wird, schmilzt das Wachs, das die Flamme nährt. In einer Stunde verbrennt eine Kerze etwa fünf Gramm Wachs.

Man kann Kerzen wickeln, ziehen oder gießen:

- *Ziehen:* Der Docht wird mit einem kleinen Gewicht beschwert und so lange in flüssiges Wachs getaucht, bis sich eine Kerze um ihn herum gebildet hat. Man muß den Docht immer wieder in das Wachs eintauchen, wieder herausziehen und warten, bin das Wachs fest geworden ist. Der Tauchvorgang wird so lange wiederholt, bis die Kerze die gewünschte Stärke hat. Sie wird allerdings nicht dicker als 8 Zentimeter.
- *Wickeln:* Bienenwachskerzen werden gewickelt. Man rollt einfach dünne Wachsplättchen um den Docht, bis die Kerze dick genug ist.

- *Gießen:* Auf den Boden einer Form wird mit etwas heißem Wachs der Docht festgeklebt. Dann wird die Form mit flüssigem Wachs aufgefüllt. Der Docht muß dabei festgehalten werden, damit er in der Mitte gerade bleibt.

Wie aus Haut Leder wird

Tierhäute werden hart und verrotten, wenn sie nicht gegerbt werden. Damit aus Tierhaut brauchbares Leder wird, muß sie mit Chemikalien behandelt werden. Zunächst müssen die Tierhaare entfernt werden (es sei denn, man will einen Pelz fertigen). Dazu benutzte man früher Kalkmilch oder Kalkpaste. In modernen Gerbereien werden heute bestimmte Enzyme genutzt. Die Flüssigkeit zur Haarentfernung nennt man Ascher. Die Haut muß zwei Wochen im Ascher-Bad liegen. Sie quillt darin stark auf. Beim nächsten Schritt müssen die alkalischen Ascher-Chemikalien entfernt und neutralisiert werden. Sonst können die Gerbstoffe nicht in die Haut eindringen.

Nach dem Bad in der Enthaarungsflüssigkeit muß die Haut gebeizt werden. Dafür nahm man früher Tauben-, Hunde- und Hühnermist (heute gibt es synthetische Beizen). Der Vorgang dauert ebenfalls zwei Wochen. Anschließend wird die Haut gründlich gewaschen.

Besonders unangenehm ist das anschließende Entfleischen und Entfetten der Haut. Mit einem Falzeisen werden die Fleisch und Fettreste abgerubbelt. Dazu hat der Gerber die Haut früher über einen sogenannten Gerberbaum gelegt, um von oben nach unten zu arbeiten und schaben zu können. Am Ende bleibt die Lederhaut übrig.

Heute wird beim Gerben eine Chrom-Alaun-Lösung (Chrom-Kalium-Sulfat) verwendet. Früher legte man die Haut in pflanzliche Extrakte aus Eichen- und Fichtenrinde. Die Rinde wurde im Frühjahr mit einem Schälmesser von den Bäumen geschält, fein zerstoßen und mehrere Tage lang in Wasser eingeweicht. Das Tannin in der Rinde ist der chemische Stoff, der fürs Gerben wichtig ist (Gerbstoff). Tannin dringt langsam in die Hautporen ein, entwässert sie und konserviert die Fasern.

Bis die Häute sich vollends mit dem Gerbmittel vollgesogen haben, muß immer wieder neue Gerblösung nachgefüllt werden, denn die Haut ist »durstig«. Sie muß ungefähr ein Jahr in der Lösung liegen. Anschließend wird sie zum Trocknen aufgehängt. Mit einer Walkwalze wird das Wasser herausgedrückt. Ist die Haut halbwegs trocken, wird sie auf der Fleischseite nochmals mit einem Schabemesser bearbeitet. Dann muß die Haut mit einem Stoßeisen geglättet werden. Man kann die Haut zum Trocknen auf einen Rahmen spannen. Später wird die Fleischseite mit Tierfett wie Rindertalg oder anderen Fetten wie Lebertran eingerieben. Erst dann ist aus der Tierhaut hochwertiges Leder geworden.

Zu den Werkzeugen der Gerber gehören scharfe Messer zum Schneiden und Enthaaren, stumpfe Messer zum Säubern und Glätten. Im einzelnen sind das Krummesser, gebogene Messer und Schabemesser, Streicheisen und Enthaarungseisen, Handstoßeisen und Scheren sowie ein Schabebaum.

Glattes Leder reinigt man am besten mit lauwarmer Seifenlösung. Leder muß immer langsam trocknen. Nasses Leder darf nie am Ofen liegen: Es wird hart, trocken und rissig. Fettflecken entfernt man vorsichtig mit Benzin oder Hirschhornsalz, Schweißflecken werden mit Brennspiritus ausgewaschen, Schimmel mit Holzessig weggewischt.

Wie man Papier schöpft

Opa verschenkte gern Papier, das er aus den seltsamsten Dingen selbst hergestellt hat. »Ich verkoche sogar Lumpen zu feinstem Büttenpapier«, hat er uns erklärt und in seiner »kleinen Papierfabrik« im Schuppen gern vorgeführt, wie das funktioniert. Die wichtigsten Werkzeuge zur Papierherstellung sind ein Handsieb und ein Siebrand. Das Rohmaterial kann aus pflanzlichen Fasern wie Binsen und Farnkraut, aus Leinen und Baumwolle, ja sogar aus Rüben und Hopfen hergestellt werden. Lumpen waren Ende des 19. Jahrhunderts bei Papierherstellern äußerst beliebt. Lumpensammler zogen umher, um die Papiermühlen mit dem wertvollen Rohstoff zu versorgen. Die alten Ägypter haben Papyrus verwandt, um ihre Hieroglyphen aufzuschreiben. Die Stengel der Sumpfpflanze wurden zunächst flachgeklopft und dann gepreßt. In Indien verwendete man vor langer Zeit Palmblätter, im alten China verkochte man Reste aus der Seidenherstellung und Fischernetze zu Papier. Heute wird Papier aus Zellstoff oder Holz hergestellt.

Ganz gleich, um welches Ausgangsmaterial es sich handelt:

Der Rohstoff wird zunächst fein zerkleinert, verkocht und gewässert. Dann werden die Fasern mit dem Sieb abgeschöpft, getrocknet und anschließend gepreßt und geglättet. Papier besteht hauptsächlich aus Zellulosefasern, die in dem breiigen Wasser schwimmen. Bei handgeschöpftem Papier besteht der »Brei« zu 97 Prozent aus Wasser. Dieser Brei wird mit dem Sieb aufgefangen. Dabei muß das Sieb ständig bewegt werden, damit sich die Fasern dicht übereinanderlegen. Das Schöpfsieb hat einen abnehmbaren Rand. Ein einzelnes Blatt ist immer so groß wie das Sieb.

Man kann neues Papier natürlich auch aus altem Papier herstellen. Das Altpapier wird dafür in kleine Stücke zerrissen und dann in heißes Wasser gelegt. Am nächsten Morgen ist die Altpapiermasse pampig wie Brei. Den Schöpfrahmen hatte Opa übrigens selbst gebaut. Er hat einen Holzrahmen gezimmert und kurzerhand ein Moskitonetz zu einem »Sieb« umfunktioniert.

Der dünne Papierbrei schwamm früher übrigens in einem Holzbottich, den man »Bütte« nannte: daher der Name Büttenpapier.

Wie man Seife siedet

Seife kann man ganz leicht selbst herstellen. Sie wird aus pflanzlichen Fetten wie Olivenöl, Kokosfett und Palmöl oder tierischen Fetten wie Rindertalg, Schafsfett und Schweineschmalz hergestellt. Das Fett wird zunächst in der gleichen Menge Wasser gekocht. Nachdem sich die Flüssigkeit abgekühlt hat, kann man das Fett auf der Wasseroberfläche als feste Schicht abheben. Nun löst man ein Pfund Natron in sechs Litern Wasser und gibt sieben Pfund Fett hinzu. Diese Mischung läßt man dann etwa drei

Stunden lang köcheln. Bevor die Seifenlauge abkühlt, rührt man ein Pfund Salz in die Lauge. Dadurch wird die flüssige Lauge hart. Nun muß man die Lösung nur noch in die gewünschte Form gießen (zum Beispiel in eine Holzschale, die mit feuchten Tüchern ausgelegt ist). Bevor die flüssige Lauge hart wird, kann man Lavendel, Zitronenmelisse, Rosmarin oder andere Duftstoffe hinzugeben. Mit natürlichen Farbstoffen (zum Beispiel Rote-Bete-Saft) kann man die Seife einfärben. Etwa 24 Stunden später ist die Seife ausgehärtet und kann mit einem Messer oder einer Drahtschlinge in Stücke geschnitten werden. Die Duft- und Farbzusätze dürfen allerdings keinen Alkohol enthalten.

Was ich unbedingt mal machen möchte

....

....

....

....

....

....

....

....

....

....

....

....

....

....

....

....

....

Dank

Herzlichster Dank gebührt all jenen Omas und Uromas, Opas und Uropas, welche nicht nur aus der ganzen Erfahrungsfülle ihres Lebens berichteten, sondern auch einen Teil ihres Wissens weitergegeben haben.

Omas und Uromas, die allerlei Tipps und Tricks für den Haushalt parat hatten, Lieblingsrezepte aufschrieben, erzählten, wie sie Kinder, Enkel und Urenkel mit allerlei Spielen beschäftigten, über ihre Lieblingslieder und -gedichte berichteten und uns erst möglich machten, das (fast) verlorene Wissen zusammenzutragen und für all jene zusammenzustellen, die Hilfreiches, Nützliches und Schönes aus der guten alten Zeit in unsere heutige Welt hinüberretten wollen.

Opas und Uropas, die uns durch Wald, Feld und Flur führten und uns Einblicke gaben in ihre Werkstätten, Keller, Scheunen und Gartenhütten. Urgroßväter die erzählten, wie sie früher auf Wanderschaft waren, Opas, die uns mitnahmen in Gärten, Obstwiesen und Weinberge. Omas und Opas, die bei einem Glas Wein mit uns das immer wieder faszinierende Spiel der Wolken beobachteten und die eine oder andere bäuerliche Wetterregel zitierten.

Besonderer Dank gehört den Omas und Uromas Roswitha Böker, Roswitha Lilian Hutter, Mina Lang, Louise Mast, Erika Scholz und Dr. Renate Schukies und den Opas und Uropas Gunter Ehni, Harald Entenmann, Reinhold Hutter, Hermann Lang, Christian Lang und Otto Mast. Herzlich danken wir auch all jenen, die mit vielfältigem Rat bei der Auswahl von Themen aus der Fülle von Informationen halfen und so auch mit dazu beigetragen haben, so manches alte Wissen der heutigen Zeit und ihren Bedürfnissen anzupassen.

Für vielfältige Hilfe gilt außerdem herzlicher Dank Biologe und Zeichner Wolfgang Lang, Monika Haag, Martina B. Ackermann, Elke Böder, Ilse Koller, Martina Neher, Miriam Moses, Beatrix Kübler sowie Martha Sprenger und allen anderen des Verlages, die an der Gestaltung und Herstellung des Buches beteiligt waren.

Zu den Autoren

Eva Goris war nach dem Biologiestudium zehn Jahre Redakteurin bei der Westdeutschen Allgemeinen Zeitung (WAZ), dann arbeitete sie als Pressesprecherin der Umweltschutzorganisation Greenpeace. Ab 1990 war sie Ressortleiterin Umwelt/Wissenschaft der BILD am SONNTAG (BamS) und seit 2008 ist sie Pressesprecherin der Deutschen Wildtier Stiftung. Sie erhielt diverse Journalistenpreise und hat mehrere Bücher – unter anderem zusammen mit Claus-Peter Hutter - veröffentlicht. Die Journalistin lebt in Hamburg.

Claus-Peter Hutter war schon in seiner Kinderzeit von alten Gerätschaften und Bauerngärten begeistert. Der Autor zahlreicher Publikationen zu Natur-, Umwelt- und Verbraucherthemen setzt sich u.a. als ehrenamtlicher Präsident der Stiftung NatureLife-International, als Ehrensenator der Universität Hohenheim und Lehrbeauftragter der Universität Stuttgart für die Bewahrung des Alltagswissens als lebendiges Kultur- und Naturerbe ein. Als langjähriger Leiter der Umweltakademie Baden-Württemberg hat er hierfür zahlreiche Bildungsprojekte realisiert, um der Wissenserosion in Sachen Natur und Kultur entgegenzuwirken. Für sein Engagement wurde er unter anderem mit dem Bundesverdienstkreuz ausgezeichnet.

Register

Rat und Hilfe
bei Alltagsproblemen